现代商务礼仪

MODERN BUSINESS ETIQUETTE

刘凤云　秦蔚蔚　编　著

微信扫描
获取配套资源

南京大学出版社

前言

"不学礼,无以立。"中国自古就以"礼仪之邦"著称于世,讲"礼"重"仪"是中华民族优秀的传统文化。商务礼仪是指商务活动中的礼仪规范和准则,是一般礼仪在商务活动中的运用和体现,并且比一般礼仪的内容更丰富,要求更严格。商务礼仪是商务人员从事商务活动的通行证,是商务人员个人素质和业务能力的重要体现,也是一个商业组织形象的延伸。商务礼仪是商务人员的必修课。

本书基于现代社会人们工作和生活的现实需要,尤其是商务人员从事商务活动的职业需求,结合学生(读者)的认知规律和特点,从个体(商务)形象的塑造,到社交沟通艺术(语言、体态礼仪等)、商务交往(拜访、接待、赠礼、宴请等)的礼仪规范、商务活动的仪式和国际商务礼俗等,全面、系统地介绍了现代商务礼仪的规范和技巧,具有新颖性、系统性、全面性、规范性和实用性等特点。对提高学生(读者)的社交能力、商务交往能力和提升学生(读者)的礼仪修养、情商与综合素质,使其在激烈的市场竞争中赢得商机,获得广泛的支持与合作大有裨益。

本书的编写以"学以致用"为原则,以理论知识学习为基础,以实践技能训练为重点,以综合素质提高为目标,使学生(读者)在理论上掌握商务交往的各种礼仪规范,实践中培养和形成良好的行为规范与礼仪习惯,掌握各种商务活动(如会面、介绍、拜访、迎来送往、赠礼、交谈、宴请等)的礼宾要求,切实提高学生(读者)的礼仪修养和社会交往与商务活动的能力。

本书结构合理、内容丰富、形式多样,各章开始先明确"学习目标",再由"导课案例"导入,各章知识中灵活插入"同向思政""知识拓展""想想议议""相关链接"和"礼仪佳话"等集知识性、趣味性、文化性为一体的小栏目,各章后附有"本章小结"及"案例分析""角色扮演",以帮助学生(读者)加深对各章内容的理解,并通过实践练习牢固掌握相关商务活动的规范与技巧。

本书由江苏经贸职业技术学院刘凤云教授、秦蔚蔚副教授合作编著,刘凤云编著第1、第4、第6、第7章,秦蔚蔚编著第2、第3、第5章,全书由刘凤云统稿。全书在编写过程中,参考借鉴了大量礼仪著作、教材和网络资料,引用了许多专家、同仁的观点与见解,限于篇幅,未能一一注明,在此向所有参考资料的作者表示诚挚的谢意。由于作者水平有限,书中难免存在错误和疏漏,恳请各位专家与广大读者朋友批评指正。

刘凤云

2021年10月于南京

目 录

第1章 商务礼仪概述 / 1
  1.1 礼仪概述 / 2
  1.2 商务礼仪概述 / 12
  本章小结 / 18
  案例分析 / 19
  角色扮演 / 20

第2章 商务人员形象礼仪 / 21
  2.1 气质与风度 / 21
  2.2 仪容礼仪 / 22
  2.3 仪表礼仪 / 31
  2.4 仪态礼仪 / 36
  本章小结 / 44
  案例分析 / 44
  角色扮演 / 46

第3章 商务人员语言礼仪 / 47
  3.1 称呼礼仪 / 47
  3.2 介绍礼仪 / 53
  3.3 交谈礼仪 / 55
  3.4 电话礼仪（含手机礼仪）/ 60
  3.5 微信礼仪 / 65
  本章小结 / 70
  案例分析 / 70
  角色扮演 / 72

第4章 商务交往礼仪 / 73
  4.1 位次礼仪 / 73
  4.2 会面礼仪 / 84
  4.3 拜访礼仪 / 92
  4.4 接待礼仪 / 100
  4.5 馈赠礼仪 / 105
  本章小结 / 112
  案例分析 / 113
  角色扮演 / 114

第5章 商务宴请礼仪 / 116
  5.1 宴请礼仪 / 117
  5.2 赴宴礼仪 / 123
  5.3 中餐礼仪 / 126
  5.4 西餐礼仪 / 132
  5.5 饮茶礼仪 / 136
  5.6 咖啡礼仪 / 139
  本章小结 / 140
  案例分析 / 140
  角色扮演 / 141

第6章 商务活动礼仪 / 142
  6.1 商务会议礼仪 / 143
  6.2 商务谈判礼仪 / 150
  6.3 商务活动仪式礼仪 / 160
  本章小结 / 171
  案例分析 / 171
  角色扮演 / 172

第7章 涉外商务礼仪 / 173
  7.1 涉外商务礼仪概述 / 173
  7.2 商务礼俗与禁忌 / 180
  7.3 宗教礼仪 / 201
  本章小结 / 208
  案例分析 / 208
  角色扮演 / 210

参考文献 / 211

第1章
商务礼仪概述

学习目标

　　知识目标：了解礼仪的起源与发展，理解礼仪和商务礼仪的概念与特征，掌握礼仪和商务礼仪的原则，理解礼仪和商务礼仪的作用及重要性。

　　能力目标：初步具有根据礼仪和商务礼仪的特征以及原则正确运用礼仪和商务礼仪的能力。

　　素质目标：牢固树立正确的礼仪意识，自觉加强礼仪修养，形成良好的礼仪习惯。

 导课案例

礼貌是第一课

　　有一批应届毕业生，实习时被导师带到国家某部委实验室参观。全体学生坐在会议室里等待部长的到来，这时秘书来给大家倒水，同学们表情木然地看着她忙活，其中一个还问了句："有冷饮吗？天太热了。"秘书回答说："抱歉，没有。"刘伟看着有点别扭，心里嘀咕："人家给你水还挑三拣四。"轮到他时，他轻声说："谢谢，您辛苦了。"虽然这只是很普通的客气话，却是秘书今天唯一听到的一句。

　　门开了，部长走进来和大家打招呼，可没有一个人回应。刘伟左右看了看，犹犹豫豫地鼓了几下掌，同学们这才稀稀拉拉地跟着拍手，由于不齐，越发显得零乱。部长说："欢迎同学们到这里来参观。平时这种事一般都是由办公室负责接待，因为我和你们的导师是非常要好的老同学，所以这次我亲自来给大家讲一些有关情况。我看同学们都没有带笔记本，这样吧，王秘书，请你去拿一些我们部里印的纪念册，送给同学们作纪念。"接着，更尴尬的事情发生了，大家都坐在那里，随意地用一只手接过部长双手递过来的手册。部长脸色越来越难看，来到刘伟面前时，刘伟礼貌地站起来，身体微倾，双手握住手册，恭敬地说了一声："谢谢您！"部长闻听此言，不觉眼前一亮，伸手拍了拍刘伟的肩膀："你叫什么名字？"刘伟照实作答，部长微笑点头，回到自己的座位上。早已汗颜的导师看到此景，才微微松了一口气。

　　两个月后，同学们各奔东西，刘伟的去向栏里赫然写着国家某部委实验室。有几位颇感不满的同学找到导师："刘伟的学习成绩中等，凭什么推荐他而不推荐我们？"导师看了看这几张尚属稚嫩的脸，意味深长地说："是人家点名要的。虽然你们的成绩比刘伟好，但是除了学习之外，你们需要学的东西太多了，礼貌是第一课。"

第 1 章 商务礼仪概述

分析提示： 礼仪是人际交往的规则、规范，是个人学识、修养、品质的外在表现，尊敬他人是礼仪的核心要义。礼貌是人们在交往时相互表示敬重和友好的行为规范，在日常工作与生活中，礼貌表现在人们的举止、仪表、语言上。刘伟对待部长和秘书的言行举止体现了他良好的修养和品质，因此赢得了部长的青睐。"不学礼，无以立"，礼仪是我们在社会立足和发展的根本。礼貌是第一课，是我们人生的必修课。

1.1 礼仪概述

1.1.1 礼仪的起源与发展

中国自古就以"礼仪之邦"著称于世，其礼仪的形成和发展，经历了一个从无到有，从零散到系统的渐进过程。

礼仪起源于原始社会，在漫长的原始社会历史中，人类逐渐开化。在原始社会中、晚期出现了早期礼仪的萌芽，礼仪较为简单和虔诚。例如，区别部族内部尊卑等级的座位，用穿孔的兽齿、石珠作为装饰品，挂在脖子上打扮自己和表示身份，在去世的族人身旁撒放赤铁矿粉，举行葬仪等。

从中国原始社会末期向早期奴隶社会过渡的夏代，祭天敬神活动升温。在原始社会，由于缺乏科学知识，人们不理解一些自然现象（如雷电、地震、台风海啸等），便对自然产生了敬畏，通过一些祭祀活动来表达自己的崇拜之情。他们祭拜太阳神、风神、河神等，祈祷神灵保佑，风调雨顺，降福消灾。礼的繁体字"禮"，左边代表神，右边是向神进贡的祭物。因此，汉代学者许慎说："礼，履也，所以事神致福也。"

奴隶社会夏、商、周三代，为了维护奴隶主的统治，专门制定了一套礼的形式和制度，对礼仪建树颇多。例如，周武王的兄弟、辅佐周成王的周公，他制作礼乐，将人们的言行举止、心理情操等统统纳入一个尊卑有序的模式之中，对周代礼制的确立起了重要作用。全面介绍周朝制度的《周礼》，是中国流传至今的第一部礼仪专著。

春秋战国时期是我国奴隶社会向封建社会转型的时期，在这一时期，以孔子、孟子、荀子为代表的诸子百家对礼仪给予了研究和发展，形成了以儒家学派学说为主导的封建礼教。孔子是中国古代大思想家、大教育家，他对礼仪非常重视，把礼看成是治国、安邦、平天下的基础。他编订的《仪礼》，详细记录了战国以前贵族生活的各种礼节仪式。《仪礼》与前述《周礼》和孔门后学编的《礼记》，合称"三礼"，是中国古代最早、最重要的"礼学三著作"，在汉以后2 000多年的历史中，它们一直是国家制定礼仪制度的经典著作，被称为礼经。孔子认为，"不学礼，无以立"。（《论语·季氏篇》）"质胜文则野，文胜质则史。文质彬彬，然后君子。"（《论语·雍也》）他要求人们用道德规范约束自己的行为，要做到"非礼勿视，非礼勿听，非礼勿言，非礼勿动。"（《论语·颜渊》）他倡导的"仁者爱人"，强调人与人之间要互相关心，彼此尊重。总之，孔子较系统地阐述了礼及礼仪的本质与功能，把礼仪理论提高到一个新的高度。孟子是战国时期儒家主要代表人物，他把"礼"解释为对尊长和宾客严肃而有礼貌，即"恭敬之心，礼也"，并把"礼"看作是人的善性的发端之一，主张"以德服人"，讲究"修身"和培养"浩然之气"。荀子是战国末期的大思想家，他把"礼"作为人生哲学思想的核心，把"礼"看作是做人的根本目标和最高理想,"礼者,人道之极也"。他主张"隆礼""重法",提倡礼法并重。他说:"礼者,贵贱有等,长幼有差,贫富轻重皆有称者也。"(《荀子·富国》)荀子指出:"礼之于正国家也,如权衡之于轻重也,如绳墨之于曲直也。故人无礼不生,事无礼不成,国无礼不宁。"(《荀子·大略》)

西汉思想家董仲舒把儒家礼仪具体概况为"三纲五常"。"三纲"即"君为臣纲,父为子纲,夫为妻纲。""五常"即仁、义、礼、智、信。汉武帝刘彻采纳董仲舒"罢黜百家,独尊儒术"的建议,使儒家礼教成为定制。

汉代时,孔门后学编撰的《礼记》问世。《礼记》共计49篇,包罗宏富。其中,有讲述古代风俗的《曲礼》(第1篇);有谈论古代饮食居住进化概况的《礼运》(第9篇);有记录家庭礼仪的《内则》(第12篇);有记载服饰制度的《玉藻》(第13篇);有论述师生关系的《学记》(第18篇);还有教导人们道德修养的途径和方法,即"修身、齐家、治国、平天下"的《大学》(第42篇)等。总之,《礼记》堪称集上古礼仪之大成,上承奴隶社会、下启封建社会的礼仪汇集。盛唐时期,《礼记》由"记"上升为"经",成为"礼经"三书之一(另外两本为《周礼》和《仪礼》)。

明代时,交友之礼更加完善,而忠、孝、节、义等礼仪日趋繁多。清代后期,清王朝政权腐败,民不聊生,古代礼仪盛极而衰。辛亥革命以后,受西方资产阶级"自由、平等、民主、博爱"等思想的影响,中国的传统礼仪规范受到强烈冲击,封建落后的礼教和繁文缛节被抛弃,一些国际通用的礼仪传入中国。民国期间,由西方传入中国的握手礼开始流行于上层社会,后逐渐普及民间。

由此可见,礼仪起源于祭祀。从某种意义上说,早期礼仪是宗教信仰的产物,同时又包含人类生活的若干准则。中国礼仪贯穿人们生老病死的全过程(民俗界认为礼仪包括生、冠、婚、丧4种人生礼仪),渗透人们日常生活的方方面面。

古代"五礼"

中国古代有五礼之说,祭祀之事为吉礼,冠婚之事为喜礼,宾客之事为宾礼,军旅之事为军礼,丧葬之事为凶礼。

新中国成立以后,中国的礼仪建设进入一个崭新的历史时期。1949年至1966年,是中国当代礼仪发展史上的革新阶段。此间,摒弃了昔日制约人们的"神权天命"以及严重束缚妇女的"三从四德"等封建礼教,确立了同志式的友爱合作互助关系和男女平等的新型社会关系,而尊老爱幼、诚实守信、礼尚往来等中国传统礼仪中的精华,则得到继承和发扬。1966年至1976年的"文化大革命"给礼仪带来了一场"浩劫",许多优良的传统礼仪被当成"封资修"扫进垃圾堆。1978年党的十一届三中全会以来,改革开放的春风吹遍了祖国大地,中国的礼仪建设进入新的全面复兴时期。从推行文明礼貌用语到树立行业新风,从开展"18岁成人仪式教育活动"到"五讲四美",制定市民文明公约,各行各业的礼仪规范纷纷出台,礼仪教育日趋红火,讲文明、重礼貌蔚然成风。随着中国与世界的广泛交往,西方一些礼仪陆续传入我国,同我国的传统礼仪一起融入社会生活的方方面面。

西方的文明史,同样在很大程度上表现着人类对礼仪的追求及其演进的历史。为了表示友善,发展与维持血缘亲情以外的人际关系,避免"格斗"或"战争",人类逐步形成了各种与"格斗""战争"有关的动态礼仪。例如,为了表示自己手里没有武器,让对方感觉到自己没有恶意而创造了举手礼,后来演进为握手礼。为了表示自己的友好与尊重,愿在对方面前"丢盔卸甲",于是创造了脱帽礼等。在古希腊的文献典籍中,如苏格拉底、柏拉图、亚里士多德等先哲的著述中,都有很多关于礼仪的论述。礼仪发展最初为宫廷规矩,中世纪更是礼仪发展的鼎盛时代。文艺复兴以后,欧美的礼仪有了新发展,以美国为首的西方国家革除烦琐礼仪要求,使其尊重人性、适应社会平等关系,将其在人们生活中日趋合理化、规范化,并迅速形成体系,被国际社会认可,成为西方国家共同遵循的礼仪规范。

礼仪伴随着人类文明的产生而产生,随着人类文明的发展而发展。礼仪是人们在长期的生活中约定俗成的行为规范,是人类文明和进步的重要标志。

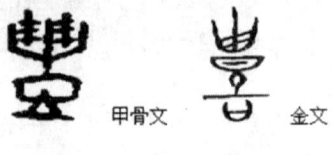

1.1.2 礼仪的概念与特征

1. 礼仪的概念

礼的繁体字"禮"的左边是"示",意为祭祀神灵,右上方"曲"为祭物,右下方"豆"为礼器,即"禮"就是把盛满祭物的祭具摆放在祭台上,献给神灵,以示敬意。"礼"原是宗教祭祀仪式上的一种仪态,《说文解字》就说:"礼,履也,所以事神致福也。"

"礼"在《辞海》中的解释为:① 本谓敬神,引申为表示敬意的通称;② 为表敬意或表隆重而举行的仪式;③ 泛指奴隶社会、封建社会的等级制以及与之适应的社会规范和道德规范;④ 指礼物。

礼是表示敬意的通称,礼包括礼貌、礼节、礼仪,其本质都是表示对人的尊重、敬意和友好。

礼貌是指人们在交往时相互表示敬重和友好的行为规范。在日常工作与生活中,礼貌表现在人们的举止、仪表、语言上,表现在服务的规范、程序上,表现在对客人的态度上。一个微笑,一个鞠躬,一声"您好",一句"祝您旅途愉快",这些都是礼貌的具体表现。良好的教养和良好的道德品质是礼貌的基础。

礼节是指人们在交往过程中相互表示敬意、问候、祝愿的惯用形式。礼节是礼貌的具体表现方式,是礼貌在语言、行为、仪表等方面的具体规定。例如,在某人生日那天,他的亲戚、朋友对他说一句"生日快乐",或给他送上一束鲜花,或送上一个生日蛋糕等,这是礼节。

礼仪在《现代汉语词典》里的解释为"礼节和仪式",是对礼节、仪式的统称。它是指人们在社会交往中遵守社会正常行为规范标准,按照约定俗成的程序,以建立和谐关系为目的的各种交往行为的完整过程。

礼貌是礼仪的基础,礼节是礼貌的一种具体做法,是礼仪的基本组成部分。礼是仪的本质,而仪则是礼的外在表现。礼仪在层次上要高于礼貌、礼节,其内涵更深、更广,它是由一系列具体的礼貌礼节所构成,是一个表示礼貌的系统、完整的过程。

在西方,"礼仪"一词最早见于法语的"Etiquette",原意是"法庭上的通行证。"古代法国为了表示司法活动的威严性,保证审判活动庄严有序地进行,将法庭纪律写在或印在一张长方形的纸板"Etiquette"上面,也就是通行证上,发给进入法庭的每一个人,作为其入庭后必须遵守的规矩或行为准则。后来"Etiquette"一词进入英文后,便有了"礼仪"的含义,意思是"人际交往的通行证",成为人际交往中应遵循的规矩和准则。

礼仪是指人们在社会交往活动过程中形成的,以风俗、习惯和传统等方式固定下来的,应共同遵守的行为规范和准则的总和。礼仪有着极其丰富的内涵:礼仪是一种行为准则或规范;受传统习俗、宗教信仰、文化潮流等因素直接影响;是个人学识、修养、品质的外在表现;礼仪的目的是通过社交各方的相互尊重,达成人际关系的和谐状态,为主体(个人或组织)营造良好的"人和"环境。

我们还可以从不同角度对"礼仪"做不同的表述:

(1) 从修养的角度看,礼仪是一个人的内在修养和素质的外在表现,是个人对礼仪的认知和应用。

(2) 从道德的角度看,礼仪是社会公德中极为重要的部分,是为人处世的行为规范和行为准则。

(3) 从交际的角度看,礼仪是人际交往中适度的交际方式或交际方法,也可以说是一种交往艺术。

(4) 从民俗的角度看,礼仪既是人际交往中应该遵守的律己敬人的习惯形式,也是人际交往中约定俗成的对人尊重、友好的习惯做法。简言之,礼仪是待人接物的一种惯例。

(5) 从传播的角度看,礼仪是人际交往中相互沟通的技巧。

(6) 从审美的角度看,礼仪是一种形式美,是人心灵美的必然外化。

对个人而言,礼仪是一个人思想道德水平、文化修养、交际能力的外在表现;对于社会而言,礼仪是精神文明建设的重要组成部分,是社会文明程度、道德风尚和生活习俗的反映。历史发展到今天,传统的礼仪文化不但没有随着市场经济发展和科技现代化而被抛弃,反而更加多姿多彩,国家有国家的礼制,民族有民族独特的礼仪习俗,各行各业都有自己的礼仪规范程式,国际上也有各国共同遵守的礼仪惯例等。

 礼仪佳话

孔融让梨

孔融,鲁国人(今山东曲阜),是东汉末年著名的文学家,建安七子之一。据史书记载,孔融幼时不但非常聪明,而且还是一个注重兄弟之礼、互助友爱的典型。

孔融有五个哥哥,一个小弟弟,兄弟七人相处得十分融洽。有一天,父亲的朋友带了一

盘梨子，父亲叫孔融他们七兄弟从最小的小弟开始自己挑，小弟首先挑走了一个最大的。孔融看了看盘子中的梨，发现梨子有大有小。他不挑好的，不拣大的，只拿了一只最小的梨子，津津有味地吃了起来。爸爸看见孔融的行为，心里很高兴，心想：别看这孩子刚刚四岁，却懂得应该把好的东西留给别人的道理呢。于是他故意问孔融："盘子里这么多的梨，让你先拿，你为什么不拿大的，只拿一个最小的呢？"孔融回答说："我年纪小，应该拿个最小的，大的应该留给哥哥吃。"爸爸接着问道："你弟弟不是比你还要小吗？照你这么说，他应该拿最小的一个才对呀？"孔融说："我比弟弟大，我是哥哥，我应该把大的给小弟弟吃。"

孔融让梨的故事，很快传遍了曲阜，并且一直流传下来，成了许多父母教育子女的好例子。《三字经》中"融四岁，能让梨。"就是出自这个典故。

2. 礼仪的特征

1) 规范性

规范性是礼仪最基本的特征。礼仪是人们在交往中应遵守的行为规范，是人们在长期生活实践中形成，并通过某种风俗、习惯和传统固定下来，约束和控制着人们的交往行为。这种规范性，不仅约束着人们在一切交际场合的言谈举止，使之合乎礼仪，而且也是人们在交际场合必须采用的一种"通用语言"，是衡量自己、判断他人是否自律、敬人的一种标尺。任何人要想在社交活动中表现得体，获得接纳和尊敬，都必须对礼仪规范无条件地遵守。

2) 普遍性

礼仪的普遍性是指礼仪广泛涉及社会生活的各个领域，渗透社会交往的各种关系，贯穿人们生活的各个过程，无处不在、无时不有、无人不需。古今中外，从个人到国家，凡是有人类生活的地方，就存在着各种各样的礼仪规范。现代社交礼仪的内容已渗透到社会的方方面面，从政治、经济、文化领域到人们的日常生活，礼仪活动普遍存在。大到一个国家的国庆庆典，小到一个企业的开张致喜、人们日常生活中的接待、见面谈话、宴请等，均需要讲究礼仪规范，遵守一定的礼仪行为准则。礼仪在人们的相互交往中起着广泛、普遍而又微妙的作用。

3) 传承性

礼仪的传承性是指礼仪是人们的长期交往习惯不断形成完善，以特定形式固定并世代沿袭、约定俗成、众所惯用的产物。礼仪是一个国家和民族传统文化的重要组成部分，任何国家的当代礼仪都是在本国既往礼仪的基础上继承、发展起来的，离开了对本国、本民族既往礼仪成果的传承、扬弃，就不可能形成当代礼仪。礼仪随着社会进步而更新，随着时代要求而变革，在传承中发展。礼仪的传承不仅反映了礼仪发展的一脉相承，更突出了人类对文明进步的向往和追求。

4) 综合性

礼仪的综合性是指礼仪是一门研究交际行为规范的，与民俗学、传播学、美学、伦理学、心理学、社会学、公共关系学等多门学科关系密切、相互交叉和渗透的综合学科。通观古今中外礼仪，不难理解，礼仪与社会制度、社会关系、社会物质文明和精神文明程度等都有着密切关系。文化越发达、文明程度越高的社会，人们越重视礼仪、讲究礼仪。现代社交礼仪还具有民族性与国际性并存的特点。

5) 差异性

礼仪的差异性是指不同国家、不同民族、不同性别、不同年龄、不同身份、不同时空、不同社会关系、不同文化背景的礼仪规范有所不同。不同国家和地区的礼仪都具有自己鲜明的民族特色,所谓"十里不同风,百里不同俗"。不同的社会背景产生不同的礼仪文化,不同的地域文化决定着礼仪的内容和形式。例如,关于位次礼仪,中国传统以"左"为尊,而国际惯例以"右"为尊;不同国家的见面礼有握手礼、拥抱礼、亲吻礼、鞠躬礼;等等。

 知识拓展

龙的传说

中西方文化差异很大,西方人对龙的联想和看法与中国人完全不同。龙在西方是贬义词,是邪恶的象征。在西方神话中,龙是使人恐惧的妖魔。在圣经故事中,龙是罪恶的化身,人们把与上帝作对的恶魔撒旦称为大龙,基督圣徒还把杀死龙作为荣耀,引以为豪。英美人看到中国成语"望子成龙",十分奇怪,中国人怎么希望自己的小孩变成魔鬼、怪兽呀?

在我国古代传说中,龙是褒义词。龙是传说中能降雨、惩治妖魔鬼怪的吉祥、神奇的动物。在封建社会,龙是皇帝的象征,如"真龙天子""龙袍""龙床"等。"龙"的汉语成语很多,如"龙飞凤舞""龙凤呈祥""藏龙卧虎""画龙点睛""生龙活虎""攀龙附凤"等等。炎黄子孙还骄傲地自称为"龙的传人"。"他在哪儿都是一条龙"的意思是:他在哪儿都是好样的,是好汉。

东方的龙多是高贵、神圣和吉祥的象征,而西方的龙则大多邪恶,在西方的英雄史诗,如希腊神话、日耳曼神话、北欧神话中都有英雄屠龙的故事。

因此,圣诞节忌讳给西方人送"龙卡",但可以送给中国人。

6) 操作性

礼仪的操作性是指礼仪既然是行为规范,就必须是具体的、实用的、可操作的,过于繁杂的程序与现代社会的快节奏不相适应,就将被逐步扬弃或简化。应该说礼仪是人们言行最简单、最普及、最易于实行的标准,必须具备规则简明、简单易学、便于操作、实用可行的特点,才能得到社会大众的认可和运用。

7) 时代性

礼仪的时代性是指礼仪是社会历史发展的产物,必然留下深刻的时代烙印和具有鲜明的时代特点,并随着时代发展不断变化。比如,"文革"时期,清一色的服饰是当时人们思想行为统一到一个文化模式中的反映。而现在多姿多彩的服饰也正是现代人丰富的内心世界的反映,是社会改革开放的投影。过去的跪拜礼被现代的握手礼代替,过去的招呼语"吃了吗?"换成了"您好"等。俗随时变,现代礼仪也要与时俱进,准确地反映时代精神。

1.1.3 礼仪的原则与作用

1. 礼仪的原则

现代礼仪内容丰富,形式多样,但不论什么礼仪都具有普遍性、共同性、指导性的规律,这些规律就是礼仪的原则。要正确地运用礼仪,首先要掌握礼仪的原则。礼仪的原则主要有以下8条。

1) 敬人原则

孔子曰:"礼者,敬人也。"孟子曰:"恭敬之心,礼也。"尊敬他人是礼仪的核心要义,失敬即是失礼。"敬人者人恒敬之,爱人者人恒爱之""人敬我一尺,我敬人一丈",人与人之间的相互尊重,是维系人际关系的重要法宝。敬人是对待他人的一种态度,敬人原则就是要求人们在交际活动中,尊重他人的人格、感情、喜好与禁忌、职业、习惯、社会价值以及应享有的权利等,常存敬人之心,不可失敬于人,更不可侮辱伤害他人的人格尊严。

 礼仪佳话

尊重上级是天职,尊重同事是本分,尊重下级是美德,尊重客人是常识,尊重对手是风度,尊重所有人是教养!

2) 真诚原则

礼仪讲究"诚于中,形于外"(《礼记·大学》),心中有"礼",然后言行才有"礼"。人际交往的品德因素中,真诚是最基本、最重要的一项,要赢得对方信任,必须真诚。英国社会学家卡斯利博士认为大多数人选择朋友是以双方是否出于真诚而决定的。真诚原则要求人们待人以诚、言行一致、表里如一,不以伪善取悦于人。口是心非、言行不一、弄虚作假,只能蒙混一时,不利于良好人际关系的营造和个人形象及组织形象的塑造,轻则到处碰壁,重则身败名裂。

 礼仪佳话

三顾茅庐

三顾茅庐又名三顾草庐,典出《三国志·蜀志·诸葛亮传》。

汉末,天下大乱,曹操坐据朝廷,孙权拥兵东吴。汉宗室刘备听说诸葛亮很有学识,是个奇才,就和关羽、张飞带着礼物到隆中卧龙岗去拜访诸葛亮。恰巧诸葛亮这天出去了,刘备只得失望而归。过了几天,刘备和关羽、张飞冒着大雪又来到诸葛亮的家,不料诸葛亮又出外闲游去了。刘备只好留下一封信,表达自己对诸葛亮的敬佩和请他出来帮助自己平定天下的意思。过了一些时候,刘备吃了三天素,选了个好日子,再一次来到隆中。到时,诸葛亮正在睡觉,刘备不敢惊动他,让关羽、张飞在门外等候,自己在台阶下静静地站着。过了很长时间,诸葛亮才醒来,刘备向他请教平定天下的办法。诸葛亮给刘备分析了天下的形势,说:"北让曹操占天时,南让孙权占地利,将军可占人和,拿下西川成大业,和曹、孙成三足鼎立之

势。"刘备一听,非常佩服,请求他相助。诸葛亮见刘备有志替国家做事,而且诚恳地请他帮助,就出来全力辅佐刘备建立蜀汉皇朝。

《三国演义》中把刘备三次亲自敦请诸葛亮的这件事情,叫作"三顾茅庐"。诸葛亮在著名的《出师表》中,也有"先帝不以臣卑鄙,猥自枉屈,三顾臣于草庐之中"之句。此后传为佳话,渐成典故。现常用来比喻真心诚意,一再邀请、拜访有专长的贤人。

3) 平等原则

平等原则是现代礼仪与古代礼仪的最本质区别。平等原则要求人们对待任何交往对象都要一视同仁,给予尊敬和礼遇,不能因交往对象在年龄、性别、种族、文化、职业、身份、地位、财富以及与自己的关系亲疏远近等方面有所不同,而区别对待给予不同的礼遇。平等原则在交往中,表现为对任何人都以礼相待,既不盛气凌人、傲视一切,也不卑躬屈膝、逢迎讨好,更不能以貌取人或以地位取人、厚此薄彼,而是应该处处时时平等谦虚待人。

4) 自律原则

礼仪具有双向互动性,礼仪规范也体现了对交往双方的要求,由对自己的要求与如何对待他人两大部分构成。自律是礼仪的基础和出发点,在生活中每个人都必须自觉遵守礼仪。"己所不欲,勿施于人",自律原则要求人们在社交活动中首先要严以律己,做到自我要求、自我约束、自我控制、自我检点,行动上不出格、仪态上不失态、言语上不失礼。正如《论语·颜渊》中所强调的自我约束,"非礼勿视,非礼勿听,非礼勿言,非礼勿动",否则,就会受到别人的指责、批评。

 **想想议议**

有一天,白居易拜访禅师:"佛教最重要的道理是什么?"禅师回答:"诸恶莫作,众善奉行。"白居易听了很失望,便说:"这是三岁孩儿也知道的道理。"禅师道:"三岁孩儿也懂得,八十老翁却不一定做得到!要知道真理并未离我们很远,其实就在我们日常生活中,不要轻视这两句平凡的话,你如果能够好好地在日常生活中把这两句话的道理实行起来,那你的前程将是光明灿烂的!"白居易听了禅师的话,完全改变了他那自高自大的傲慢态度。

想一想:你从中明白了什么?

议一议:知道不代表做到,实际上礼仪就在我们每个人心中,只不过有时会忘却;它就在我们身边发生,可能有人看不见;可它确实是人的立身之本,生存之道。

5) 宽容原则

宋代宰相吕端说:"水至清则无鱼,人至察则无徒。"在人际交往中,人与人的思想感情可以沟通,但是由于个人经历、文化、修养等因素而产生的差异不可消除,这就需要相互包容、求同存异。宽容原则要求人们在社交活动中,既要严于律己,更要宽以待人。宽容是一种美德,是对交往对象的人生观、价值观及个性差异等给予充分的理解和尊重。要多容忍他人,多体谅他人,多理解他人,千万不要求全责备、斤斤计较、过分苛求、咄咄逼人。"人非圣贤,孰能无过?""海纳百川,有容乃大",在与人交往出现意见相反,或侵犯己方利益时,也应以宽容之心予以谅解。

6) 遵守原则

礼仪是人们在社会交往中的行为规范和准则,社交活动中的每一位参与者都必须自觉遵守,"遵守"是牢固的礼仪意识和优秀礼仪品质的表现。遵守原则要求人们在社交活动中自觉遵守礼仪,以礼仪规范指导和约束自己的言行。没有规矩不成方圆,任何人,不论年龄长幼、身份高低、职位大小、财富多寡,都有自觉遵守礼仪规范的义务,否则就会招人非议,被人视为没规矩、没素质而遭到公众的指责和排斥。

 礼仪佳话

奇闻趣事之"讲礼貌"的鱼

海洋里生活着很多种鱼类,特别是有一种讲"礼貌"的鱼,这种鱼个儿不大,所以被很多渔民称为沙丁鱼。

沙丁鱼喜欢集体活动,当它们向前游的时候,途中遇到比较狭窄的地方时,就排成整整齐齐的队伍,很有秩序地游过去。

如果遇到不相识的老态龙钟的日本鳀鱼时,沙丁鱼能非常客气地把下层让给日本鳀鱼,自己在上层前进。并且依照年龄的不同,它们还有一定的规矩:年龄较大的分到安静的下层去列队,年龄较轻的主动游到水的上层去列队。

最为有趣的是,在行进的沙丁鱼群中,每条鱼与每条鱼之间,总是保持着差不多相等的距离,好像它们经受过严格训练似的!

(资料来源:湘村风情.企鹅号.2020-10-23)

7) 适度原则

适度原则在日常交往中包括感情适度、谈吐适度、举止适度。适度原则要求人们在社交中注意掌握技巧,把握好分寸,做到合乎规范,适度得体,恰到好处,恰如其分。在社交活动时,既要彬彬有礼,又不能低三下四;既要热情大方,又不能轻浮谄媚;要自尊而不自负,坦诚而不粗鲁,信人而不轻信,活泼而不轻浮,谦虚而不拘谨,老练而不世故。在接待服务时,既要热情友好、谦虚谨慎、尊重客人、殷勤接待,又要自尊自爱、端庄稳重、平等公正、不卑不亢。

8) 从俗原则

从俗即入乡随俗。礼源于俗,礼与俗有密不可分的关系。《礼记·曲礼上》指出"入境而问禁,入国而问俗,入门而问讳",这是古代人们交往时应遵循的一个原则,同样适用于现代社会。不同国情、地域、民族、文化背景不同,礼仪习俗亦不同,所谓"十里不同风,百里不同俗"。从俗原则要求人们了解、尊重并遵守交往对象的习俗,做到入乡随俗。切不可自高自大、指手画脚,贸然采取自以为是的行为,很可能触犯禁忌、引发反感、误会与事端,尤其是在国际交往中,人们必须主动了解并适应礼仪的差异,为交流和合作奠定良好基础。

同向思政

毛泽东为人处事二三事

毛泽东为人处世的魅力和感染力主要体现在三个方面：朴素亲切、真挚诚恳、重情惜谊。

1936年，西安事变后，毛泽东和党中央进入延安城。各地的名流学者纷纷慕名前来访问。凡是来访者，毛泽东都亲自接见，并与他们亲切交谈。一次，一位老教授去见毛泽东。毛主席拿出纸烟来招待。不巧烟吸完了，只剩下一支，老教授请主席自己吸。谁知，毛主席把烟分成两半，给教授半截，自己吸半截。

1949年9月7日，毛泽东去火车站迎接起义的原国民党湖南省主席程潜。有人问主席为何以这样高的规格迎接程潜，主席说："我们是老乡，他还是我的私人朋友。难道你们的朋友来了你们叫别人去接吗？"当程潜走下火车后，毛泽东快步迎上去，握住程的双手，程潜感动得泪流满面。1952年，毛泽东又邀请程潜到家里做客，吃过饭后，毛泽东陪同程潜出去散步，不知不觉到了中南海，毛泽东提议划划船，上船后，程潜说："我给主席划船。"毛泽东说："岂有此理？你是客人，还是我来划。"于是，毛泽东荡起了双桨。

以上可以看出主席与人的交往礼貌，不摆架子，随和、真诚、平等。

2. 礼仪的作用

孔子曰：礼仪"修身、养性、持家、立业、治国、平天下"。礼仪是一个人、一个国家、一个民族文明程度的重要标志，对于个人、社会和国家有着非常重要的作用，可谓有"礼"走遍天下，无"礼"寸步难行。礼仪的作用主要表现在以下三个方面。

1) 提高人们的自身修养，塑造良好的社交形象

在人际交往中，礼仪是规范约束人们行为的准则，是衡量一个人文明程度的准绳。素以礼仪之邦著称于世的中华民族的礼仪习俗，反映了我国的传统美德与优良品质，它不仅潜移默化地净化人们的心灵，还从行为方面规范、约束人们的行为，指导人们不断自我完善，提高自身修养、教养；礼仪是一个人内在素质和外在形象的具体体现，仪表礼仪要求人们"秀外慧中"，促使人们在体现良好道德修养、文明素质"内在美"的同时，从美学方面注重仪容仪态、服饰谈吐等"外在美"，展示个人优雅的气质风度，从而塑造内外兼修的良好的社交形象，成为社交场合受欢迎的人。

2) 提高人们的社交能力，建立和谐的人际关系

俗话说："天时不如地利，地利不如人和。"和谐的人际关系是人们在社会立足和发展的重要基础。马克思说"社会是人们交往作用的产物"，礼仪则是人际交往的润滑剂，热情的问候、亲切的微笑、友善的目光、高雅的谈吐、得体的举止等，可以拉近人际距离，引发好感与信任，广结良友、增长见识、获取信息、融洽关系，提高社交能力。礼仪是人际交往的通行证，礼仪规范能够帮助人们自觉规范彼此的交际行为，更好地向他人表达自己的尊敬和友善，从而增进彼此之间的理解信任，促进交流合作，形成友好和谐的人际关系，促进个人身心愉悦和事业发展成功。

3) 提升社会的文明程度,建设文明和谐社会

古人云:"礼仪廉耻,国之四维。"礼仪建设是道德建设和社会主义精神文明建设的重要组成部分,礼仪水平的高低是一个国家、一个民族文明程度的重要标志,也是衡量社会成员道德水平高低的尺度。人的社会化是通过社会教化和个人内化实现的,是贯穿一生的过程。礼仪教育则是这个过程中接触最早、最多的内容,是培养高尚道德品质和情操的起点,是提高人们文明修养和素质,规范人们文明举止的过程。礼仪即教养,有教养才能文明。如果每一个社会成员都能在礼仪方面加强自我修炼和自我约束,都具有良好的礼仪修养和高尚的道德品质,严于律己、宽以待人、互尊互敬,与人为善、彬彬有礼、文明礼让、温文尔雅、尊老爱幼,社会就会秩序井然、安宁和谐,全社会的文明程度就会大大提升。当前,中国要树立大国形象,首先就要在礼仪上成为世界典范。

想想议议

文明无价

大连渔业集团花了 300 多万元修建草坪,美化环境。总经理提前 20 分钟对员工上班情形进行观察,发现有 35 位职工领着孩子踏草坪而过,只有两个人带着孩子绕草坪而过。为了培养职工的社会公德意识和环境意识,这位经理当即决定,给两位没有踏草坪的职工每人奖励 2 万元。

想一想:这么大的投入和这样的奖励值吗?

议一议:文明无价。谁不愿自己的单位、城市变得花园般美丽和温馨呢?而这美丽和温馨的环境又反过来陶冶我们的情操,促使我们变成一群高素质的现代文明人。人改变环境,环境改变人,文明的环境里住着一群文明人。这是一种精神变物质、物质变精神的良性循环。

一位韩国客商本准备向某一城市捐赠 15 万元人民币的人行道树坑保护罩,通过这一公益事业对自己的企业进行宣传。可当他途经大连,目睹一尘不染的街道和彬彬有礼的市民时,连呼"发现了新大陆",当即决定,将这笔钱移至大连。你还能说文明建设不值吗?

1.2 商务礼仪概述

1.2.1 商务礼仪的概念与特点

1. 商务礼仪的概念

商务礼仪是指商务活动中的礼仪规范和准则,是一般礼仪在商务活动中的运用和体现,并且比一般礼仪的内容更丰富、要求更严格。

商务活动本质上也是一种社交活动,而社交就必须遵循一定的规则和规范,从而形成了商务礼仪。商务礼仪是商务人员个人素质和业务能力的重要体现,是商务人员交际的金钥

匙,是商务活动的通行证,也是一个商业组织形象的延伸。

2. 商务礼仪的特点

商务礼仪是根据礼仪适用对象而产生的一个礼仪分支,指的是商务活动中应当遵循的礼仪规则。商务活动是一种目的性较强的社交活动。商务礼仪具有一般礼仪的特征,如规范性、差异性等,并比一般礼仪要求更严格。此外,商务礼仪还具有自己独特的个性,根据商务礼仪自身的特殊性可以归纳出商务礼仪的以下5个基本特点。

1) 通用性

商务礼仪是商务活动领域共同认可、普遍遵守的规范和准则,是商务人员待人接物的标准做法。虽然礼仪在一定程度上打上了国家、民族和地区的烙印,但是,商务礼仪许多规范是全世界通用的,如商务活动中"以右为尊"的原则、一些商务仪式的程序规定、正式商务场合商务人员的着装规范等。伴随着经济全球化,商务礼仪的通用性使商务礼仪成为不同国家和地区、不同民族人们之间开展商务交往的"通行证"。

2) 信用性

商务活动功利性强、目的性明确,涉及商务交往双方的利益,因此,诚实守信非常重要。所谓诚实,即诚心诚意参加商务活动,力求达成协议,而不是夸夸其谈,不着边际;实事求是地介绍产品或服务,不欺诈。所谓守信,就是"言必信,行必果",忠实履行约定,即使发生意外,不能如期履约,也应给对方一个满意的交代,不能言而无信。

3) 时机性

商务活动的时机性很强,有些商机若不及时把握,就可能时过境迁,错失良机。在商务活动中要熟练掌握沟通技巧,说话、做事恰到好处,问题就会迎刃而解。若商务人员一味地固执己见、不识时务、不善变通,就可能贻误战机,失去一次成功的商业合作机会。

4) 文化性

商务活动虽然是一种经济活动,但商务礼仪却体现的是文化含量。商务人员通过文明礼貌、优雅得体的言谈举止,体现自身有礼有节的文明素养和训练有素的职业风范。而商务人员也是企业的名片和形象代言人,商务人员在商务活动中的表现又折射出企业的文化和良好的组织形象。

5) 效益性

"和气生财",在商务活动中,得体的礼仪,有助于树立企业的良好形象,协调双方的关系,促进合作共赢;而失礼、悖礼会导致关系的破裂、客户的流失乃至合作的终止。可以说,商务礼仪作为企业文明的重要组成部分和外在表现,正在现代商务活动中创造价值和效益。礼仪也是生产力,礼仪的价值是无形而无限的。

 **想想议议**

为顾客献上生日鲜花——细节产生效益

乔·吉拉德是世界上最伟大的推销员。

有一天，一位中年妇女从对面的福特汽车销售商行走进了吉拉德的汽车展销室。她说自己很想买一辆白色的福特车，就像她表姐开的那辆，但是福特车行的经销商让她过一个小时之后再去，所以先过这儿来瞧一瞧。

"夫人，欢迎您来看我的车。"吉拉德微笑着说。妇女兴奋地告诉他："今天是我55岁的生日，想买一辆白色的福特车送给自己作为生日的礼物。""夫人，祝您生日快乐！"吉拉德热情地祝贺道。随后，他轻声地向身边的助手交代了几句。

吉拉德领着夫人从一辆辆新车前慢慢走过，边看边介绍。一会儿，助手走了进来，把一束玫瑰花交给了吉拉德。吉拉德把这束漂亮的鲜花送给夫人，再次对她的生日表示祝贺。

那位夫人感动得热泪盈眶，非常激动地说："先生，太感谢您了，已经很久没有人给我送过礼物。刚才那位福特车的推销商看到我开着一辆旧车，一定以为我买不起新车，所以在我提出来要看一看车时，他就推辞说需要出去收一笔钱，我只好上您这儿来等他。现在想一想，也不一定非要买福特车不可。"就这样，这位夫人当即在吉拉德这儿买了一辆白色的雪佛兰轿车。

正是这许许多多细小行为，为吉拉德创造了空前的效益，使他的营销取得了辉煌的成就，他被《吉尼斯世界纪录大全》誉为"全世界最伟大的销售商"。

想一想：吉拉德是如何成功的呢？

议一议：做销售，人品重于商品。一个成功的销售商，要有一颗尊重普通人的爱心，要把爱心体现在他的每一个细小的行为(细节)中。

1.2.2 商务礼仪的原则

商务礼仪除须遵守一般礼仪的8大原则外，还需根据商务活动的特点，特别注意遵守以下原则。

1. 守信原则

诚信是做人之根本，也是做企业经商的根本理念。因为商务活动事关商务交往双方的利益，因此，商务礼仪必须遵守诚实守信的原则。说话做事实事求是、客观公正，"言必信，行必果"，公平交易，忠实履行契约，不夸大、不造假、不欺骗、不见利忘义，保障产品或服务质量，维护企业形象与信誉。遵守时间也是守信的一种体现，时间就是金钱，时间就是效率。现在社会都讲究办事效率，珍惜自己的时间也是珍惜他人的时间，是对彼此的尊重和信任，切忌不可迟到或爽约。

2. 谦和原则

谦和是指谦虚和善。要谦虚谨慎、热情大方地对待客户以及竞争对手，这也是经商和社交的成功秘籍。要重视和尊重别人的职业、立场等，不狂妄自大，不贬低别人。在商务活动中，出于各自的立场和利益，难免会出现冲突，商务人员要与人为善，平易近人，以豁达大度的态度和平对待和处理好各种关系与纷争，以德服人。当然，谦和不是妄自菲薄，更不是无原则的妥协退让。尤其是在和西方人的商务活动中，过分谦让会被看作不自信的表现，进而让对方怀疑你的能力和企业实力。

3. 对等原则

商务礼仪是建立在对等基础之上并将对等作为商务礼仪的基本原则。商务活动中的迎来送往、会见、陪同、谈判、宴请等各项工作都要体现商务礼仪的对等原则,即通常遵循双方身份相当的原则,主要接待人与主宾身份相当,以示尊重。对方董事长到访,我方董事长亲自出面接待,对方总经理到访,我方总经理接待。当不可能完全对等时,可灵活变通,由职位相当的人出面,不可轻视慢待对方。上级来客可以提高接待规格,以表示高度重视的心情和姿态。

1.2.3 商务礼仪的作用与修炼

1. 商务礼仪的作用

1) 塑造和提升组织形象

现代市场竞争除了产品和服务竞争外,还有形象竞争。良好的组织形象是组织努力追求的目标,它可帮组织(企业)赢得客户及社会各方面的信赖与支持,是组织(企业)的无形资产和无价之宝。

随着世界一体化、经济全球化,行业竞争日趋激烈,企业能否在激烈的竞争中保持优势地位,不断地发展壮大,最重要的因素是树立和保持良好的企业形象,良好的企业形象可以为企业带来直接的经济效益。商务人员个人形象是影响企业形象的重要因素,比尔·盖茨讲"企业竞争,是员工素质的竞争",他们的精神面貌、言谈举止、工作态度、仪表服饰都是企业形象人格化了的最为直接的表现。在商务交往中个人代表组织,个人形象代表企业形象,个人的所作所为,就是企业的典型活体广告,无声胜有声。人们往往从某一个职工、某一件小事情上来衡量一个企业的可信度和管理水平。比如,你想和某一单位洽谈业务,当你拨打对方联系电话竟无人接听或铃响五六声之后才有人不耐烦地接听时,你会对该单位产生一种印象——工作效率不高,制度不健全,员工素质差等。反之,当你一拨通电话,听到对方和蔼可亲的问候、热情礼貌的语言、简捷干练的回答,你就会有一种亲切的认同感。商务礼仪可帮助商务人员塑造和提升个人形象,进而提升组织形象。

2) 协调和促进商务合作

在商务交往中,由于人们立场、观点的不同,对同一问题会产生不同的看法,如果双方不能有效沟通,就会产生分歧与隔阂,进而影响到商务活动的有效开展。商务礼仪是有效的沟通形式与协调的手段,恰当地运用礼仪,可以更好地向客户或合伙人表达自己的尊敬、友善、真诚的感情,从而获得对方的好感与信任,促进情感的沟通、共鸣,进而促成交易或合作,推动事业发展和商务活动的成功。

现代企业处在一个复杂、开放的大系统中,面对各类关系如客户关系、政府关系、媒体关系等,要协调各方不同的利益要求,难免会产生摩擦和矛盾。而商务礼仪是协调各种关系的润滑剂,能起到缓和与化解矛盾、达成谅解与共识、促进友好与合作的目的。

知识拓展

人际交往的 3A 法则

美国学者布吉林教授(曾是国际公关协会主席,美国总统顾问)曾提出一个"3A 法则",意即在人际交往中要成为受欢迎的人,就必须善于向交往对象表达我们的尊重、友善之意。向别人表达尊重和友善的技巧有三,这三个词的第一个英文字母都是A,所以叫3A法则。

第一个A(Accept),接受对方。接受交往对象的习俗和交际礼仪。接受有三个要点:其一,接受交往对象。例如,老师不能拒绝学生,商家不能拒绝顾客。其二,接受交往对象的风俗习惯。习俗是长期的文化习惯,很难说谁对谁错,要学会接受。其三,接受交往对象的交际礼仪。例如,牧区的人问候的时候总爱说:"牲口好吗?"其实它同"生意好吗?""收成好吗?"是一个意思。

第二个A(Attention),重视对方。即要让对方感觉自己受到重视,得到别人的欣赏。

第三个A(Admire),赞美对方。不仅要善于欣赏对方,而且要把对方的优点予以正面肯定,恰当地赞美别人的长处。

3A法则将有助于我们成为社交场合受欢迎的人。

2. 商务礼仪的修炼

1) 注重商务礼仪修养

商务礼仪修养是指商务人员有意识地按照角色特定的礼仪规范节制自身的不足,自我完善而达到的行为涵养的水平。作为一名商务人员,首先要加强道德修养、文化修养、心理修养等,温文尔雅、彬彬有礼的气质与风度是以良好的内在修养为基础的。其次,要利用图书资料、互联网、培训等渠道全面系统地学习商务礼仪知识,能够在不同的场合、面对不同交往对象,准确地运用商务礼仪知识,将知识内化于心、外化于行,在商务活动中不断地提高自身的礼仪修养和综合素质。

 **知识链接**

商务人员的基本修养

英国学者大卫·罗宾逊概括了从事商务活动的黄金规则,具体表述可用"IMPACT"一词来概括,即 Integrity(正直)、Manner(礼貌)、Personality(个性)、Appearance(仪表)、Consideration(善解人意)和 Tact(机智)。

正直是指通过言行表现出诚实、可靠、值得信赖的品质。当个人或公司被迫或受到诱惑,这就是对正直考验的时候。良好的商务举止的一条黄金规则就是:你的正直是毋庸置疑的,不正直是多少谎言也掩饰不了的。

礼貌是指人的举止模式。当与他人进行商务交往时,良好的气质、风度都可以向对方表明自己是否可靠,行事是否正确、公正。粗鲁、自私、散漫是不可能让双方的交往继续发展的。

个性是指商务人员在商务活动中表现出来的独特之处。出色的商务人员应该对商务活动充满激情,但不能感情用事;开朗活泼但不能轻率轻浮;才华横溢,但不能咄咄逼人。

仪表是指商务人员要做到衣着整洁得体,举止落落大方。这是给商务伙伴留下好印象的至关重要的因素。因为多数人都会哪怕是下意识地对交往者以貌取人。

善解人意是指商务人员在商务交往中能理解人、体谅人,会换位思考,这是良好的商务风度中最基本的一条原则。

机智是指商务人员在处理事务时有智慧，能随机应变。本条黄金规则更深的内涵是：有疑虑时，保持沉默。

2) 加强商务礼仪实践

商务礼仪是人们在商务活动中形成并得到共同认可的一种行为规范，它有许多约定俗成的规则，如果违反了这些规则，将被视为一种缺乏礼貌和修养、不尊重他人的表现。因此，商务人员要自觉遵守规则，注重行为规范，做到知行合一。

勤于实践，把握商务礼仪的规范性，学会模仿、借鉴，探索礼仪运用的技巧，坚持以礼待人，从点滴做起，持之以恒，不断积累、升华，将学习、运用礼仪真正变为自觉行为和习惯做法。礼仪的遵守依靠的是人内心的自觉和自律，要经常自觉自省，抑制和纠正不良的习惯，逐渐养成好的礼仪习惯。习惯成自然，习惯一旦形成，就会成为自觉行为。

注重细节，细节体现素质，细节决定成败。商务礼仪是由许多细节构成的，这些细节体现在穿着打扮上、举手投足间和言谈举止中，有时这些细节就是一句话或是一个动作，从细节中可以体现出一个人的礼仪修养和职业素养。

知识拓展

东、西方礼仪的差异

东方礼仪主要指中国、日本、韩国等为代表的亚洲国家所代表的具有东方民族特点的礼仪文化；西方礼仪主要指流传于欧洲、北美各国的礼仪文化。

一、在对待血缘亲情方面

东方人非常重视家族和血缘关系，血浓于水的传统观念根深蒂固，人际关系中最稳定的是血缘关系。

西方人独立意识强，相比较而言，不是很重视家庭血缘关系，而更看重利益关系，他们将责任、义务分得很清楚，责任必须尽到，义务则完全取决于实际能力，绝不勉为其难，处处强调个人拥有的自由，追求个人利益。

二、在表达形式方面

西方礼仪强调实用，表达率直、坦诚；东方人以"让"为先，凡事都要礼让三分，与西方人相比，常显得谦逊和含蓄。在面对他人夸奖所采取的态度方面，东西方人不相同，面对他人的夸奖，中国人常常会说"过奖了""惭愧""我还差得很远"等字眼表达自己的谦虚，而西方人面对别人真诚的赞美或者赞扬，往往会用"谢谢"来表示接受对方的美意。

三、在礼品馈赠方面

在中国，人际交往特别讲究礼数，重视礼尚往来，往往将礼作为人际交往的媒介和桥梁，东方人送礼的名目繁多，除了重要节日互相拜访需要送礼外，平时的婚、丧、嫁、娶、生日、提职、加薪都可以作为送礼的理由。西方礼仪强调交际务实，在讲究礼貌的基础上，力求简洁便利，反对繁文缛节、过分客套。西方人一般不轻易送礼给别人，除非相互之间建立了较为稳固的人际关系。在送礼形式上，西方人也比东方人简单得多，一般情况下，他们既不送过于贵重的礼品，也不送廉价的物品，但却非常重视礼品的包装，特别讲究礼品的文化格调与艺术品位。

在送礼和接受礼品时,东西方也存在差异。西方人送礼时总是向受礼人直截了当地说明,"这是我精心为你挑选的礼物,希望你喜欢",或者说"这是最好的礼物"之类的话;西方人一般不推辞别人的礼物,接受礼物时先对送礼人表示感谢,接过礼物后,总是当面拆看礼物,并对礼物赞扬一番。而东方人则不同,中国人及日本人在送礼时也费尽心机,精心挑选,但在受礼人面前,却总是谦虚而恭敬地说"微薄之礼,不成敬意,请笑纳"之类的话;东方人在受礼时通常会客气地推辞一番,接过礼品后一般不当面拆看礼物,唯恐对方因礼物过轻或不尽如人意而难堪,或显得自己重利轻义,有失礼貌。

四、在对待老的态度方面

东西方礼仪在对待人的身份地位和年龄上也有许多观念和表达上的差异。东方礼仪一般是老者尊者优先,凡事讲究论资排辈;西方礼仪崇尚自由平等,在礼仪中,等级的强调没有东方礼仪那么突出,而且西方人独立意识强,不愿老、不服老,特别忌讳老。

五、在时间观念方面

西方人时间观念强,做事讲究效率,出门常带记事本,记录日程和安排,有约必须提前到达,至少要准时,且不应随意改动。西方人不仅惜时如金,而且常将交往方是否遵守时间当作判断其工作是否负责,是否值得与其合作的重要依据,在他们看来,这直接反映了一个人的形象和素质。

遵守时间秩序,养成了西方人严谨的工作作风,办起事来井井有条。西方人工作时间和业余时间区别分明,休假时间不打电话谈论工作,甚至在休假期间断绝非生活范畴的交往。

相对来讲,中国人使用时间比较随意,时间观念比较淡薄,包括改变原定的时间和先后顺序,在中国,开会迟到、老师上课拖堂、开会做报告任意延长时间是常有的事。这在西方人看来是不可思议的,他们认为不尊重别人拥有的时间是最大的不敬。

六、在对待隐私权方面

西方礼仪处处强调个人拥有的自由,将个人的尊严看得神圣不可侵犯。在西方,冒犯对方私人的所有权利是非常失礼的行为,因为西方人尊重别人的隐私权,同样也要求别人尊重他们的隐私权。东方人非常注重共性拥有,强调群体,强调人际关系的和谐,邻里间的相互关心,问寒问暖是一种富于人情味的表现。

本章小结

礼仪是指人们在社会交往活动过程中形成的,以风俗、习惯和传统等方式固定下来的,应共同遵守的行为规范和准则的总和。礼仪具有规范性、普遍性、传承性、综合性、差异性、操作性等特征。

现代礼仪必须坚持敬人原则、真诚原则、平等原则、自律原则、宽容原则、遵守原则、适度原则和从俗原则。

礼仪的作用表现在以下三个方面:提高人们的自身修养,塑造良好的社交形象;提高人们的社交能力,建立和谐的人际关系;提升社会的文明程度,建设文明和谐社会。

商务礼仪是指商务活动中的礼仪规范和准则,是一般礼仪在商务活动中的运用和体现,并且比一般礼仪的内容更丰富、要求更严格。商务礼仪除了具有一般礼仪的特征外,还具有通用性、信用性、时机性、文化性和效益性等特点。

商务礼仪除须遵守一般礼仪的 8 大原则外,还需根据商务活动的特点,特别注意遵守守信原则、谦和原则和对等原则。

商务礼仪具有塑造和提升组织形象,协调和促进商务合作的重要作用,商务人员必须加强商务礼仪的修炼,以提升自身和组织形象,促进事业顺利发展。

案例分析

案例一:

2008 年 5 月 12 日,我国四川省汶川县等地的 8.0 级大地震,震惊了全世界。在这场自然灾害面前,一幕幕抢险救灾画面感动着全国人民。

灾难发生的第二天,参加救援的部队官兵在北川县的废中营救出一名只有 3 岁的儿童,他叫郎铮。被亲人解放军救出时,小郎铮的左手已经受伤,但他还是坚强地举起了稚嫩的右手,认真地向救他的解放军叔叔敬了一个礼。

分析:

小郎铮的敬礼震撼人心,永远刻画在人们的脑海里。小郎铮的敬礼是灾区人民对子弟兵最高的奖赏! 是大灾面前的从容镇定! 是感恩! 从礼仪的角度看,小郎铮的敬礼是中华民族五千年礼仪的最佳诠释和最高见证。

案例二:

一位英国老妇人到中国游览观光,对接待她的导游小姐评价颇高,认为她服务态度好,语言水平也很高,便夸奖导游小姐说:"你的英语讲得好极了!"导游小姐马上回应说:"我的英语讲得不好。"英国老妇人一听生气了:英语是我的母语,难道我不知道英语该怎么说?

分析:

老妇生气的原因无疑是导游小姐忽视了东西方礼仪的差异所致。西方讲究一是一、二是二,东方人讲究的是谦虚,凡事不张扬。对待赞扬,中国人往往使用否认或自贬的方式,以示谦虚。而西方人则往往采取迎合的态度,表示感谢或流露出十分高兴的情绪。例如,一位外宾说:"Your English is very good!"中国人往往会说:"My English is very poor."而西方人只需用"Thank you"来回答。

案例三:

中国新华医疗设备厂准备引进大输液管生产线,欲与美国客商杰克先生合作。经过一天的详细考察,杰克先生对该企业各方面都很满意,愿意与企业长期合作,双方商定第二天正式签订合作协议。在无菌车间参观结束正准备离开时,李厂长突然感到嗓子不适,本能地咳了一声,走到车间的墙角吐了一口痰,然后连忙用脚擦去,油漆地面留下一块痰迹。

第二天一早,翻译送来了杰克先生的一封信,信中写道:"尊敬的李先生,我十分佩服您的才智和能力,但是您在车间里吐痰的一幕使我彻夜难眠。恕我直言,一个厂长的卫生习惯可以反映一个工厂的管理素质。我们今后生产的是用于治病的输液管,贵国的成语说得好,人命关天!请原谅我的不辞而别。"

分析:细节体现素质,从细节中可以体现出一个人的礼仪修养和职业素养。细节决定成败,李厂长在无菌车间吐痰,不仅污染环境,而且引起杰克先生对其修养素质的怀疑,进而对其产品的质量和企业管理水平产生极大的不信任,最终导致合作失败。

案例四:
20 世纪 80 年代,中国女排三连冠。一家对外画报用女排姑娘的照片作封面,照片上的女排姑娘都穿着运动短裤。阿拉伯文版也用了,结果有些阿拉伯国家不许进口。

分析:伊斯兰教认为,男子从肚脐至膝盖、妇女从头至脚都是羞体,外人禁止观看别人羞体,违者犯禁。因此,伊斯兰教妇女除了穿不露羞体的衣服外,还必须带盖头和面纱,这项规定至今在有些伊斯兰教国家(如沙特阿拉伯、伊朗等)仍然施行。

案例五:
北宋大文豪苏轼在杭州任职时,经常微服私访,游山玩水。

这一天,苏轼来到了一个寺庙。庙里的方丈见来人穿着朴素,便漫不经心地说了一句:"坐。"转头对小沙弥说:"茶。"小沙弥端来一碗很普通的茶。

方丈和苏轼随便聊了两句,发现苏轼谈吐不凡,似乎来头不小,便和蔼地对苏轼说:"请坐",又对小沙弥说:"敬茶"。

苏轼和方丈聊了很多佛学,方丈对苏轼关于佛学的高见十分佩服。终于知道,这个人就是大名鼎鼎的苏轼。方丈急忙起身,把苏轼请到庙里最豪华的房间,恭恭敬敬地对苏轼说:"请上座。"高声唤来小沙弥说:"敬香茶。"

茶喝毕临别时,方丈请求苏轼为寺庙留字纪念,苏轼推脱不过,就提笔写了一副对联,上联:"坐,请坐,请上座",下联:"茶,敬茶,敬香茶",方丈看后羞愧不已。

分析:来客敬茶本是礼仪之道,方丈以貌取人,以地位衡量待客之礼,有失真诚。苏轼这个对联很简单,但是把方丈的势利讽刺得十分恰当,堪称讽刺对联的千古绝对。

角色扮演

开学报到日,203 宿舍的 4 位同学在宿舍里正热火朝天地聊天,他们有的躺在床上,有的在嗑瓜子,有的在整理床铺……这时,班主任刘老师走进宿舍,同学们该怎么做?

第2章 商务人员形象礼仪

学习目标

知识目标：了解良好的气质和风度的基本内容，掌握仪容、仪表、仪态美的基本内容。

能力目标：能够运用仪容仪表、仪态举止的礼仪技巧顺利地开展商务活动。

素质目标：内外兼修，自觉地在商务活动中展现自身良好的修养和优雅的气质风度。

搭车实验

心理学家曾经做过一个实验，他分别让一位挎着菜篮子、脸色疲惫的中年妇女，一位打扮入时、妆容精致的漂亮女郎，一位面部干净、戴金丝眼镜的青年学者，一位留着怪异头发、脸上脏兮兮的男青年在公路边搭车。结果发现，四个人当中，搭车的成功率由高到低的顺序排列是：漂亮女郎、青年学者、中年妇女、邋遢男青年。其中，"邋遢男"尝试了几十次，只成功了一次。

分析提示："以貌取人"是人的正常心理特点和普遍现象，在对对方完全不了解的情况下，只能通过他的穿着打扮、形象气质来判断。仪表堂堂、穿戴整齐者比不修边幅、衣冠不整者显得体面、有教养，更受人尊重。现代社会，形象是金。我们每个人都要注重自我良好形象的塑造。

2.1 气质与风度

2.1.1 气质

从心理学的角度看，气质是人的相对稳定的个性心理特征，它以不同的方式作用于人的心理，支配着人的各种行为，甚至影响着人的容貌（腹有诗书气自华）。一般认为，人的姿态、长相、穿着、性格、行为等元素结合起来给别人的一种感觉，就是气质。

气质在现代社会所表现的，是一个人从内到外的一种内在的人格魅力。有高雅、高洁、恬静、温文尔雅、豪放大气、不拘小节等。良好的气质,是以人的文化素养、文明程度、思想品质为基础。气质美是一种内在美,气质是一个人多种内在素质的综合反映。培养良好的气质不是一朝一夕的事,必须经过长期积累和锻炼。

2.1.2 风度

风度是指人的言谈、举止、神情、姿态、仪表等方面总的表现和风貌,即人的思想、文化、修养、性格、气质等的外在表现。风度是一个综合的概念,不是指某一表情、动作,而是指人的全部生活姿态所提供给人们的综合印象。

风度美包括饱满的精神状态、诚恳的待人态度、可亲可敬的性格、幽默文雅的谈吐、洒脱的仪表礼节,适当的表情动作等。

风度是可以塑造的。一个人无法对自己的容貌做出选择,但在成长的过程中却可以对自己的风度负责,可以通过后天的学习锻炼,塑造美的风度,建立良好的个人形象。正如美国前总统林肯所言,男人一过40岁,就要对自己的相貌负责。

风度的具体外在表现可以分为仪容、仪表、仪态三个方面。

2.2 仪容礼仪

仪容即容貌,由面容、发式以及身体所有未被服饰遮掩的肌肤所构成,是个人仪表的基本内容。

仪容礼仪于形象礼仪,就像水于鱼一般,十分重要。一个人先天性的面目是无法改变的,但可以通过一定的修饰技巧,使一个长相平凡的人变得精致动人,比原来更加漂亮、更加美丽,这不仅是对自己仪表美的要求,也是满足交往对象审美享受的需要。

 **想想议议**

服务员的仪容有什么问题?

一天,黄先生与两位好友小聚,来到某知名酒店。接待他们的是一位五官清秀的服务员,接待服务工作做得很好,可是她面无血色,显得无精打采。黄先生一看到她就觉得心情欠佳,仔细留意才发现,这位服务员没有化工作淡妆,在餐厅昏黄的灯光下显得病态十足。上菜时,黄先生又突然看到传菜员涂的指甲油缺了一块,他的第一个反应就是"不知是不是掉到我的菜里了"。

但为了不惊扰其他客人用餐,黄先生没有将他的怀疑说出来。用餐结束后,黄先生唤柜台内服务员结账,而服务员却一直对着反光玻璃墙面修饰自己的妆容,丝毫没注意到客人的需要。自此以后,黄先生再也没有去过这家酒店。

想一想:服务员错在哪里?
议一议:仪容礼仪的规范。

2.2.1 仪容的中心:头发

在当今的这个时代,头发的功能早已不再是单纯地表现出人的性别,人们把发型大方、头发整洁看作是个人礼仪对头发的最基本要求。干净、得体的发式能给人留下精神、干练的美感,而蓬头垢面,则会给人以萎靡不振的感觉,甚至使人想到此人无法成大事。无论男女老少,都要将头发护理看作一件重要的事,都要根据自己的身份、形体、气质选择适当的发型。通过发型,人们能看出对方的生活状况如何,以及受教育程度如何。同时,发型也可以体现一个人的身份职业。选对了发型,才能体现出你正确得体的审美观、行为观、道德观和价值观。

1. 头发的护理

1) 经常清洗

洗头发时应该用十指充分按摩,使头皮上的血液能够更好地流通,也能够促进头发的生长。与以往不同的是,在使用某一品牌的洗发水时,我们反而应该选择其他品牌的护发素,这样的搭配不仅能使头发更好吸收营养,也不易滋生头屑。

2) 经常梳头

梳头可以促进头部血液循环。但正确的梳头方式尤为重要,梳头时不要用塑料制头梳,塑料制头梳易损坏发质,木梳或角梳都是不错的选择。还要注意的是,梳头的时候要轻手缓梳,否则容易导致发根疏松。

3) 经常修剪

很多女士头发比较长,也容易干枯分叉,对于这种情况,需要经常将干枯没营养的发梢剪掉;头发较短的女士在一个月内可以修理头发1到2次。男士除了注意经常理发,还要注意头发不能够太长,应该做到前方不遮盖眉毛,侧方不遮盖耳朵,后方不超过肩膀,不留鬓角。

4) 烫发染发要审慎

很多年轻人都喜欢烫发,其实烫发是最损伤头发发质的行为,它会让头皮内细胞变质,使头发韧性变差,因此一定要减少烫发次数,最好不要烫发;染发这件事本身对头发可能没有那么大伤害,但伤害的来源往往是染发用的药水,因此染后一定要好好护理头发。染发这件事在每个年龄段都有不同的要求,尤其是学生,不应夸张染发,工作后也应按照自身情况选择合适的发色,要基于自我欣赏与他人欣赏的契合点,不能只顾个人。

2. 发型的选择

1) 发型要与脸型相适合

鹅蛋脸(也称瓜子脸)是大部分人都羡慕的脸型,拥有这种脸型的人适合多种发型,所以它也成了大众心中的完美脸型。脸型大致可分为8种,其他脸型应当根据场合要求及化妆原则,搭配出最合适的、使人最有深刻印象的发型,如此调整可以弥补脸型的不足。

 **知识拓展**

根据脸型选择发型如图2-1所示。

(1) 圆形脸。将头发安排在头顶，用前刘海盖住双耳及一部分脸颊，即可减小脸的圆度。

(2) 方形脸，类似于圆形脸。其发型应遮住额头，并将头发梳向两边及下方，可以烫一下，形成脸部窄而柔顺的效果。

(3) 梨形脸。保持头发覆盖丰满且高耸，分出一些带波浪的头发遮住额头，形成宽额头的效果。

(4) 长形脸。可适当用刘海掩盖前额，一定不可将发帘上梳，头缝不可中分，尽量加重脸型的横向感，使脸型看上去圆一些。

(5) 钻石脸。增加上额和下巴的丰满度，维持头发贴近颧骨线，可形成鹅蛋脸的效果。

(6) 心形脸。将中央部分刘海向上卷或倾斜地梳向一边，可很好地修饰脸型。

图2-1

2) 发型要与脖子相适合

(1) 短脖子。前边的头发留个斜刘海，并且做大斜切，只将头发往一边梳，这样头顶感觉被拉长，可以修饰脖子的短小；同时可将后边的头发变为波浪卷，不用太卷，可贴于肩头，这样可以侧面修饰颈线，使脖子变得修长。

(2) 长脖子。长脖子其实很好修饰，只需微卷微烫即可，将脖子稍稍挡住，头发留大约5~6厘米，略长即可，使人看起来精神，脖长合适。

3) 发型要与头型相适合

发型和头型是密不可分的，头型不可改变，因此选择合适的发型，可以很好地修饰头型。由此看来，选择好的发型，更应好好斟酌。有一个非常科学的理论方法，让人拿一张椭圆形的纸，贴在自己的头上，观察哪个地方需要磨合，再去修整那部分头发，垫厚或理薄，这样理出来的发型便可以紧贴自身头型。可是紧贴头型也不代表就是完美发型，这只是理论上的完美，应该根据自身不同的头型和社会潮流去选择适合自己的发型。

4) 发型要与性别相适合

男女有别，男女的发型也有别，男士的发型一般都是短发，或板寸，或背头，如若没有特殊原因，尽量不要光头；女士的发式类型很多，长发短发都有，但也不能太过张扬。现下还流行染发烫发，无论男士女士，都最好不要将头发弄得花里胡哨。

5）发型要与年龄相适合

年长者的发型一般要显得成熟稳重些,女士还要注重大方、庄重,类似于盘发或中短发风格;年轻人则更在意外在的形象,因此外在美一定是比较重要的,但同时也应重视发型的整洁干练,在追求新潮的同时也要得体大方,如马尾、黑长直、波浪卷、短发等。

6）发型要与个人的性格和气质相适合

性格分为内向文静和外向豪爽。前者适合一些较自然的发型,如原生态直发,或文静式发稍微内卷;后者适合一些俏皮清新的卷发,或干练直率的短发。

7）发型要与自己的身材相适合

（1）短小身材的发型。短小的身材本身已经给人可爱小巧的感觉,所以在发型上要强调秀气俊美,可以做一些适当的卷烫。

（2）高瘦身材的发型。高瘦的身材给人单薄的感觉,所以发型需要强调丰富饱满,可以采用垫烫的方式使颅顶变得饱满,但不能过于饱满,物极必反。头发也不用过长,披发最好,最可显示头发的厚实感。

（3）矮胖身材的发型。矮胖的身材最容易被人说成健康、身体好,利用这一点,可以达到一种朝气蓬勃、健康美的效果。发型要有向上的趋势,最好不要留黑长直,会凸显身形的缺点。除此之外,最好选择有层次的运动式发型,如前额翘翻式短发。

（4）高大身材的发型。高大的身材放在男士身上,让人有一种安全感,但放在女士身上,则会让人觉得不太温柔,缺少阴柔之美。对于这种情况,我们应该将发型变得大方洒脱,直率的短发,或大波浪卷,头发要显得随意一些,多一些知性美。

总的来说,发型的选择需要与自身的各种条件相匹配,如脸型、肤色、体型等,也应与自己所处的环境相符合。形象礼仪中,发型只是其中小小的一部分,要真正做到形象仪表的美丽,还应考虑饰品、面容等多种因素。

2.2.2 仪容的重点:面容

面部美容和整容有着质的区别,主要是通过化妆修饰脸部状态。好的化妆技术,可以使一个人的面貌更加动人,更加有精神。可以说化妆美容能增强人们的魅力以及自信心,使人容光焕发。同时,它还可以促进公关活动的成功。化妆是一门综合艺术,不是单纯的涂脂抹粉,更要让一个人的面貌变得健康、自然、淡雅清秀,富有个性。

1. 化妆的原则

化妆要有扬长避短、化丑为美的效果,更好地掩饰脸庞上的不足,显示出人脸上最迷人的部分,使脸庞变得更加美丽动人。

1）自然原则

化妆最重要的一个原则就是自然原则。如果一个人化的妆不自然,那么就丢失了化妆的初衷。不同的场景需要配合不同的妆容,日常出门或者上班工作可以选择自然清新的淡妆;聚会或者比赛演出可以选择庄重大气的浓妆。淡妆自然要化得淡雅,而浓妆也不可以过于厚重张扬,皆须以自然为前提。

第2章 商务人员形象礼仪

2) 协调原则

化妆要根据活动的场合、活动的时间以及活动的地点来做出一些调整,千万不能盲目地跟风学习,将一些不适合自己的妆容画在脸上。每个人的脸部特征都很不相同,各有特色,故而要根据自身的特色来协调妆容,突出自身的优势。

2. 化妆的步骤

化妆不能心急,在化妆品上脸之前一定要先把脸部清洁干净。清洁脸部除了用简单的自来水冲洗外,还需要买适合自己脸部肌肤的洗面奶或洁面乳进行进一步清洁,现在越来越实用的洁面油也是不错的选择。在除去脸部油污后,做好保湿工作,先水后乳,使脸部皮肤达到干净清爽的状态。

1) 打粉底

打粉底需要三个步骤。首先需要挑选适合自己的粉底液,取少量,先均匀地抹在手背上,在手上铺开后一点点少量地抹到脸上,抹五点,分别是额头、两边脸颊、鼻峰、下巴;再用美妆蛋或化妆刷上妆,使用轻盈的拍打手法上妆,使妆容更加地服帖;最后观察脸部的痘印、瑕疵以及黑眼圈,使用遮瑕霜或遮瑕笔将其盖住,不要盖得过薄或过厚,需要恰到好处,否则会盖不住瑕疵或者浮粉。切记除了脸外,脖子或其余裸露明显的地方也需要进行遮盖,避免肤色不均。

2) 画眼线

眼妆是整个妆容最重要的部分,可谓是点睛之笔,其中眼线又显得更加重要。画眼线有很多讲究,首先选笔很重要,市面上的眼线笔、眼线胶笔、眼线液层出不穷,主要要注重笔头的触感及亲肤感,需要选择较软的笔头;其次在画的时候,需要从眼角开始落笔,用顺滑的笔触画向眼尾。当然,对于新手而言,一笔是不太可能完成任务的,可以用分段式画法,像画素描一样,慢慢顺到眼尾;第二种方法是由点及线,最后加深成面。要注意的是,不同肤色使用眼线笔的颜色也不同,亚洲人肤色偏黄,最好使用深色的眼线笔。

3) 施眼影

眼影在整个眼妆中,可以起到使妆容灵动的作用,应根据个人的情况加以选择。

(1) 眼影的颜色大致可分为阴影、明亮色、色调增强三种。其中阴影色顾名思义就是涂在应该有阴影的地方的颜色,一般可以使眼部更加立体深邃,大部分深色都属于阴影色;而明亮色是比较明亮突出的颜色,一般用于使眼妆更加丰富饱满;而强调色用于强调突出妆容重点,比如今天要去约会,就需要强调色来突出你的明艳动人,强调色算是眼影色中的点睛一笔。

(2) 涂染的位置也很重要,位置要如何区分,主要是看每个人眼部的特点和突出点,比较常见的例子就是单双眼皮的区别,单眼皮的晕染位置与双眼皮肯定是大不相同的,当然万变不离其宗,通常采用深色整块打底,有时还可以一同修饰鼻影,其余颜色适度叠加上方即可。

知识拓展

蓝色、绿色、紫色是发挥眼妆效果的重点,涂在眼周眼尾可使眼睛更具神采。桃红、粉红也常用来染眼周眼尾,以表现温柔可爱感。在眼皮中部、眼肱骨一带宜用一些明亮色。在眼睑沟内或眼周涂上深色眼影,有扩大和强调眼睛轮廓的效果,并且显得深邃。在眼睑沟内或眼周涂上浅色眼影,会使双眼皮更加明显,自然和谐。在内眼角上涂深色眼影,能与鼻侧影自然融合,加强鼻梁的挺直与内眼角的形象。在外眼角上涂深色眼影,有时可以改变眼睛的外形,使眼睛结构清晰明确,但要注意眼睛的特点,如眼距过宽,就不宜在外眼角上涂深色眼影。选择涂染位置,眼影的涂抹位置不同,产生的效果也不尽相同,可以根据眼睛特点及自己的爱好来决定,但不应偏离一般的规则。一般而言,棕色常用来作基础,也宜抹在眉头到鼻梁侧钩鼻影部分及眼窝近眼尾的一半处。以表现眼周立体的灰色也能起到类似作用。

4) 描眉型

经常有人对眉型不太重视,认为眼妆到位即可。其实眉型的修饰也非常重要,一个杂乱无章的眉型会让整个人看起来不修边幅,妆容也会显得不干净。因此,要根据本身眉型不同修去杂眉,细细描画眉型。类似蜡笔小新的粗眉,让人看起来憨厚可爱;江南女子的细细柳叶眉,看起来温婉可人。商界人士需要注意的是:纹眉或修眉一不小心样子没修好就会显得不是那么尊重别人,所以只简单地刮一下杂眉即可。具体步骤参考以下几点:

(1) 梳理眉毛。拿起一个螺旋形的眉毛刷(非常像睫毛膏),顺着眉毛的生长方向,从眉毛到眉峰顶部,再从眉峰到眉尾的底部,慢慢梳理。

(2) 修剪眉毛。拿把剪刀,把所有的长眉毛从眉峰到眉尾都剪掉。与此同时,必须剪掉杂毛,不能剪的那里从眉毛的根部用镊子把杂毛拔掉。

(3) 画出自然型。用刷子在眉头的位置刷上适量的眉粉(选择颜色较浅、较明亮的眉粉),增加浓度。

(4) 延伸尾端。继续使用眉粉,眉毛的长度以嘴角到眼角再延伸至眉尾的线为基准,超过或不足都会让人觉得比较奇怪。

(5) 均色。画出眉尾后,用眉笔将眉毛中间有颜色不连接或不均匀的地方补满,让眉色更均匀。

(6) 刷理整齐。拿出眉刷,将眉毛由上往下刷,但是要轻轻地,不要把刚刚画的眉毛都弄花了。

(7) 再次修剪。已经画好的眉毛,更容易看出哪些是多余的,此时再用剪刀把多余的眉毛修剪掉。

(8) 清除杂眉。拿出眉毛专用的小夹子,将不属于眉毛的周遭小毛全都拔除,会有点痛,但是相对而言,拔掉的眉毛不太容易再长出来。

(9) 整理。拿出有颜色的染眉膏,在刚刚画好、修好的眉毛上轻轻刷一遍,不但可以定型、改色,还可让眉毛更立体。

(10) 再次梳顺。完成以上步骤后再次梳顺眉毛,不要因为染眉膏产生的纠结现象破坏了刚才的努力。

5) 刷睫毛膏

俗话说,睫毛长的都是俊男靓女。有的人拥有好看的眼睛,但是睫毛过短,显得呆板又无神,所以拥有长且浓密的睫毛太重要了。但人长大了以后,睫毛不会再增长了,这时候就需要睫毛膏来拯救短睫毛。当然,针对自身的缺陷选择一款各方面性能适合自己的睫毛膏很重要,学会如何刷睫毛更加重要。

（1）在打开睫毛膏时,不要将睫毛刷直接快速地拉出来,而是要慢慢地,同时在开口处旋转一下,将多余的睫毛液去掉。

（2）涂睫毛膏时不要将睫毛刷从睫毛中间开始涂起,而是用睫毛刷从睫毛根部由内往外涂。

（3）若选用有凹面的睫毛膏,如卷翘睫毛膏,在涂睫毛时,要用睫毛刷的凹面由内往外刷,再用其凸面在眼尾处由内往外刷。

6）上腮红

腮红在整个妆容中不算主要组成部分,但是却能很好地起到修饰的作用。从古代开始,妇女们所用的胭脂,就能很好地显示肤色的红润,提升她们的气质。下面介绍6种上腮红的方法：

（1）颊侧腮红。如果觉得自己的脸型太圆润,不妨试试以颊侧腮红画法来修饰,可让脸蛋看起来较为瘦长。颊侧腮红的技巧是：选择较深色的腮红,如砖红深褐色,刷在脸颊的外围,也就是耳际到颊骨的位置,范围可略微向内延伸到颧骨的下方,会让脸型看起来更立体。

（2）圆形腮红。这是最常见也是最简单的腮红画法。只要对着镜子微笑,在两颊凸起的笑肌位置,以画圆的方式刷上腮红即可。选择娇嫩的粉红色或温暖的蜜桃色、粉橘色皆可。不过这款腮红的妆效比较甜美可爱,成熟女士尤其是商务女士不适宜这种画法。

（3）扇形腮红。这款腮红的面积较大,不仅能修饰脸型,也能烘托出好气色。腮红的位置是太阳穴、笑肌、耳朵下方三者构成的扇形。注意刷腮红时的方向,要从颊侧往两颊中央上色,才能让最深的腮红颜色落在颊侧的位置,达到修饰脸型的目的。

（4）斜长腮红。这款腮红又称飞霞妆,两颊就像被晚霞渐层晕染般。腮红从颧骨下方往太阳穴位置上色,挑选紫红色或玫瑰色的腮红会更加吸引人。如果脸型瘦长的人想让脸蛋看起来丰润一点,也可运用这款腮红,将腮红的范围加大,延伸到耳际,并使用粉红或蜜桃上色。

（5）双色腮红。这款腮红结合扇形腮红和斜长腮红的双重画法：先在两颊刷上深色的扇形腮红,再于扇形的上方重叠浅色的斜长腮红,就能达到修饰大圆脸的效果,同时增添好气色的美。

（6）晒伤腮红。如果想使自己的肤色有在太阳下晒过的健康柑橘色,不妨尝试这款充满阳光感的腮红画法。挑选带有亮泽感的金棕色腮红,淡淡地打在鼻翼两侧的位置即可。如果想让妆效更立体,可从鼻峰推往两颊上色,让腮红横跨整个脸部中央,就能创造仿佛刚受过阳光洗礼的度假妆感。

7）涂唇彩

唇彩也是妆容非常重要的部分。不一样的唇形会给人不一样的感觉,花瓣嘴唇、小圆唇、微笑唇都属于唇形的种类,不同的唇形都有自己的特点,都非常地好看,每一种唇形都可以体现不一样的感觉。

科学上的完美唇形是下唇比上唇厚两厘米,如果你认为自己的唇形不够完美,就可以通过画唇线、涂唇彩来解决。

第一步,要先在嘴唇上定出唇峰,唇峰可以使你的唇形变得立体、性感;

第二步,通过唇峰的顶点向下勾出唇形,记住一定要对称;

第三步,用唇刷上唇彩,选择适合自己的唇彩颜色也非常重要,薄涂厚涂也很有讲究,不要涂到唇线边上去,注意手法,使唇彩显得自然服帖。

8) 擦香水

(1) 香水,相信所有的女性都不会陌生,香水是凸显气质的神器。但是,每种香水所含的成分都大不相同,并且都是萃取了上百或上千种不同香料才提取出的香气,正因如此,许多网络平台的博主从香水的受众程度、喷上之后他人的反应、喷香水适宜的环境、留香时间和持久度、香水的容量和包装及其他可能有的亮点来测评香水。常见的香水一般可分为4种:

① 香精。香精浓度一般非常高,远超其他的香水种类,不常用。

② 精纯香水。相对香精,它的浓度就低了很多,并且持久度耐打,适合日常出游时使用。

③ 香水本身,常被大众叫作"古龙水"而被人熟知。它的浓度为7%~15%,气味最能使人们感到舒心,属于淡香,男女老少都可以使用。

④ 香浴及香体产品。包括类似香氛之类的产品,它的作用是可以突出香水的香味,使留香时间更久。它们的香精浓度为1%~3%。

(2) 擦香水讲究擦的部位和方法。需要遵循自然原则,并且与当前情景相匹配,选对了方法会给别人舒适感;反之,则会让人感觉粗俗、缺乏品位。

① 擦香水的部位:

a. 耳后:耳后尤其是耳根的位置抹香水的效果是非常好的,并且由于没有阳光的照射,挥发得会比较慢;

b. 脖后:脖子不适合擦香水,但是脖子后部不一样,与耳根一样,由于受不到阳光的大幅照射,也会比较好地保留香水味,起到比较好的效果;

c. 手腕:一般大家最喜欢的香水涂抹方式就是将香水涂于手腕处并互相摩擦,但是摩擦其实是错误的方法,这样会使香味更快挥发,只需轻轻拍打即可,脉搏的跳动也是会增强香味挥发的;

d. 腿关节:大部分人在腿关节涂香水时喜欢涂抹在膝盖内侧,其实除了腿部内侧外,也可以涂在对应位置的衣物上,可以达到同样的效果。

② 香水的擦法:擦香水使用正确方法,可以使香味闻起来更高级。

a. 浓烈香水选择用喷式。只需要掌握喷的距离即可,一般在5~15 cm之间,这样喷在身上的香味会显得很温柔。只需要喷一两下,不然会造成香味过于强烈的后果。

b. 用手腕转印香水。Chanel的香水算是香水中的引领者了,它所采用的就是手腕转印这样的擦香水方式,这种方法只需将香水喷在手腕一侧,再将手腕上的香水移至其余部位即可。在几种方法中,这是最便利快捷的方式。但注意不要摩擦破坏香水分子而使留香时间变短。

c. 少量多处。擦香水切忌量多,少即是最好,可以在每个适合擦香水的部位都擦上少量香水,适量淡雅为好。

 **知识拓展**

擦香水的禁忌

不要重叠使用不同的香水。香水有语言,有品性,每种香水都有自己独特的品位。重叠使用不同的香水,就无法表现出香水本身的特质。流汗时不可直接在肌肤上使用香水;直接接触阳光的地方不要涂抹香水,以防紫外线照射产生斑痕;别将香水喷在白色衣物上,以免留下污渍;不要喷到珠宝、金银制品上,以防褪色损伤,尤其是珍珠类,很容易受到带有化学成分的物质影响而改变品质;最大的禁忌就是抹太多。

3. 男士美容

上面介绍的主要是针对女士的化妆步骤。其实男士的美容也特别重要,在职场和生活中,除了能力,男士也需要从得体的穿着、合适的发型上来获得大家的好感和更好的机会。但是,男士的美容相对女士简单很多,主旨是精神、干净。

男士美容有4项内容,即洁肤、润肤、美发(这点与女士一致)、剃须。

1) 洁肤

男士天生皮肤就比女士粗糙些,因为男性的毛孔更大,毛孔里容易堆积更多的污垢,所以后天的护肤更加重要,尤其是毛孔清洁和角质层清洁,所以日常用洗面奶清洁也是不可少的。洗面奶可以更深层地清洁肌肤污垢。

2) 润肤

男士润肤和女士润肤一样重要,特别是冬夏需要经常开空调的时候,经常待在空调室里是非常干燥的。有研究表明,待在空调房内一晚上不亚于待在沙漠一整天,可想而知流失的水分有多少,故而润肤十分重要。当然,润肤也不能盲目选择产品,选择一些不刺激肌肤的、较温和的产品,长期坚持效果更佳。

3) 剃须

刮胡子是每位男性每天必不可少的一项任务。经常剃须可以让面部清洁、容光焕发。男士剃须的程序:首先,不急着剃须,先把面部清洁干净,也就是前面说到的洁面。其次,需要用热水浸湿毛巾,对胡须进行热敷,这是为了降低剃须刀对胡须的刺激。还有一种方法是先使用剃须膏抹在胡须上,在现在也十分常用。在刮胡子的时候,必须要将刀片紧贴皮肤,剃须尽量采用水平方向,顺着胡须从左向右刮,再竖直方向、顺毛孔方向、逆胡须方向刮,这样才能将胡须清洁干净。最后,剃完胡子一定要注意护理及保养,否则剃须刀的刀片对肌肤会造成损伤。对于护理,同样也可以使用热毛巾热敷,或使用专门的保养品养护。

 **知识拓展**

化妆禁忌

一是不宜当众化妆;二是不借用别人的化妆品;三是不用含油分的化妆品;四是不非议

他人化妆;五是男士化妆忌柔弱、张扬,宜体现阳刚且不露痕迹。

她们会化妆吗?

阿美和阿娟是一所美容学校的学生,初学化妆,对妆容非常感兴趣,走在大街上,总爱观察别人的妆容,因此发现了一道道奇特风景线。一位中年妇女没有做其他化妆,光涂了两个嘴唇,而且是那种很红很艳的唇膏,只突出了一张嘴。一位女士的妆容看起来真的很漂亮,只可惜脸上精彩纷呈,脖子却马虎了,在脸庞轮廓上有明显的分界线,像戴了面具一样。再看,还有的女士用粗的黑色眼线将眼睛轮廓包围起来,像个"大括号",看上去是那样生硬、不自然。一位很漂亮的女士,身穿蓝色调的时装,却画着橘红色的唇膏。

想一想:这些女士分别忽视了化妆中的什么问题?

议一议:化妆要注意的问题。

2.3 仪表礼仪

仪表礼仪一般包括妆容礼仪、行为礼仪、服饰礼仪、姿态礼仪等,在这儿着重讲服饰礼仪。服饰从字面意思讲就是衣服饰品,都说"人靠衣装",故而服饰也算是形象礼仪中非常重要的一块内容。远古时期对服饰讲究不多,只要衣能蔽体、能取暖即可。从近代开始,人们就十分讲究服饰穿戴。准确得体的服饰搭配可以掩盖自身的不足点,如肥胖、身形不佳等;可以体现自我个性,不同性格的人选择的服饰也不尽相同;还有人可以从人们身上的不同服饰看出身份地位的差别。所以,知道服饰穿戴的基本原则是非常重要的。

2.3.1 服饰礼仪的原则

1. 个性原则

每个人都是独一无二的,所以个性原则在服饰礼仪的所有原则中最为突出,它可以帮助大家在社交生活中选取适合自己个性的形象。首先,知道人们的性格存在差异的原因十分重要。人们因为接触的环境不同,性格产生差异,渐渐地在经历、文化程度上都会有区别,正因如此,穿着才会有差异。故而在服饰的选择上,应先遵循自身身形,让人看着舒适。其次体现个性,如果你是一个活泼风趣的人,日常的服饰相对随意,得体即可;如果你比较安静稳重,服饰就可以文静一些,切忌随大流。只有性格与服饰贴合,才能显示属于自己的独特形象。

2. 适用原则

美国行为学家迈克尔·阿盖尔做过一个实验:以不同的衣着打扮出现在某城市的同一地方,当西装革履、风度翩翩地出现时,向他问路、问时间的人大都属于彬彬有礼的绅士阶层;当破衣烂衫、蓬头垢面地出现时,接近他的多半是流浪汉、无业游民。这个实验表明人们总是习惯通过服饰来判别自己可交往的对象。

服饰穿着遵循适用性原则，一个重要的原因，便是与周围可能存在的交往对象的关系远近程度会因服饰不同受到影响。大部分人都会在见面的第一眼通过穿着来判定对方是否适合交往下去，通过服饰判断双方是否可能和自己有共同语言。如果个体想让他人接受，就得首先让他人接受自己的服饰。只有他人先接受了服饰，才会有兴趣继续倾听或交谈下去。正因为这样，选择服饰时才不能太马虎，既要考虑自己的感受也要考虑他人感受以及传统美德风尚，挑选最适宜的着装服饰。

服饰穿搭不是一种个人行为，需要与社交活动相匹配。根据不同的社会目的，选择不同的衣服，体现不同情景下最舒适的搭配，这样才能有利于与他人进行有效社交。

3. TPO 原则

Time（时间）、Place（地点）、Object（目的），3个简单单词，就是 TPO 原则的解释。从这3个词不难看出，此原则就是需要人们在选择服饰着装时，同时考虑所在时间、所在场合和即将去做的事情的期望与目的。

1）时间原则

时间原则主要指一天的早上、中午、晚上，也可以指四季或时代不同。因此，人们在着装时应考虑到时间，做到随时更衣。根据四季不同，需要选择或厚或薄的不同衣物。而早晚的不同，往往会存在温度不同、活动量大小不同等问题。在早晨，人们一般不出门，居家或者晨练这两项活动都需要穿着轻便舒适一些；白天，人们一般会出门工作、学习或逛街，这种时候就应该穿得得体一点，目的是给他人舒适的感觉；晚上也分为晚间派对等活动或居家两种情况，前者可以根据聚会性质选择合适的穿着，后者就可以相对随意些。时间原则的另一层含义是指穿着要时尚，符合时代潮流。

2）地点原则

地点原则的讲究很大，户内户外、城市农村、公园餐厅等，不同的地方都有不同的服饰要求。倘若在这些场合随意穿着，会显得对他人极为不尊重。只有与对应的环境相适应，才能让自己和他人都获得舒适的体验。例如，在沙滩玩耍的时候需要穿泳装，但如果在公司或学习时穿，那就会非常不得体；又如逛街时穿漂亮衣服，但如果开会时穿，可能会遭到领导的批评；踢球的时候穿西装更是不伦不类。

3）目的原则

目的原则在职场面试中最能体现出来，为了显示自身的气场，人们往往会选择更加显示自己优秀气质的服饰。在现代社会中，服饰穿着本身就能作为传递信息的讯号。服饰语言不仅可以表现自我形象，而且可以体现一个人的文化素养，这一点在中外交流中特别明显。根据目的的不同选择服饰穿着就成为穿衣过程中必不可少的流程。比如职场面试、生意场上的聚会，都需要穿着正式得体，而不能随意穿搭，给人随意和不尊重的感觉。

礼仪佳话

总理与鞋

在外事活动中，周恩来总理十分注重礼节。在他病重期间，脚肿得很厉害，原来的皮鞋、布鞋都穿不进去了,只能穿着拖鞋走路。在他带病坚持参加重要外事活动时,工作人员心疼总理,建议他穿着拖鞋参加,认为外宾对此是能够理解的、体谅的。周恩来总理不同意,他慈祥而又严肃地说:"不行,要讲礼仪啊!"于是,他让工作人员为他特制了一双皮鞋。

男士服饰的"三三"原则

男士在社交场合选择的服饰要讲究"三三"原则。一要遵从三色原则,即西服套装、衬衫、领带、腰带、鞋袜一般不应超过3种颜色,同一色系算一种颜色,如深蓝、浅蓝就是一种颜色。因为从视觉上讲,服装的颜色超过了3种,就会显得杂乱无章。二要遵循"三一定律",鞋子、腰带、公文包颜色一致,以黑色为首选。三要回避"三大禁忌",一忌西服左边袖子上的商标不拆,二忌穿着浅色(尤其是白色)的袜子,三忌穿夹克时打领带。

2.3.2 服饰礼仪的注意事项

1. 穿西装的注意事项

(1) 要拆除衣袖上的商标。
(2) 要熨烫平整。
(3) 要扣好纽扣。
(4) 要不卷不挽。
(5) 要慎穿毛衫。
(6) 要巧配内衣。
(7) 要少装东西。
(8) 要腰间无物。

穿西装一定要配皮鞋。主要禁忌是白色袜不能搭配黑色皮鞋,男性不可穿女式丝袜。

2. 女士服饰选择要诀

1) 要考虑自己的身材特点

身型略肥胖的人如果选择太过俗气的颜色,如大红或者大紫的颜色,就会显得过于俗气;身型比较瘦小的人,可以穿一些显示腰线的衣物,避免显示出腿短或身型过于平板的特点。

2) 要考虑自身的肤色

都说"一白遮百丑",这句话得到了科学的印证,皮肤白的人在选择服装颜色时没有太多的禁忌;而皮肤黝黑的人可以选择比较干净显朝气的颜色。

3) 衣着搭配要协调

通常衣着都会选择全身搭配的类型,很少会存在上身夏装下身冬装的情况。除此之外,还要讲究色彩的和谐统一。

职业女性着装忌过分鲜艳;忌过分时髦;忌过分杂乱;忌过分短小;忌过分透视;忌过分暴露;忌过分紧身。在选择穿裙子时最好搭配丝袜或打底裤、安全裤,也要注意观察裤袜上是否有破损,有的话要及时换下。

3. 社交场所服饰礼仪的注意事项

在一些正式的社交场所,进入室内时一般都有摆放衣物的地方,这时需要取下帽子,如果是雨天,还需要将雨衣、雨鞋等脱下。

进入室内后,女性一般要略微整理身上的饰物,看看形象是否得体;而男性进入室内后不要再戴着围巾、围脖等保暖品或饰品,在进门时一起放在门口摆放处即可。

正式场合穿礼服的情况下,女性的腿部肌肤都不应裸露在外;如果是露肩的衣服的话,也应搭配披肩或短上衣后入场,入场后才能脱。

握手时不可以戴着手套,但若是女性穿着晚礼服搭配的手套无妨。

2.3.3 首饰的佩戴

佩戴首饰最大的作用就是增加气场,提升自信。部分首饰的佩戴也会有一些特殊含义。只有对此充分了解,才能发挥其美化、装饰功效。一般首饰佩戴应遵循如下要求。

1. 数量

数量往往不求多,只求精致好看和合适,一般来说最好不要超过3种。

2. 色彩

戴首饰时应力求同色。当搭配几件首饰时主色调应相同或相似。

3. 质地

佩戴多件饰品时成色、质地也应相似。一些较为奢侈的饰品最好不要在日常工作学习中佩戴,以防损坏。

4. 身份

搭配饰品时要考虑到身份、年龄、气质的差异。首饰对于男人和女人的意义是不同的。对于男人,象征着身份;对于女人则是点缀,具有画龙点睛之效。因此,佩戴的首饰要和身份、气质相协调,要能够彰显自己独特的审美品位。一般来说,较为贵重奢侈的珠宝首饰比较适合年龄较大的女性,可以凸显气质和修养;而较为浮夸鲜艳的饰品则适合年轻女性。

5. 体型

体型也会影响首饰的选择,扬长避短很重要。比如说体型胖的人手会相对较粗,就不适合带小型且不可调节的戒指;脖子粗短者,不宜戴多串短项链,应戴长项链。

6. 季节

饰品的佩戴应随着季节的变化而变化。春季充满生机,可以选择翠绿、青草等色调;夏季阳光灿烂较为炎热,但却显示出橙色的活力与狂放;秋季开始转凉,但却有丰收的好景象,适合火热的红色调;而冬季属于冷季,除了搭配冬季的白色等冷色调,也可以选择暖色调,如金色等。

7. 搭配

搭配就是搭档配合。选择的首饰一定要与服装的色调、材质等搭配。例如,对于一些"V"形领的衣服就可以搭配一些小项链或者锁骨链;圆领衣服搭配玉吊坠更好看。

8. 习俗

佩戴首饰时要遵守习俗。影响习俗的因素有很多,对此,一要了解,二要尊重。

戒指的戴法

按照西方的传统习惯,戒指戴在左手上显示的是上帝赐给你的运气,是与心相关联的。因此,戒指戴在左手上是有意义的。国际上比较流行的戴法是:

食指——想结婚,表示未婚;

中指——已在恋爱中;

无名指——表示已经订婚或结婚;

小指——表示独身。

至于右手,传统上戴戒指也是有意义的:那就是无名指。据说戴在这里,表示具有修女的心性。

另外,在国外,不戴戒指,有"名花还无主,你可以追我"的意思。

戒指的材质

对男士来说,戴纯银戒指表示性情温和,易迁就他人;戴金戒指者较重视利益,往往会有精明的生意头脑;戴翡翠玉石者注重品位素质,处事严谨。

对女士来说,喜爱粉红钻或粉红色珊瑚者,感情丰富而浪漫;喜爱红宝石者热情似火;喜爱蓝宝石或海蓝宝石者,较内向冷淡;喜爱祖母绿或土耳其石者,情感纤弱。

嵌宝石的戒指又有不同的意义。钻石象征永恒,在欧洲和美国,每逢结婚周年纪念日,做丈夫的一般都要向自己的妻子赠送钻石戒指和贵重金属,以示爱情的忠贞。翡翠表示爱情,珍珠表示高贵,紫晶表示健康、机敏和幸运。

小李的业绩与礼仪是否有关?

李江的口头表达能力不错,人既朴实又勤快,在业务人员中学历又高,领导对他抱有很大的期望。可是他做销售代表半年多了,业绩总是没有得到提升。到底问题出在哪儿了呢?原来,他是个不修边幅的人,喜欢留着长指甲,指甲里经常藏着很多"东西"。脖子上的白衣领常常有一圈黑色的痕迹。他喜欢吃大葱、大蒜之类具有刺激性气味的食物。

想一想:小李的业绩为什么上不去?

议一议:商务人员的个人形象塑造。

第2章 商务人员形象礼仪

2.4 仪态礼仪

仪态就是一个人的各种神情姿态,如表情、行走的姿态、坐立的姿态等。好的仪态在展现好外型的同时,还可以体现一个人好的文化素养和内在修养。当人们互相不认识时,往往会率先通过礼仪姿态来观察对方是否合乎规矩礼仪。只有仪态体现出好的规矩礼仪,才会使他人产生与你进一步交往的想法。

2.4.1 表情

1. 微笑

微笑是最漂亮的面部表情,它能使人心情变得愉悦。"微笑是人类最美丽的语言",在语言不互通的情况下,它可以成为万能的语言,即使是陌生人,也可以感受到温暖。微笑的内涵有很多,它可以代表友好,代表大度,代表慈爱,代表鼓励,代表祝福等。微笑最自然大方,最真诚友善。微笑需要真诚,需要发自内心,假笑与微笑大不相同,真诚有礼的微笑可以带来轻快和谐的氛围,所以也有人将微笑看作是"人际交往的润滑剂"。

微笑——先入为主的印象:

(1) 在很多情况下无实际意义,是一种善意的修饰,介于两种极端表情之间。

(2) 微笑是表情中最能赋予人好感,增加友善和沟通,愉悦心情的表现方式。一个对你微笑的人,必能体现出他的热情、修养和他的魅力,从而得到人的信任和尊重。

(3) 在现代管理中,"微笑管理"是一种非常行之有效的管理艺术。

面试中保持微笑的作用

(1) 表现心境良好。面露平和欢愉的微笑,说明心里愉快、充实满足、乐观向上、善待人生,这样的人才会产生吸引别人的魅力。

(2) 表现充满自信。面带微笑,表明对自己的能力有充分的信心,以不卑不亢的态度与人交往,使人产生信任感,容易被别人真正地接受。

(3) 表现真诚友善。微笑反映自己心底坦荡、善良友好,待人真心实意而非虚情假意,使人在与其交往中自然放松,不知不觉地缩短了双方之间心理距离。

(4) 表现乐业敬业。主考官会认为你能在工作岗位上保持微笑,说明热爱本职工作,乐于恪尽职守。如在服务岗位,微笑更是可以创造一种和谐融洽的气氛,让服务对象倍感愉快和温暖。

真正的微笑应发自内心,渗透着自己的情感。表里如一,毫无做作或矫饰的微笑才有感染力,才能被视作"参与社交的通行证"。由此可见,笑容是所有身体语言中最直接有利的一种,应好好利用。在面试中,你要把握每个机会展露自信而自然的笑容。

 **礼仪佳话**

笑的境界

- 被人误解的时候能微微一笑,这是一种素养;
- 受委屈的时候能坦然一笑,这是一种大度;
- 吃亏的时候能开心一笑,这是一种豁达;
- 处窘境的时候能自嘲一笑,这是一种智慧;
- 无奈的时候能达观一笑,这是一种境界;
- 危难的时候能泰然一笑,这是一种大气;
- 被轻蔑的时候能平静一笑,这是一种自信;
- 失恋的时候能轻轻一笑,这是一种洒脱。
- 不管是有什么事情,为了什么原因……我们每天都要开心一笑……

2. 眼神

眼神即眼睛的神态。眼神是大自然开启的心灵之门,它可以传达很多言语无法传达的东西。不同性格的人传达不同的眼神,一个心地善良的人,眼神里会充满光芒,显示出热情和温暖,能让人们的心情变得阳光,变得灿烂;而善于思考的人,眼神里会无时无刻充满活力、不停闪烁,显示出正在思考的感觉,透出自己强烈的求知欲。通过眼神的变化,也可以看出一个人心灵的变化。每时每刻的心情变化,可以不在脸上表露,但是却会在眼神中表露,眼神不会骗人。

1) 眼神注视区域

(1) 公务注视区域:以两眼为底线、额中为顶角形成的三角区。

(2) 社交注视区域:以两眼为上线、唇心为下顶角所形成的倒三角区。

(3) 亲密注视区域:从两眼到胸部之间。

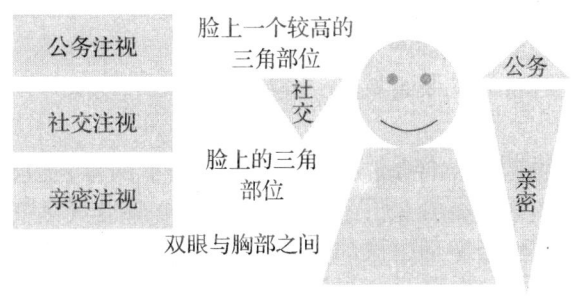

图2-2

2) 眼神运用中的忌讳

盯视、眯视、斜视、瞟视。

2.4.2 姿态

1. 站姿

同向思政

站军姿

图2-3

站军姿亦称"拔军姿",是军人的第一课。站军姿,可以说它是一切军事动作之母。站军姿注意事项,包括两脚分开六十度,两腿挺直,大拇指贴于食指第二关节,两手自然下垂贴紧。一定要贴紧,别人如果用力拔你的手,即使你的人被扯得倒下了,你的手也不能松!收腹、挺胸、抬头、目视前方,两肩向后张。

军姿的动作要领概括起来为"三挺三收一睁一顶"。所谓"三挺"指挺颈、挺胸、挺腿;"三收"指收下颌、收腹、收臀;"一睁"眼要睁大,并直视前向方;"一顶"就是头要向上顶。

同时,军姿中也蕴含了很深的意义。站军姿,就如航海中的灯塔,永远不怕风急浪高,暴风骤雨;就如万里边防线,雪域高原上的哨卡,时刻保持高度紧惕不容侵犯。站军姿,站出军人的英雄本色,站出军人的赤胆忠诚,站出祖国的繁荣富强!

站姿是人们在日常活动交流时处于站立时的姿势形态,非常能够体现人的站立特征,从而体现生活习惯。最标准的站姿是立正时的姿势,需要将两脚跟并拢,前脚尖分开约60度,两腿夹紧并绷直,提臀、收腹、挺胸、抬头,双手自然下垂并目视前方。但是,日常站姿要求没有那么严格,只求优美得体。好的站姿可以体现出人们静止时躯体的独特美感。而对于男士女士的性别不同,对站姿又有不一样的要求,男士要体现出刚毅正直的男子气概,而女性可以表达出袅袅婷婷、婀娜多姿。

1) 规范的站姿

站姿的规范十分重要,主要是显示出肃穆与尊重。注意不要左摇右晃,不要弯腰驼背,要昂首挺胸显出年轻人的朝气。具体应做到以下几点:

(1) 头正。头正的标准是将眼睛放正,要求眼睛始终直视前方,不要将嘴张开,神态要自然,可以微微有笑意。

(2) 肩平。常说的"直角肩"便是长期保持良好肩姿的结果,要求两边肩膀在一条水平线上,不要太过板正紧张,要稍微有意识地向后微沉以避免驼背或高低肩。

(3) 臂垂。在两条手臂放松向下垂的同时对准竖直线,竖直线一般与裤子的两边裤缝相贴合,只要将双手中指对齐裤缝即可。

(4) 躯挺。与头正相关,抬头的同时就需要挺胸,将整个躯干同时挺起,收腹挺胸,臀部夹紧,显示出人的朝气。

(5) 腿并。只要求将两条腿并在一条直线上,并不要求将两只脚也并拢,两脚需要成约60度的夹角。

当然这种站姿的规矩与军姿无法相提并论,两者大有区别,日常站姿规范只需要合乎日常形象礼仪即可,太过板正会让人觉得陌生、不好相处,日常的相处需要体现出亲切和自然。

2) 服务岗位中的站姿

(1) 搭手站姿。常用于客运等服务行业,一般将双手交于腹部正对前方,右手搭于左手上。男女讲究不同,对女士而言,通常要搭配"丁"字步,这样的姿势不会过于紧绷不自然,也可以显得松弛有度有礼仪,在劳累过度时,这种姿势还可以切换身体中心,降低疲劳度;而对男士而言,无须"丁"字步,只要双腿分开自然站立即可,但分开的距离最好不超过一掌。如图2-4所示,这是一种常用的接待站姿。

(2) 背手站姿。常用于安保科及保卫人员,即手背在身后,一般左手被右手搭在下方,同样自然下垂,贴于后背靠近臀部中线地带即可,对双腿的站姿也没有过多要求,可正常分开站立,也可以并拢,但分开时还是要注意,脚尖分开距离最好在20 cm左右,夹角依旧成60度,保持自然站姿规则。如图2-5所示,如果两脚改为并立,则突出了尊重的意味。

图2-4

图2-5

(3) 背垂手站姿。多用于男士,正式场合,可以显示出豪爽、慷慨,动作要求即一手背在后面,贴在臀部,另一手贴于裤缝,保持重力下垂的自然感;两脚可以并拢,也可以分开,也可以成小"丁"字步。

在不同的环境下都可能用到不同的站姿,不同的站姿也给人不同的感受,要学以致用,将站姿礼仪运用于生活,结合自身优势发挥最大作用。

 拓展实训

站姿训练

站是坐与行的基础,也是人类最基本的姿势,因而非常重要。站的练习要领是平、

直、高。

(1) 平。

头平正,双肩一样高低,两眼平视。最好经常通过大衣镜来观察、纠正和掌握。

(2) 直。

后脑、背、臀、脚后跟成一条直线。可以靠墙壁站立,后脑勺靠墙,下巴自然微收;腿膝尽可能绷直,往墙壁贴靠,脚后跟顶住墙,把手塞到腰墙之间,刚好能塞进去即可。如果空间太大,可以把手一直放在背后,弯下腿,慢慢蹲下去,蹲到一半时,多的空间就会消失,然后再站直,体会正确站立的感觉。

(3) 高。

重心上拔,尽可能使人显高。练习方法是挺胸收腹,脖子上举,在墙上吊一个物体,每当你挺直上拔时,头顶刚好能触到它。

要掌握这些站姿,必须严格训练,长期坚持形成习惯。站立中一定要防止探脖、塌腰、耸肩,双手不要放在衣兜里,腿脚不要不自主地抖动,身体不要靠在门上,两眼不要左顾右盼,以免给人形成不良印象。

2. 坐姿

坐姿即人在交往中处于坐着的姿势。坐姿礼仪是社交活动中显示静态美的利器,同时坐姿也最容易凸显人的气质。

坐姿是从小在饭桌上父母就强调的礼仪,步入学校后老师也会无数次提及,可见坐姿礼仪的重要性,规范坐姿可以使身型和心性得到很大程度的改善和升华。如图2-6所示,好的坐姿可以显示出躯体的优美,得到他人的好感;可以凸显沉着冷静的个性;笔直端正的坐姿也可以体现出一个人优秀的自制力。当然,这里的端正指的是上体的端正。

图2-6

(1) 落座不可急躁。步入座位后,调整椅子与桌子的距离,轻轻坐下即可。如果坐下之后,仍然觉得距离不合适,应该再站起来,将椅子轻轻移动至自己舒适的距离,然后再入座。不起身直接拖动座位,会产生噪音并显得不礼貌。

(2) 落座后上半身依旧要保持挺胸抬头,不要交头接耳,要保持安静,在交流时神态也不要过于浮夸,面色要得体。

(3) 两只手在有桌子的情况下可以叠于桌上,在椅子或沙发上可以自然地落于扶手上,而在普通椅子或凳子上时可以自然地放在腿上。

（4）下半身要注意腿不要随意摆放，或伸直向前，或歪七扭八，这样的行为非常不合乎形象礼仪，应将双腿弯曲，正直且自然地合拢。如果女性身着裙子的话，也可以向一旁合拢侧向一方，疲倦时双腿也可以交叉放置，但幅度不要太大。男性倒可以稍微向外分开，注意是脚尖向外，不要"内八"，可显示豪爽洒脱之意；但不可太过夸张，否则不仅不美观且有违礼数。

（5）入座凳子或椅子时，需留出约30%的空隙；若是沙发或宽椅，则需留出约一半空隙，以示尊重。落座后10分钟左右不要靠椅背。时间久了，可轻靠椅背。

（6）在与人交谈时最好看向对方，并且身体也同时朝向对方，但不用完全朝向，只要将上半身微侧向说话的人即可，面部可稍带微笑以示尊重，但无须大肆夸赞对方或恭维对方，尊敬他人的同时更应学会自尊。

（7）离座不要拖沓，但也要沉稳得体，起身前先收右脚再站立起来。

（8）女性穿着裙子入座时，还应注意裙装的裙摆，在坐下前先略微收拢规整好再入座，入座后切忌再整理裙摆，那样不太得体；入座后也要保持恬静优雅，双脚并拢一起向左或向右放，双手同样放于膝上。如果太累了，可以将双腿交叠，但交叉时处于外面的脚，脚尖要向下收，显示高贵和优雅。

（9）有时会出现侧坐的情况，当侧坐时，无论男女，都要将上半身和膝盖转向同侧显示尊重，但记住头部始终保持正直。

（10）左侧入座是高级西餐厅就餐时基本的礼仪。等领位者将椅子拉开后，先站在椅子与桌子中间，等领位者将椅子推到合适的距离后再坐下，坐下之后也需保持上半身坐姿正直，也可以略微地靠着椅背。双手自然放于桌上，但切忌将下巴枕在手上，或将头或手肘靠在桌子上。不要频频离席或挪动座椅。就餐时候的姿态也要注意，胸部不能紧贴桌子，需要距离一拳左右，上半身不要太过向前倾斜，背部轻贴椅背。两脚交叉的坐姿最好避免。

知识实训

坐姿训练

（1）背对训练镜，练习入座前的动作。

入座时，走到座位前面再转身，转身后右脚向后退半步，然后轻稳地落座。动作要求轻盈舒缓、从容自如。

（2）面对训练镜，练习入座前的动作。

以站在座位的左侧为例，先左脚向前迈出一步，右脚跟上并向右侧一步到座位前，左腿并右腿，接着右脚后退半步，轻稳落座；入座后右腿并左腿成端坐，双手虎口处交叉，右手在上，轻放在一侧的大腿上。

（3）练习入座后的端坐姿势。

动作要求以正确坐姿规范为基础，配合面部表情，练习坐姿的直立感、稳定性等综合表现（男女各按要求练习）。

(4) 坐姿腿部的造型训练。

在上身姿势正确的基础上,练习腿部的造型。男士练习两腿开合动作;女士练习平行步、丁字步、小叠步的动作。要求动作变换轻、快稳,给人以端庄大方、舒适自然之感。

(5) 离座动作训练。

离座起立时,右腿先向后退半步,然后上体直立站起,从左侧还原到入座前的位置。

3. 走姿

走姿是一种动态美。动态的美相对静态的美更加具有感染力,走姿规范会使整个人看起来充满朝气,有精神有活力,显示积极乐观向上的心态。

1) 规范的走姿

(1) 头正。不摇头晃脑,双目水平看向前方,神情自若。

(2) 肩平。走路时肩膀不要前后晃动,保持平行,双臂自然地摆动,幅度不宜过大,双手与双腿距离尽量不大于一拳。

(3) 躯挺。昂首挺胸,腹部收紧,行走过程中身体的中心可以略微向前。

(4) 步位直。步位指的是走路的落脚方位。要注意脚跟先着地,走过的路径最好在一条直线上。

(5) 步幅适当。行走时步子不要过大也不要过小,步幅距离一般科学测定为前面的脚后跟和后面的脚尖的距离,但也会因为个人因素有所不同。

(6) 步速平稳。步速不宜太快或太慢,太快显得急躁,太慢显得随意,要保持稳定频率,才能表现出人的自信。

走路时体现自信十分重要,千万不要弯腰驼背;不要摇晃肩膀,双臂大甩手;不要扭腰摆臀,左顾右盼;脚不要擦地面。

知识拓展

走姿与心理特征

心理学家史诺嘉丝曾经对193个人做过3项不同的研究,发觉不但某种性格或某种心情的人会用不同的步姿走路,而且观察者通常都能由人的步姿探测出他的性格。

走路大步,步子有弹力及摆动手臂显示一个人的自信、快乐、友善及雄心;走路时拖着步子,步伐小或速度时快时慢则相反。性格好支配人者,走路时倾向于脚向后踢高;性格冲动的人,则习惯低头急走;而拖着脚走路的人,通常不快乐及内心苦闷。女性走路时手臂摆得越高,越显示她精力充沛和快乐;精神沮丧、苦闷、愤怒及思绪混乱时,女性走路很少摆动手臂。走路习惯摆动手臂者往往会有成就。

2) 变向走姿

变向走姿就是转身时的走路姿势。在要变化方位时也要平稳,体现优雅的姿态。

(1) 后退步。在和朋友告别时,往往要先后退再离去以示尊重,通常会后退四五步,转身的时候要身子先转头后转,眼神最后离开。

(2) 引导步。一般指管家等服务人员引导客人或宾客上楼的走路形态。尽量站在客人的左边,说话时身体和眼神都要面向客人,大概与客人距离半米左右,必要时需要语言引导。

(3) 前行转身走。当一条直路尽头需要拐弯时,类似原地向左向右转,先转过一只脚,带动身子转动,转过之后再迈另外一只脚。迈脚的方向与拐弯的方向相反。

走姿训练

(1) 行走稳定性练习。

行走稳定要建立在稳定站姿的前提下,一般的练习方法为持水走路,需要左右手各端一碗水,并保持正确走姿行走。

(2) 动作表情的协调练习。动作表情的协调需要将神情结合肢体,做到协调搭配合作。

(3) 包括一些标准的转体动作,如向前、向后、向左、向右,都有专业的动作规范练习。其动作规范要求如下:

① 前行步:向前走的练习。需要练习当遇到各种前进时碰到的对象时的形象礼仪及自然状态。正确的表达一般是自然得体地与人示意打招呼,并且肢体要转向碰到的朋友或工作伙伴,还可以加上"你好吗"等问候语。

② 后退步:只需自然倒退两三步示意离开告别即可。先转身后转头。

③ 侧行步:在路面较窄的情况下需要让步时用到。要将胸转向对方,以示礼貌。

④ 前行左右转身步:在前进路上即将要转身时,往哪个方向转就先迈哪一只脚,转的程度大约为一个直角,重心一般在先迈出的脚上。

⑤ 后退左右转身步:当需要后退转身时,朝哪个方向转,就先退哪个脚,退两三步即可,并以另一只脚为轴心转90度,最后再迈前一只脚,按照规范姿态走出。

⑥ 后退向后转身步:当要向后退改变行进方向至相反向时,哪只脚先退就以哪只脚为轴,用另一只脚向相反方向转动180度,随后前一只脚跟上。

上面所说的走姿需要经常训练,宗旨永远是"先转身,后转头",在走姿礼仪正确的前提下,将动作的连贯以及形体的优美放在第一位。

4. 蹲姿

东西掉了就要弯腰捡起,这是非常正常的举动,但是弯腰蹲下时其实也存在着许多形象礼仪。

1) 规范的蹲姿

(1) 注意不要"内八",保持动作的自然得体,也不要莫名羞涩。

(2) 脚趾需要抓地,腿部也要用力,避免路面过滑引发事故。

(3) 为了保持蹲下这个动作的优雅,应该尽量让头与胸齐平,并且将膝盖弯下去。

(4) 女性需要注意一点,特别是穿裙子的时候,需要将两腿尽量合拢,臀部朝下,衣领如果略低的话要用手进行遮挡。

第2章 商务人员形象礼仪

2) 蹲姿的类型

（1）交叉式蹲姿。

蹲姿也分很多类型，交叉式蹲姿主要用于拍毕业照等集体照时的女性朋友，交叉时需要右脚在左脚的前方，右脚底需要全部着地，而左脚只需抬起脚跟即可；两腿靠紧，合力支撑身体；臀部向下，上身稍前倾。

（2）高低式蹲姿。

高低式蹲姿的特点是左低右高，这里的"低"和"高"指的是膝盖的水平高度，由于下蹲时一般都是右脚前左脚后，所以右膝一般都会高于左膝。臀部向下，基本上以左腿支撑身体。

（3）蹲姿的禁忌。

蹲下时一定要双腿尽量并拢，所以最禁忌的就是两条腿不合拢就下蹲或分得很开，这样会显得过于粗鲁，没有礼貌。

（4）蹲姿的要点。

一是迅速、美观、大方。一般捡东西的手与东西相对于自身的方位是相反的，并且捡的时候可以先后退一步。二是姿态优美。特别要注意蹲下的过程要流畅，臀部要低下去。三是女士的要求会高于男士，女士一定要将双腿并拢，特别是穿裙子时，不然会引起不必要的麻烦。

本章小结

气质是一个人多种内在素质的综合反映，培养良好的气质不是一朝一夕的事，必须经过长期积累和锻炼。一个优秀的礼仪主体必须要有丰富的内心世界、优美的举止仪态、良好的性格、高雅的兴趣、较高的文化素养与语言修饰能力等优美气质。

风度是指人的言谈、举止、神情、姿态、仪表等方面总的表现和风貌，即人的思想、文化、修养、性格、气质等的外在表现。风度也包括控制自己情绪的一种能力。风度是一个综合的概念，不是指某一表情、动作，而是指人的全部生活姿态所提供给人们的总体印象。

仪容是指人的容貌，由面容、发式以及身体所有未被服饰遮掩的肌肤所构成，是个人仪表的重要组成部分，是一个人精神面貌的外在体现。良好的仪容给人以整洁、端庄的印象，既能体现自身素养，又能表示对他人的尊重。仪容的中心是头发，仪容的重点是面容。美容化妆对于良好的整体形象有画龙点睛的作用。化妆的原则包括美化原则、自然原则、协调原则。

仪表通常指人的外表，包括人的仪容、姿态、身材、体型、服饰、装饰等。服饰是人形体的外延，主要包括各类服装和饰品。服饰礼仪原则有个性原则、适用原则、TPO原则（时间原则、地点原则、目的原则）。

仪态是个体在行为中身体呈现的各种形态，即人的微笑、眼神、站姿、坐姿、走姿、蹲姿等。

案例分析

案例一：

经理派王小姐到南方某城市参加商品交易洽谈会。王小姐认为这是领导的信任，更是见世面、长本领的好机会。为了这次任务的成功完成,王小姐进行了精心细致的准备。当各种业务准备完毕后,她开始为选择什么形象参与会议才合适犯愁了。经过认真的思考,根据对商务形象的认识,她塑造的形象是:身着浅红色吊带上装和白色丝织裙裤,脚上是白色漆皮拖鞋,一头乌黑的长发飘逸地披散在肩上,浑身散发着浓郁的香水味道。王小姐认为这样既能突出女性特点,清新靓丽,又具有时代感。她相信自己的形象一定能赢得客商的青睐。结果,出席会议那天,参加会议的男士个个西装革履,其他女士都穿的是职业装,唯独王小姐穿的是具有"时代感、清新靓丽"的服装。整个会议下来,王小姐的神情都特别不自然。

分析:

着装要遵循国际通行的TPO服饰三原则。王小姐作为职业女性参加商品交易洽谈会这样正式的商务活动,着装应与其角色(职业女性)、场合(商品交易洽谈会)相适应。王小姐的打扮很不得体,过于性感、时尚,有失庄重,缺少最基本的职业素养。她应着职业套装为宜。

案例二:

小刘和几个外国朋友相约周末一起聚会娱乐,为了表示对朋友的尊重,星期天一大早,小刘就西服革履地打扮好,对照镜子摆正漂亮的领结,前去赴约。北京的八月天气酷热,他们来到一家酒店就餐,边吃边聊,大家好不开心快乐。可是不一会儿,小刘已是汗流浃背,不住地用手帕擦汗。饭后,大家到娱乐厅打保龄球。在球场上,小刘不断地为朋友鼓掌叫好。在朋友的强烈要求下,小刘勉强站起来整理好服装,拿起球做好投球准备,当他摆好姿势用力把球投出去时,只听到"嚓"的一声,上衣的袖子扯开了一个大口子,弄得小刘十分尴尬。

分析:

外国人在工作以外的时间里都是特别随和的,而且这还是周末的一起聚会娱乐,他们更注重在应该享受的时间去享受。小刘却西服革履,甚是搞笑,他着装应该是休闲运动型才对,这也不会不礼貌,相反一起玩得愉快会给外国朋友留下很好的印象。

案例三:

某公司招聘文秘人员,由于待遇优厚,应者如云。

小洁五官端正,化着淡妆,身材高挑、匀称,衣着得体,面试过程中面带微笑,回答问题时有条不紊,给面试官留下了很好的印象。

小李穿着迷你裙,露出藕段似的大腿,上身是露脐装,涂着鲜红的唇膏,轻盈地走到一位考官面前,不请自坐,随后跷起了二郎腿,笑眯眯地等着问话。孰料,三位招聘者互相交换了一下眼色,主考官说:"李小姐,请下去等通知吧。"她喜形于色:"好!"挎起小包飞跑出门。

分析:

礼仪不仅可以美化人生,而且可以培养人们的社会性,同时还是社会生活和交往的需要。礼仪习惯的培养是精神文明建设的一项重要内容。一个知书不达礼,知识水准和道德水准严重不协调的学生,不可能成为一位好的员工,更不要说文秘这样的文职人员。

第2章 商务人员形象礼仪

 **角色扮演**

1. 你要去面试一家世界五百强的服装设计公司,人事部需要对你进行考核,问了你一系列问题,最后要求你设计一整套参加派对的服装及妆容。作为被面试者的你会如何设计?请分角色扮演面试的全过程。(人物:你、面试官、模特。地点:面试点)

2. 校内周一升国旗,所有人都安静且庄严地站在操场上,听着国歌奏响,目光聚焦国旗,小刚却不以为然,站姿懒散。作为他的好朋友,你应该如何做?(人物:你、小刚、老师、同学;地点:操场、教师。)

3. 请为自己参加舞会和到某公司上班各进行一次面部化妆,并让同学观摩、指点并自我矫正。

第3章 商务人员语言礼仪

学习目标

知识目标:了解商务人员语言礼仪的基本内容,掌握不同场合语言交流的基本礼仪。

能力目标:在商务活动中能够熟练运用称呼、交谈、电话、微信礼仪。

素质目标:领会商务人员的语言艺术,成为商务活动中"会说话"的人。

导课案例

为何小顾被冷落了?

小顾有心让朋友老张和自己的新朋友小朱认识。一次小朱陪小顾看展览,恰巧遇到了老张。小顾马上热情地招呼老张。小顾先对小朱说:"这就是我常和你提起的老张,是泥塑高手。"随即对老张说:"老张,这是我新认识的朋友,小朱,对泥塑挺有研究的。"人到中年的老张见小朱只是个20多岁的普通青年,不禁感到被介绍给他很丢面子。打个哈哈就走了,不仅没接受小朱这个朋友,把小顾也冷落到一边儿去了。

分析提示:人们常说"言为心声"。在人际交往中,谈话既是人与人之间交流感情、增进了解的最重要手段,又是讲究"听其言,观其行"的国人考察他人人品的标准之一。小顾在向小朱介绍老张时没有遵循介绍礼仪,不合规范,因此使得老张不开心。

语言是人们思想感情交流的渠道、信息沟通的桥梁。语言在商务交往中处于重要地位。语言礼仪主要包括称呼礼仪、介绍礼仪、交谈礼仪和电话礼仪。语言礼仪的基本要求是:态度亲切诚恳;措辞文雅谦逊;把握深浅分寸;交谈避免忌讳。

3.1 称呼礼仪

3.1.1 称呼礼仪的概念

称呼也叫称谓,指的是人们在日常交往中所采用的表示彼此之间关系的称谓语。我们的祖先使用称谓十分讲究,不同的身份、不同的场合、不同的情况,在使用称谓时无不入幽探微,丝毫必辨。现代礼仪虽不必泥古,但也不可全部推翻重来,要在前人的基础上,推陈出新,表现出新一代礼貌称谓的新风貌。

人际交往,礼貌当先;与人交谈,称谓当先。使用称谓,应当谨慎,稍有差错,便贻笑与人。恰当地使用称谓,是社交活动中的一种基本礼貌。称谓要表现尊敬、亲切和文雅,使双方心灵沟通,感情融洽,缩短彼此距离。正确地掌握和运用称谓,是人际交往中不可缺少的礼仪因素。

称呼礼仪是在对亲属、朋友、同志或其他有关人员称呼时所使用的一种规范性礼貌语,准确的称谓能恰当地体现出当事人之间的隶属关系。称呼礼仪有姓名称谓、亲属称谓、职务称谓、性别称呼等四个大类,称谓礼仪在我们的日常生活中和外交活动中都非常重要。

1. 姓名称谓

姓名,即一个人的姓氏和名字。姓名称谓是使用比较普遍的一种称呼形式。用法大致有以下几种情况:

(1) 全姓名称谓,即直呼其姓和名,如"李大伟""刘建华"等。全姓名称谓有一种庄严感、严肃感,一般用于学校、部队或其他等郑重场合。一般地说,在人们的日常交往中,指名道姓地称呼对方是不礼貌的,甚至是粗鲁的。

(2) 名字称谓,即省去姓氏,只呼其名字,如"大伟""建华"等。这样称呼显得既礼貌又亲切,运用场合比较广泛。

(3) 姓氏加修饰称谓,即在姓之前加一修饰字,如"老李""小刘""大陈"等。这种称呼亲切、真挚。一般用于在一起工作、劳动和生活中相互比较熟悉的同志之间。

(4) 过去的人除了姓名之外还有字和号,这种情况直到新中国成立前还很普遍。这是相沿已久的一种古风。古时男子20岁取字,女子15岁取字,表示已经成人。平辈之间用字称呼既尊重又文雅,为了尊敬不甚相熟的对方,一般宜以号相称。

2. 亲属称谓

亲属称谓是对有亲缘关系的人的称呼,中国古人在亲属称谓上尤为讲究,主要有:

(1) 对亲属的长辈、平辈决不称呼姓名、字号,而按与自己的关系称呼,如祖父、父亲、母亲、胞兄、胞姐、胞弟、胞妹等。

(2) 有姻缘关系的,前面加"姻"字,如姻伯、姻兄、姻姐、姻弟、姻妹等。

(3) 称别人的亲属时,加"令"或"尊"。如尊翁、令堂、令郎、令爱(令媛)、令侄等。

(4) 对别人称自己的亲属时,前面加"家",如家父、家母、家叔、家兄、家姐、家弟、家妹等。

(5) 对别人称自己的平辈、晚辈亲属,前面加"敝""舍"或"小",如敝兄、敝弟,或舍弟、舍侄,小儿、小婿等。

(6) 对自己亲属谦称,可加"愚"字,如愚伯、愚岳、愚兄、愚弟、愚甥、愚侄等。

随着社会的进步,人与人的关系发生了巨大变化,原有的亲属、家庭观念也发生了很大的改变。在亲属称谓上已没有那么多讲究,只是书面语言上偶用。现在我们在日常生活中,使用亲属称谓时,一般都是称自己与亲属的关系,十分简洁明了,如爸爸、妈妈、哥哥、弟弟、姐姐、妹妹等。

（7）有姻缘关系的，在当面称呼时，也有了改变，如岳父——爸，岳母——妈，姻兄——哥，姻姐——姐，姻弟——弟，姻妹——妹等。

（8）称别人的亲属时和对别人称自己的亲属时也不那么讲究了，如您爹、您妈、我哥、我弟等。不过在书面语言上，文化修养高的人，还是比较讲究的，不少仍沿袭传统的称谓方法，显得高雅、礼貌。

3. 职务称谓

职务称谓就是用所担任的职务作称呼。这种称谓方式，古已有之，目的是不称呼其姓名、字号，以表尊敬、爱戴，如对杜甫，因他当过工部员外郎而被称"杜工部"，诸葛亮因是蜀国丞相而被称"诸葛丞相"等。现在人们用职务称谓的现象已相当普遍，目的也是为了表示对对方的尊敬和礼貌。主要有三种形式：

（1）用职务呼，如"李局长""张科长""刘经理""赵院长""李书记"等。

（2）用专业技术职务称呼，如"李教授""张工程师""刘医师"。对工程师、总工程师还可称"张工""刘总"等。

（3）职业尊称，即用其从事的职业工作当作称谓，如"李老师""赵大夫""刘会计"，不少行业可以用"师傅"相称。

（4）行业称呼，直接以被称呼者的职业作为称呼，如老师、教练、医生、会计、警官，等等。

4. 性别称呼

一般约定俗成地按性别的不同分别称呼为"小姐""女士""先生"。其中，"小姐""女士"二者的区别在于：未婚者称"小姐"，不明确婚否者则可称"女士"。

 **知识链接**

陛下殿下阁下足下

"陛下""殿下""阁下""足下"都是古人称谓上的敬辞。

"陛下"的"陛"指帝王宫殿的台阶。"陛下"原来反映的是站在台阶下的侍者。臣子向天子进言时，不敢直呼天子，必须先呼台阶下的侍者告之。后来"陛下"就成为对帝王的敬辞。

"殿下"和"陛下"是一个意思。原来也是对天子的敬辞但称谓对象随着历史的发展而有所变化，汉朝以后演变为对太子、亲王的敬称。唐朝以后只有皇太子、皇后、皇太后可以称为"殿下"。

"阁下"是旧时对别人的尊称，常用于书信之中。原意是由于亲朋同辈间互相见面不便呼其名，常常先呼在其阁下的侍从转告，而将侍从称为"阁下"，后来逐渐演变为挚友亲朋间尊称的敬辞。

"足下"在古代，下称谓上，或同辈相称，都用"足下"，如《史记·项羽本纪》："张良入谢曰：'……谨使臣良奉白璧一双再拜献大王足下；玉斗一双，再拜奉大将足下。'"

以上这些敬辞，现在对外交往时（书信、宴会致辞）还常常使用。

第3章 商务人员语言礼仪

想想议议

总经理为何拒绝与A公司合作?

某公司新建的办公大楼需要添置一系列的办公家具,价值数百万元。公司的总经理已做了决定,向A公司购买这批办公用具。这天,A公司的销售部负责人打电话来,要上门拜访这位总经理。总经理打算等对方来了,就在订单上盖章,定下这笔生意。

不料对方比预定的时间提前了2个小时,销售负责人还带来了一大堆的资料,摆满了台面。总经理没料到对方会提前到访,刚好手边又有事,便让对方等一会。这位销售员等了不到半小时,就开始不耐烦了,一边收拾起资料一边说:"等不到王老总经理大驾,我还是改天再来拜访吧。"就这一句话,却令总经理改变了初衷,A公司几乎到手的数百万元办公用具的生意也告吹了。

想一想:这位经理的做法为何引得总经理不满?

议一议:称呼他人时应避免哪些禁忌?

3.1.2 称呼礼仪具体应用

1. 在面对面的称呼中有礼节

有些人有个错误观念,以为只要对方知道自己是在对他说话就没有必要称呼他了。其实,懂礼貌的人经常会单单为了表示敬重而称呼。比如,上学路上看到老师了就叫一声"老师",放学回家后看到父亲了就叫声"爸爸",这在礼仪上都是很有必要的,哪怕是叫过后什么话也不说,被称呼人也会领会你对他们的敬重。

2. 在使用第二人称时有礼节

大家都知道,用"您"比用"你"要更显敬重,这是我们必须记住的,但是我们还要知道,用"老师您""叔叔您""经理您"比单用"您"更显敬重。还有,用量词"位"也可表示尊重,如说"这位同学"比说"这个同学"要好。

3. 对说话对象的家人称谓中有礼节

比如,对老师的妻子可以称"师母",对兄长的妻子称"大嫂",如领导年龄与自己父母差不多,对其夫人就可称为"阿姨",不要直呼其名或"你老婆"。

4. 对说话对象所属的事物的称谓中有礼节

对对方的姓(名)要称"贵姓"或"尊姓大名",对老师的作品可称"大作",对对方的观点可称"高见",对老人的年龄要称"高寿",对对方的公司称"贵公司"。在书面语言中,对年轻女性的名字可称"芳名",对其年龄也可称"芳龄"。

5. 对对方的行为的称谓中有礼节

例如,宾客的来临可敬称为"光临""惠顾",对方的批评可敬称为"指教",对方的解答可敬称为"赐教",对方的原谅可敬称为"海涵",对方的允诺可敬称为"赏光""赏脸",对方的修改可敬称为"斧正"。在书面语言中,对方的到达叫"抵",对方的住宿叫"下榻"。

 知识拓展

使用称谓的注意事项

不能把剥削阶级道德观念当成社会新潮流,如称"掌柜的""财主""马夫""少爷"等。有的人对这些称谓不以为耻,反以为荣,沾沾自喜,这显然是不正确的。

不礼貌的称谓在公共场所不要用,如"老头""老婆""小子"等;而这些称呼在家庭中或亲朋好友之间使用,反会产生亲昵的效果。

青年人称呼人要慎用或不用"哥儿们""姐儿们"之类的称谓,以免给人以"团伙"之嫌。

3.1.3 称呼的礼仪次序

一般情况下,同时与多人打招呼,应遵循先长后幼、先上后下、先近后远、先女后男、先疏后亲的原则。

3.1.4 称呼禁忌

进行人际交往,在使用称呼时,一定要避免失敬于人。称呼时应注意以下细节:

(1) 不因粗心大意、用心不专而使用错误的称呼。例如,念错被称呼者的姓名;对被称呼者的年纪、辈分、婚否以及与其他人的关系做出错误判断,产生误会。

(2) 不使用过时的称呼。例如,"老爷""大人"等。

(3) 不使用不通行的称呼。例如,"伙计""爱人""小鬼"等。

(4) 不使用不当的行业称呼。

(5) 不使用庸俗低级的称呼。例如,"磁器""死党""铁哥们儿"等称呼。

(6) 不使用绰号作为称呼,不随便拿别人的姓名乱开玩笑。

(7) 对年长者称呼要恭敬,不可直呼其名。

 知识拓展

中国古代传统的年龄代称

古人对于不同的年龄有不同的代称。

总角: 幼年的儿童,头发上绾成小髻髻。《礼记·内则》:"拂髻,总角。"郑玄注:"总角,收发结之。"后来就称儿童的幼年时代为"总角"。陶潜《荣木》诗序:"总角闻道,白首无成。"这里的"白首"代称老年。

垂髫: 儿童幼年。古时儿童未成年时,不戴帽子,头发下垂,所以"垂髫"代称儿童的幼年。陶潜《桃花源记》:"黄发垂髫,并怡然自乐。"这里的"黄发"代称老年。

束发: 古代男子成童时把头发束成髻,盘在头顶,后来就把"束发"代称成童的年龄。《大戴礼记·保傅》:"束发而就大学,学大艺焉,履大节焉。"归有光《项脊轩志》:"余自束发,读书轩中。"

第3章 商务人员语言礼仪

成童：古时称男子年达十五为"成童"。《礼心·内侧》："成童，舞象，学射御。"郑玄注："成童，十五以上。"《后汉书·李固传》："固弟子汝南郭亮，年始成童，游学洛阳。"李贤注："成童，年十五也。"又，《谷梁传·昭公十九年》："羁贯成童，不就师傅，父之罪也。"范宁注："成童，八岁以上。"可见，成童到底是几岁，也有不同的说法。

及笄：古时称女子年在十五为"及笄"，也称"笄年"。笄是簪子，及笄，就是到了可以插簪子的年龄了。《仪礼·士昏礼》："女子许嫁，笄而醴之，称字。"《礼记·内则》："女子许嫁，……十有五年而笄。"则又指出嫁的年龄。《聊斋志异·胭脂》："东昌卞氏，业牛医者，有女，小字胭脂，……以故及笄未字。"

破瓜：旧时文人把"瓜"字拆开，成为两个"八"字，称16岁为"破瓜"，在诗文中多用于女子。又因八乘八为六十四，也称64岁为"破瓜"。吕岩《赠张泊诗》："攻成当在破瓜年。"

弱冠：古代男子20岁行冠礼。所以主以"弱冠"代称20岁，弱是年少，冠是戴成年人的帽子，还要举行大礼。左思《咏友》诗："弱冠弄柔翰，旧萃观群书。"

《论语·为政》有"子曰：'吾十有五而志于学，三十而立，四十而不惑，五十而知天命，六十而耳顺，七十而从心所欲，不逾矩'"之语，后来就以"而立"代称30岁，《聊斋志异·长清僧》："友人或至其乡，敬造之，见其人默然成笃，年仅而立"；以"不惑"代称40岁，应璩《答韩文宪书》："足下之年，甫在不惑"；以"知命"为50岁的代称，潘岳《闲居赋》序："自弱冠涉乎知命之年，八徙官而一进阶"；以"耳顺"为60岁的代称，庾信《伯母李氏墓南铭》："夫人年逾耳顺，视听不衰。"

古人又称50岁为"艾"，60岁为"耆"，《礼记·曲礼》："五十曰艾，……六十为耆……"也可以泛指老年，《荀子·致士》："耆艾而信，可以为师。"

古稀：杜甫《曲江》诗："酒债寻常行处有，人生七十古来稀。"后来就拿"古稀"为70岁的代称。

耄：耋：《诗·秦风·车邻》："逝者其耋。"毛传："耋，老也。八十曰耋。"《左传·僖公九年》："以伯舅耋老，加劳，赐一级，无下拜。"杜预注："八十曰耋。"《礼记·曲礼上》："八十、九十曰耄。"桓宽《盐铁论·孝养》亦称"八十曰耄。"

期颐：《礼心·曲礼上》："百年曰期颐。"郑玄注："期，犹在也；颐，养也。"孔希旦集解："百年者饮食、居处、动作，无所不待于养。"后来就拿"期颐"代表百岁。苏轼《次韵子由三首》："到处不妨闲卜筑，流年自可数期颐。"

另有"丁年"之说，泛指成丁之年，即壮年，温庭筠《苏武庙》诗："回首楼台非甲帐，去时冠剑是丁年。"可是成丁之年各个朝代规定不同，如隋朝以20岁为成丁，唐玄宗天宝年间以23岁为成丁。

3.1.5 称呼礼仪在国际交往中的应用

一般情况下，对男子不管其婚否都称为"先生"（Mister）；对于女士，已婚的称为"夫人"（Mistress），未婚的称"小姐"（Miss）；婚姻状况不明的，也可称为"小姐"。在外事交往中，为了表示对女性的尊重，也可将其称为"女士"（Madam）。

官方人士的称呼。对高级官员，称为"阁下"，也可称职衔或"先生"；对有地位的女士可称为"夫人"，对有高级官衔的妇女，也可称"阁下"；对其他官员，可称职衔或"先生""女士"等。

皇家贵族的称呼。对君主制或君主立宪制国家的国王、皇后,可称为"陛下";王子、公主、亲王等可称为"殿下";对有公、侯、伯、子、男等爵位的人士既可称其爵位,亦可称"阁下",或称"先生"。

技术人员的称呼。对医生、教授、法官、律师以及有博士等职称、学位的人士,可称为"医生""教授""法官""律师""博士"等,也可加上姓氏或"先生"。

军人的称呼。一般称军衔,或军衔加"先生",知道其姓名的可冠以姓与名。有的国家对将军、元帅等高级将领称"阁下"。

服务人员的称呼。一般情况下称"服务员",如果知道其姓名的可单独称呼其名字,但现在越来越多的国家称服务员为"先生""夫人""小姐"。

教会人员的称呼。教会的神职人员,一般可称教会的职称或姓名加职称,也可以职称加"先生",有时主教以上的神职人员也可称"阁下"。

同志称呼。凡是与中国同志相称的国家,对其各种人员均可称为"同志",有职衔的可加职。

 **想想议议**

怀特小姐还是怀特太太?

有一位先生为外国朋友订做生日蛋糕。他来到一家酒店的餐厅,对服务员小姐说:"小姐,您好,我要为一位外国朋友订一份生日蛋糕,同时打一份贺卡,你看可以吗?"小姐接过订单一看,忙说:"对不起,请问先生您的朋友是小姐还是太太?"这位先生也不清楚这位外国朋友结婚没有,从来没有打听过,他为难地抓了抓后脑勺想想,说:"小姐?太太?一大把岁数了——太太。"生日蛋糕做好后,服务员小姐按地址到酒店客房送生日蛋糕。敲门后,一女子开门,服务员有礼貌地说:"请问,您是怀特太太吗?"女子愣了愣,不高兴地说:"错了!"服务员小姐丈二和尚摸不着头脑,抬头看看门牌号,再回头打个电话问那位先生,没错,房间号码没错。再敲一遍,开门,"没错,怀特太太,这是您的蛋糕"。那女子大声说:"告诉你错了,这里只有怀特小姐,没有怀特太太!"啪一声,门被重重地关上了。

想一想:怀特小姐为何生气?
议一议:称呼的禁忌。

3.2 介绍礼仪

在商务交往中,相互介绍和为他人介绍是最常见,也是最重要的礼节之一,是人们从陌生走向熟识的第一步。

3.2.1 自我介绍

自我介绍是最重要的一种介绍方式,把自己介绍给其他人,以使对方认识自己。自我介绍的基本程序是：先向对方点头致意，得到回应后再向对方介绍自己的姓名、身份和单位，同时递上事先准备好的名片。自我介绍总的原则是简明扼要，一般以半分钟为宜，情况特殊也不宜超过3分钟。

通常需要做自我介绍的情况有以下几种：

第一，社交场合中遇到你希望结识的人，又找不到适当的人介绍。这时自我介绍应谦逊、简明，把对对方的敬慕之情真诚地表达出来。

第二，电话约某人，而又从未与这个人见过面。这时要向对方介绍自己的基本情况，还要简略谈一下要约见对方的事由。

第三，演讲、发言前。这时面对听众做自我介绍，最好既简明扼要，又要有特色，利用"首因效应"，给听众一个良好的第一印象。

第四，求职应聘或参加竞选。这时更需要自我介绍，而且自我介绍的形式可能不止一种。既要有书面介绍材料（个人简历），还要有口头的，或详或简，或严肃庄重，或风趣幽默诙谐等。这会直接影响求职或竞选者能否成功。

掌握自我介绍的语言艺术，应注意以下几方面的问题：

第一，镇定而充满自信、清晰地报出自己的姓名（这是必需的），并善于使用体态语言，表达自己的友善、关怀、诚意和愿望，这是体现自信的表示。如果自我介绍模糊不清、含糊其词，流露出羞怯自卑的心理，会使人感到你不能把握自己，因而也会影响彼此间的进一步沟通。

第二，根据不同交往的目的，注意介绍的繁简。自我介绍一般包括姓名、籍贯、职业、职务、工作单位或住址、毕业学校、经历、特长或兴趣等。自我介绍时应根据实际需要来决定介绍的繁简，不一定把上述内容逐一说出。在长者或尊者面前，语气应谦恭；在平辈和同事面前，语气应明快，直截了当。

第三，自我评价要掌握分寸。自我评价一般不宜用"很""第一"等表示极端赞颂的词，也不必有意贬低，关键在于掌握分寸。自我介绍时，表情要自然、亲切，注视对方，举止庄重、大方，态度镇定而充满信心，表现出渴望认识对方的热情。

3.2.2 为他人做介绍

为他人做介绍，即第三者介绍，它是经第三者为彼此不相识的双方引见介绍的一种介绍方式。在一般情况下，为他人介绍都是双向的，即第三者对被介绍的双方都做一番介绍。有些情况下，也可只将被介绍者中的一方向另一方介绍。但前提是前者已知道、了解后者的身份，而后者不了解前者。

为他人做介绍时应遵循以下基本礼仪原则：

第一，在向他人介绍时，首先了解对方是否有结识的愿望。最好不要向一位有身份的人介绍他不愿认识的人。

第二，注意介绍次序。应该先把年轻者、身份地位低者介绍给年长者、身份高者；先把年轻的、职务相当的男士介绍给女士；先把年龄低、未婚者介绍给已婚者；先把客人介绍给主人，把晚到者介绍给早到者；如果是业务介绍必须先提到组织名称、个人职衔等。集体介绍可以按照座位次序或职务次序进行。为他人介绍遵守"先向尊者介绍"的原则。

第三，介绍人做介绍时，应该多使用敬辞。在较正式场合，介绍词也较郑重，一般以

"×××,请允许我向您介绍……"的方式。在不十分正式的场合可随便些,可用"让我介绍一下"或"我来介绍一下","这位是……"的句式。介绍时清晰地说出得体的称谓,有时还可用些定语或形容词、赞美词介绍对方。

第四,为人介绍时注意手势和表情。被介绍时,眼睛正视对方。除年长或位尊者外,被介绍双方最好站起来点头致意或握手致意,同时应说声:"您好,认识您很高兴"或"很荣幸能认识您"等得体的礼貌语言。

3.2.3 商业性介绍

商业性介绍,可以称之为实业性介绍。这种介绍,目的在于建立某种贸易性的往来关系,以发展自身的业务。在这种介绍中,不分男女老少,只以社会地位的高低为衡量的标准,遵从社会地位高者有了解对方优先权的原则,在任何场合都是将社会地位低者介绍给社会地位高者。

如介绍时可说:"王总经理,请允许我将我的秘书王小姐介绍给您。"然后才说:"王小姐,这位是××公司的王总经理。"在实业界,当男士被介绍给比他地位低的女士时,无须起立。只有当两个人的社会地位相同时,才遵循先介绍女士的惯例。

3.3 交谈礼仪

3.3.1 交谈的态度

在与人交谈时应当体现出以诚相待、以礼相待、谦虚谨慎、主动热情的基本态度,而绝对不能逢场作戏、虚情假意或应付了事。

1. 表情自然

第一,专注。交谈时目光应当专注,或注视对方,或凝神思考,从而和谐地与交谈进程相配合。眼珠一动不动,眼神呆滞,甚至直愣愣地盯视对方,都是极不礼貌的。目光东游西走,四处"扫瞄",漫无边际,则是对对方不屑一顾的失礼之举,也是不可取的。如果是多人交谈,就应该不时地用目光与众人交流,以表示彼此是平等的。

第二,配合。交谈时可适当运用眉毛、嘴、眼睛在形态上的变化,来表达自己对对方所言的赞同、理解、惊讶、疑惑,从而表明自己的专注之情,使交谈顺利进行。

第三,协调。交谈时的表情应与说话的内容相配合。与上级领导谈话,应恭敬而大方;与客人谈话,则应亲切而自然。

2. 说话礼貌

第一,注意语音。与人进行交谈时,尤其是在大庭广众之下,必须有意识地压低自己说话时的音量。最佳的说话声音标准是,只要交谈对象可以听清楚即可。如果粗声大气,不仅有碍于他人,而且也说明自己缺乏教养。

第二,注意语态。与人交谈时,在神态上要既亲切友善,又舒展自如、不卑不亢。自己说话时,要恭敬有礼,切忌指手画脚、咄咄逼人。最佳的语态是平等待人、和缓亲善、热情友好、自然而然。当别人讲话时,则要洗耳恭听,最忌三心二意、用心不专。最佳的语态是积极合作、认真聆听、努力呼应、有来有往、专心致志。

第三,注意语气。在与别人交谈时,语气应当和蔼可亲,一定要注意平等待人、谦恭礼貌。讲话的速度稍微舒缓一些,讲话的音量低一些,讲话的语调抑扬顿挫一些。在交谈时既不要表现得居高临下,也不宜在语气上刻意奉迎,故意讨好对方,令对方反感。同时,在语气上一定要力戒生硬、急躁或者轻慢。

第四,注意语速。在交谈之中,语速应保持相对的稳定,既快慢适宜,舒张有度,又在一定时间内保持匀速。语速过快、过慢或者忽快忽慢,会给人一种没有条理、慌慌张张的感觉,是应当力戒的。

3. 举止得体

第一,善于运用举止传递信息。例如,发言者可用手势来补充说明其所阐述的具体事由,适度的举止既可表达敬人之意,又有助于双方的沟通和交流。

第二,避免过分或多余的动作。与人交谈时可有动作,但动作不可过大,更不要手舞足蹈、拉拉扯扯、拍拍打打。为表达敬人之意,切勿在谈话时左顾右盼,或是双手置于脑后,或是高架"二郎腿",甚至修指甲、挖耳朵等。交谈时应尽量避免打哈欠,如果实在忍不住,也应侧头掩口,并向他人致歉。尤其应当注意的是,不要在交谈时以手指指人,否则就有污蔑之意。

4. 遵守惯例

在交谈时往往还能够通过一些细节来体现自己的谈话态度,在这些细节的处理上要遵守一定的既成惯例。

第一,注意倾听。在交谈时务必要认真聆听对方的发言,以表情举止予以配合,从而表达自己的敬意,并为积极融入交谈中做最充分的准备。切不可追求"独角戏",对他人发言不闻不问,甚至随意打断对方的发言。

第二,谨慎插话。交谈中不应当随便打断别人说话,要尽量让对方把话说完再发表自己的看法。如确实想要插话,应向对方先打招呼:"对不起,我插一句行吗?"所插之言亦不可冗长,一句两句点到为止即可,不能接过话茬就开始长篇大论,完全不顾及对方的感受,也不管对方是否已经阐述完毕。

第三,重视交流。交谈是一种双向或多向交流过程,需要各方的积极参与。因此,在交谈时切勿造成"一言堂"的局面。自己发言时要给其他人发表意见的机会,别人说话时自己则要适时发表个人看法,互动式地促进交谈进行。同时,要以交谈各方都共同感兴趣的话题为中心,并利用双方均能接受的方式进行。若发现话不投机,需及时调整话题。

第四,礼让对方。在与他人进行交谈时,不要以自我为中心,而忽略了对对方的尊重。正常情况下,在谈话中不要随便否定对方或是质疑对方,不要动辄插嘴、抬杠,不要一人独霸"讲坛",或者一言不发,有意冷场。

第五,委婉表达。在陈述自己的见解时,应该力求和缓、中听,不仅要善解人意,而且要留有余地。即使是提出建议或忠告,也可以采用设问句,最好不用有命令之嫌的祈使句。在任何时候,都不要强人所难。

同向思政

我们走的是马克思主义道路

周恩来总理是20世纪最伟大的外交家。一次,外国记者不怀好意地问周总理:"在你们中国,明明是人走的路为什么却要叫'马路'呢?"周总理不假思索地答道:"我们走的是马克思主义道路,简称'马路'。"

这位记者的用意是把中国人比做牛马,和牲口走一样的路。如果你真的从"马路"这种叫法的来源去回答他,即使正确也是没有什么意义的。周总理把"马路"的"马"解释成马克思主义,恐怕是这位记者始料不及的。

3.3.2 交谈的语言

语言运用是否准确恰当,直接影响交谈能否顺利进行。所以,在交谈中尤其要注意语言的使用问题。

1. 通俗易懂

第一,说普通话。在日常工作中,应该自觉使用普通话,不要使用别人听不懂的方言或土语。

第二,说明白话。所使用的语言最好是让人一听便懂的明白话,切不可满口"之乎者也",滥用书面语言、专业术语或名词典故。在交谈时,要以务实为本,应当通俗活泼、生动形象、浅显易懂,犹如家常话一般。

第三,说通俗话。在与普通群众交谈时,为了避免自己谈话时语言枯燥乏味,应充分考虑到对方的职业、受教育程度等因素,努力使自己的语言生动、形象、具体、鲜明,所说的话应力求平易通俗,以利于沟通交流。如果"官话"连篇,不仅有碍信息的传达,而且容易脱离群众。

2. 掌握口语

第一,机动灵活。在交谈过程中随时对自己所运用的口语具体内容与形式进行适度的调整。从表面上来看,口语大都显得语句简短,结构松散,多有省略之处。有时,它甚至会出现话题转变、内容脱节、词序颠倒等现象。然而由于口头交际具有一定的双向性、互动性,这些问题往往瑕不掩瑜,反而更能显示口语生动活泼的特性。

第二,简明扼要。一方面要求发音标准,吐字清晰;另一方面则要求所说之话含义明确,不可模棱两可产生歧义,以免造成不必要的误会。

3. 文明礼貌

第一,要尽量使用尊称,并善于使用一些约定俗成的礼貌用语,如"您""谢谢""对不起"等。

第二,要多使用文明用语,在语言的选择和使用之中,应当既表现出使用者良好的文化素质、待人处事的实际态度,又能够令人产生优雅、温和、脱俗之感。

第三,在交谈时不可意气用事,以尖酸刻薄的话对他人冷嘲热讽,也不可夜郎自大,处处卖弄才识指正别人。

第四,交谈中应当尽量避免某些不文雅的语句和说法,对于不宜明言的一些事情,可以尽量用委婉的词句来表达,多用一些约定俗成的隐语。例如,想要上厕所时,可以说:"对不起,我去一下洗手间。"或者说:"不好意思,我去打个电话。"

 **礼仪佳话**

我们中国人喜欢走上坡路

美国代表团访华时,曾有一名官员当着周恩来总理的面说:"中国人很喜欢低着头走路,而我们美国人却总是抬着头走路。"此语一出,语惊四座。周总理不慌不忙,面带微笑地说:"这并不奇怪。因为我们中国人喜欢走上坡路,而你们美国人喜欢走下坡路。"

美国官员的话里显然包含着对中国人的一些侮辱。在场的中国工作人员都十分气愤,但囿于外交场合难以强烈斥责对方的无礼。如果忍气吞声,听任对方的羞辱,那么国威何在?周总理的回答让美国人领教了什么叫做柔中带刚。

3.3.3 交谈的内容

交谈内容的选择,应遵守一定的原则。

1. 切合语境

第一,交谈内容务必要与交谈的时间、地点与场合相对应,否则就有可能出错。

第二,交谈内容还应符合自己的身份。应使谈话符合我国的法律法规,并与单位和领导保持一致。切勿与单位或领导唱反调,切勿泄露本单位的机密。

2. 因人而异

在交谈时要根据交谈对象的不同来选择不同的交谈内容。谈话的本质是一种交流与合作,因此在选择交谈内容时,就应当为谈话对象着想,根据对方的性别、年龄、性格、民族、阅历、职业、地位等选择适宜的话题。

3. 回避禁忌

在与别人交谈时,应当把握好"度"。在态度上要注意克制,不要引起对方的不快,不可一言不发,不可没完没了,不可讽刺挖苦,不可骄傲自大。在内容上要慎重斟酌,千万不要犯忌,不宜对自己的单位或领导横加非议,必须时刻维护单位的声誉,绝对不能对自己的领导、同事、同行说三道四。不应涉及对方单位内部事务,不要涉及对方弱点与短处。同时,如果双方不是十分熟识,也不要涉及对方的个人隐私,如年龄、收入等。

4. 话题选择

一是发生在近期的话题。因为初次见面,大家还不了解,要迅速找出共同话题。比如,近日时事新闻、社会热点、明星娱乐,或者本地区、身边的新鲜事。如果再不行,老土的天气话题也是不错的选择。

二是双方感兴趣的话题。最好在见对方之前做点功课,尽可能多地掌握对方信息,以便找出话题切入口。如果没办法了解背景信息,可以从对方的性别、年龄、服饰等方面,找出对方有可能感兴趣的话题。

三是带有请教性的话题。在对方比较熟悉的领域范围内,多向对方虚心请教。可以达到两个目的:一是通过请教降低自己身段,以示尊重对方,对方一般会乐意讲;二是多让对方讲些,以便我们掌握更多信息,找出下一个话题。

四是具有开放性的话题。双方交谈过程中,要尽量避开选择性话题,要多采用开放性话题,让大家都有机会进行讨论交流,保持话题的延续性。

五是轻松而活泼的话题。双方见面交谈是一件十分愉悦的事,所以应找一些欢乐的话题,要避开那些悲哀、失落的话题,保持愉快的心情,营造轻松谈话环境。

总之,与人交谈之前,要收集对方有关信息资料,掌握尽可能多的谈资。双方交谈时,要选择大家都感兴趣的开放性话题,防止冷场,尊重对方,给对方留下良好印象。

3.3.4 交谈的方式

与他人交谈,既要注意具体内容,又要注意表达方式。可根据不同的情况,采取以下几种不同的谈话方式:

一是扩展式。交谈双方就某些共同关心的问题进行由此及彼、由表及里、由浅入深的讨论。

二是评判式。在交谈过程中听取对方的观点以后,在适当的时刻,以适当的方法,恰如其分地进行插话,来发表自己就此问题的主要看法。

三是倾泻式。在谈话时对对方毫无保留,将自己的全部想法都全盘托出,也就是人们通常所说的"打开天窗说亮话"。

四是静听式。与别人进行谈话时,自己主要是洗耳恭听。

五是启发式。交谈中的一方主动帮助不善表达的另一方,在话题的选择或谈话的走向上给对方予以引导、支持、鼓励,以帮助对方在谈话中得以采用恰当的方法来阐述自己的见解和主张。

六是跳跃式。在交谈过程中,某一话题在无人呼应时,为避免谈话者感到尴尬,或者是谈话出现冷场,跳出原先谈论的范围,转而挑选出令大家都感兴趣的话题。

人们在日常交往中的通信、联络等交际活动要遵守礼仪规范。遵循交际礼仪既能维持人们之间良好的人际关系,也是促进人际关系发展的重要前提。交际礼仪就是有关某种人际交往媒介的操作规范。

学会"说话"是一门艺术

来源:昭通市大关县委组织部 李茂秋

说话是要讲究技巧的,学会说话是一门艺术,体现一个人的学识、见识和个人修养,也是工作能力的外在表象。所谓"良言一句三春暖,恶语一句六月寒",人与人之间的交际就在于沟通和交流,情商高的人,往往注重说话方式方法,能够将话说到别人心坎上,而有的人说话不注意分寸,以至于招惹是非,授人以柄,甚至祸从口出。

说话应注重"该不该说"。说话是学习、工作、生活的必备之需,是衔接上下、兼顾左右、

第3章 商务人员语言礼仪

协调各方的关键枢纽。毋庸置疑,当下一些年轻干部把主要精力和心思放在练"说话"上,急功近利、不遗余力地讨好卖巧,认为说话的机会越多越好,说话的时间越长越好,这是在领导面前表现和展示自己能力强的好机会,可以加深领导印象,误把"说功"当成干部提拔推荐的助推器。这种情况所折射出的现象是,说的能力强但做的能力弱;说的时间长但做的时间短;说话的人多但做事的人少。年轻干部年轻气盛、涉世不深、经验缺乏,应本本分分做人、勤勤恳恳学习、踏踏实实做事,倡导少说多做,把握是否该说的度,该说的话一定要说到位。

说话应注重"说什么"。部分年轻干部认为自己年纪尚轻,在单位根基不稳,甘愿当老好人,对领导、同事以及下属部门不愿说真话,觉得真言逆耳,不想得罪人;或者就是不敢说真话,自身底气不足,说的和做的不一致,在上级领导面前虚报数据、隐瞒真相,怕露出马脚。再者就是不会说真话,因工作不实,不善思考,沉不下基层,不明实情,在领导面前开空头支票,只好说些"假大空"的套话来敷衍应付。年轻干部一旦养成不说真话的习惯,就会造成作风虚浮、懒散,工作将会不求实效,出现失误、跑偏。所以,年轻干部说话应注意时间和场合,搞清谈话者意图,做到心中有数、胸有成竹,愿说真话、敢说真话、会说真话,这样工作才会求真务实,成长之路才会走得稳妥。

说话应注重"怎样说"。年轻干部如果对工作业务不熟悉,对群众基本生活状况不了解,尽说些外行话,就会出现"说不上去,说不下去,说不进去",个别时候"被顶了回去"也不足为奇。会说话是年轻干部的软实力,要想练就较强的语言表达能力,就要勤于向书本、政策、文件钻研,善于向领导、前辈、同事请教,乐于对工作进行总结、思考、创新,成为业务能手、政策百事通,为会说话强底子、打基础、丰羽翼。正所谓"话不在多而求于精,言不在美而贵在实",年轻干部说话不在多,在于直奔主题、言简意赅,要学会揣摩上级领导想要掌握的是什么,下级想要咨询的是什么,群众想要解决的是什么,了解问题根源,找准说话的重点,面对上级领导说话要思路清晰、条理清楚、客观真实;面对下级咨询时说话要放低姿态、认真分析、逐一解答;面对群众的问题要耐心倾听、换位思考,用通俗易懂土话应答,这样工作上情下达、沟通协调才会顺畅,党群、干群联系才会越来越紧密。

3.4 电话礼仪(含手机礼仪)

3.4.1 电话形象的含义

电话形象是指人们使用电话的时候,自己以及其他在场对象所留下的总体印象。通俗地讲,电话形象的组成包含多个方面,比如接打电话时的面部表情、说话的语调、表达的语言以及所处地点等。

在人际交往中,人们把电话形象放在重要的位置上,尤其是一些国家公务人员,他们自身的"电话形象"要时刻被维护。

知识链接

公务员电话礼仪

公务员作为国家政府的工作人员,自然少不了电话沟通,无论是与上级沟通还是与群众沟通,都是需要学会电话礼仪的。公务员在公务活动中,利用电话交流情况、沟通信息、商洽问题、回答事项,是一种普通的工作手段。正确使用电话可以树立良好的形象。

打电话:

(1) 时间选择。公务通话一般应在办公时间内进行,而不应在下班之后打,更不应选择在深夜、凌晨及午休、用餐、公休假时间。再者,一般不宜过长,以不超过五分钟为佳。

(2) 表述得体。打电话时,声音不要太大,要首先自报家门,说说自己的单位和姓名,打错电话应该主动道歉。通话中断时,应立即再拨,并向对方说明,而不应等接电话一方把电话打过来。

(3) 举止得体。打电话时要聚精会神,不要抱着电话四处走动、仰坐、斜靠、歪躺或趴在桌子上,不要嚼东西,此外,电话要轻拿轻放。

接电话:

(1) 及时接听。接电话时遵循"铃响不过三"原则,以铃响三次左右为宜,电话铃一响,应该及时接听。

(2) 文明应答。接电话时应主动问好并自报家门,如果对方打错电话,要耐心向对方说明,挂电话时应由打电话的人先挂断电话。通话中断时,应当等打电话一方把电话拨过来。

(3) 做好记录。公务电话通常需要做记录,特别是遇到重要事项,要认真做好记录,如果听不清楚,可以请求对方重复一遍。

3.4.2 接电话的礼仪

1. 及时接听

一般情况下应该保证在电话铃响 3 声之内接听电话,但要避免在电话刚刚响起时就接电话,否则会让对方吓一跳。当电话响第 2 声以后接电话是最合适的时间。拿起电话第一句要向对方问好"您好"。如果因为其他原因在电话铃响 4 声之后才接起电话,首先要向对方道歉:"非常抱歉,让您久等了",这向对方展现出本单位人员的礼貌形象,也会将对方久等的不耐消减。如果通话涉及的内容很重要,要认真做好记录,主要记录对方单位名称、对方姓名、通话内容、当日日期和对方电话信息等。

2. 应对谦和

拿起话筒后,首先要问好,然后自报家门。严禁以"喂"字开头,因为"喂"表示希望先知道对方是谁,等着对方告诉你。而且,如果"喂"时语气不好,极容易让人反感。所以,接电话时的问候应该是热情而亲切的"您好。"如果对方首先问好,要立即问候对方,不要一声不吭,故弄玄虚。至于自报家门,则是为了告诉对方,这里是哪个单位或是哪个部门或是具体哪一位。在通话过程中,对打电话的人要谦恭友好,尤其是在打来业务电话咨询或有求于己的时

候,更要表现得不卑不亢、热情亲切。

通话终止的时候,不要忘记向发话人说声"再见"。如通话因故暂时中断,要等候对方再拨进来。对于重要的客人或上级,要主动拨回去。不要扬长而去,也不要为此而责怪对方。

接到误拨进来的电话,需要耐心、简短地向对方说明。如有可能,还要给对方提供必要的帮助,或者为其代转电话,不要生气动怒,甚至出口伤人。

3. 主次分明

接听电话的时候,要暂时放下手头的工作,不要和其他人交谈或做其他事情。如果你正在和别人谈话,应示意自己要接电话,一会再说,并在接完电话后向对方道歉。同时也不要让打电话的人感到"电话打得不是时候"。如果目前的工作非常重要,可在接电话后向来电者说明原因,表示歉意,并再约一个具体时间,到时再主动打过去,在通话的开始再次向对方致歉。

纵然再忙,也不能拔下电话线,或者来电不接就直接挂断。这些都是非常不礼貌的行为。

4. 一视同仁

极其个别的人,长着一对挑肥拣瘦的"势利眼"。即使接电话时,也极为庸俗地"因人而异","对象化"的倾向十分明显。他们在接电话时,一开始总是"拿架子""打官腔",总是爱搭不理。

3.4.3 打电话的礼仪

(1)"通话3分钟原则"。就正常情况来说,打电话的时长最好不超过3分钟。在通电话时,尽量将内容简洁化,用最短的话讲明事情。很多国家都要求遵守这项原则,这一原则也被当作是一项制度。

(2)拿起电话的首句话非常重要,直接影响对方对你说话的语态以及第一印象。通话过程中要经常使用礼貌用语,比如"非常感谢、打扰您了"等。通话时,声音要温柔,语言要清晰,要保持耐心,即不矫揉造作,也不娇羞答答。

(3)拨通电话时,应先有礼貌的询问对方:"现在说话方便吗?"要考虑对方的时间是否方便。通常情况下,向家中打电话,最好的时间是晚餐之后或者周末下午;向工作场所打电话,上午十时左右或者下午上班之后是最好的时间,由于这段时间里比较闲散,很适合谈事情。

(4)接打电话时,如果还没有结束通话,不应和周围人交谈,更不可以堵住话筒和他人聊天。如果事情比较紧急,要和对方致歉,请其稍等片刻,或者忙完再给对方回电话。

(5)对方找的人此时不在,不应该随便传话,以防好心办错事,给自己和他人带来麻烦。如果通话对方请求,可以做好记录,留下对方电话号码、姓名,便于回电话。

(6)应懂得配合别人交谈。为了表现我们在认真地听对方说话,可时时给予对方回应:"是、对""好、好的"等。确保词句用的恰当无误,不然效果不佳。需根据对方的职业、年纪、所处环境等具体情况,采用不同的方式。

(7)不宜忽略结束电话前的礼貌用语。结束电话前,可向对方说句:"麻烦您了,祝您工作顺利""打扰了,祝您工作愉快"等。挂电话前的礼貌也不应忽视。挂电话前,向对方说声:"希望您多指正""耽误您的时间了,抱歉"等,这样结束对话能让对方对你留下一个很好的印象。

(8)私人电话最好不在工作场所拨打。如果在办公场合中接到私人电话时,尽量缩短通话时间,以防影响他人工作、损伤自己的形象。

3.4.4 转电话礼仪

1. 常见的转述电话场景

(1)稍后再打:有重要事项必须得与本人通话;
(2)尽快通话:有紧急事项希望尽快进行通话;
(3)转告某事:事情不太重要,可进行转告。

2. 转达电话的注意点

(1)如果遇到领导不能及时回复,可告诉对方:"领导有事在外,如有要紧事,由我转达行吗?"
(2)如若对方不便告知具体事项由你转达时,要留下他的姓名、电话、公司的名字等。
(3)无论如何,都必须复述对方所讲事项。通话结束道别时应告诉对方:"领导回来一定会立刻转告。"

3. 转达电话时慎重选择理由

通常,被指定接电话的人不在时,原因很多,如因病休息、出差在外、上厕所,等等。这时,代接电话的你,应学会应付各种情况。

(1)出差去外地。不能告诉对方被指定接电话的人的出差地点、出差所办事情,或许这正是我方的商业秘密。
(2)正参加会议。如果领导有约在先:"开会期间,不得打扰。"那转告之类的不能例外。
(3)暂时性离开。告诉对方暂时不在,但不要说明具体事项,有重要紧急事项可以代为转达。

3.4.5 电话礼仪禁忌

在商务交往中接电话使用"喂,你是谁,你找哪位"作为通话开头语是不被允许的。最大的禁忌就是第一句话就没有礼貌地询问对方的信息,不停地问对方"你叫什么","你有什么事情","你找哪位",等等。

如果猜测是对方拨错电话或者是电话串线问题,也要有耐心,不可发脾气,不可表现出烦躁。想要知道对方是否打错电话,可以先介绍自己,再告诉对方打错电话了。如果对方致歉,应回答"没关系",这是礼貌的表示。禁忌语言不文明,如教训人家"看仔细些"等。

可以的话,问一下对方是否需要帮助。假若做到了,还可以趁此机会展示出了本单位以礼待人的良好形象。

在职场工作的朋友,必须要对职场礼仪禁忌了解通透,并要学会避免这些问题的技巧和方法。这样可以帮助你在职场中尽可能避开尴尬的局面,也能够提升别人对你的好感度。

第3章 商务人员语言礼仪

想想议议

细节体现素养

林小姐最近被一家香港公司的驻沪办事处招聘为秘书,那天林小姐刚刚走进写字间,她的上司吩咐了一些事情让她办,然后就外出了。一刻钟之后,外面打进来一个电话,找的正是这位碰巧不在的上司。林小姐听了之后,便问对方:"您是哪一位?您怎么称呼?"待对方自报了家门,她又告诉对方:"很抱歉,我的上司外出了。我已记下了您的姓名。您还有什么事情需要我转告吗?"

想一想:林小姐违背了哪些电话礼仪?

议一议:谈谈接打电话的礼仪和禁忌。

3.4.6 手机使用礼仪

手机作为现代通信工具,已打破了传统电话的使用范围,作为电话礼仪的特殊板块,手机礼仪越来越受到人们的关注。

1. 手机的摆放位置

在一切公共场合,手机在没有使用时,放在合乎礼仪的常规位置,如随身携带的公文包(这种位置最正规)、手袋或上衣的内袋里。最好不要在并没使用的时候一直拿在手里或放在前方的桌子上,特别是不要对着对面正在聊天的客人。

2. 手机的铃声选择

不设置搞怪和噪音很强或具有刺激性的铃声。办公室里铃声音量尽量调小,最好选择静音或震动模式。

3. 手机的通话

不使用免提功能接听或拨打电话;不在公共场合(剧院、图书馆、电梯、公交车上、餐桌上等)旁若无人地大声通话;通话时间尽量简短;避免唐突的通话。给对方打手机时,尤其当知道对方是身居要职的人时,首先想到的是,这个时间他(她)方便接听吗,并且要有对方不方便接听的准备。所以"您现在通话方便吗"通常是拨打手机的第一句问话。其实,在没有事先约定和不熟悉对方的前提下,我们很难知道对方什么时候方便接听电话。所以,在有其他联络方式时,还是尽量不打对方手机为好。

4. 会谈时的手机模式

开会或与别人业务洽谈的时候,最好把手机关掉,或是调到静音状态。这样既显示出对他人的尊重,又不会打断发话者的思路。而那种在会场上铃声不断,好像是业务很忙,大家的目光都转向你,实则显示出你缺少公共意识和修养。也不要一边和别人说话,一边查看手机。

5. 手机使用禁忌

(1) 不要在医院或者是飞机上使用手机,以免影响医院及飞机的电子设备。

(2) 不在加油站接打手机,开车时不接打手机。

(3) 当不使用手机时,锁住手机按钮,以防意外拨打诸如 119、110、120 等特殊的电话号码。

邱女士为何被认为是不知礼者?

邱女士在北京音乐厅听一场由著名大师指挥的交响乐。音乐演奏到高潮处,全场鸦雀无声,凝神谛听,突然邱女士的手机铃声响起,在宁静的大厅中显得格外刺耳。演奏者、观众的情绪都被打断,大家纷纷回头用眼神责备这位不知礼者。

想一想:邱女士为何被认为是不知礼者?

议一议:前往剧院观看演出等,在其过程中要保持安静,不使用手机。一旦进入演出现场,应自觉关闭自己的手机,或将其调至"静音"状态。邱女士没有关闭手机铃声,既打扰了他人观看演出,也是一种不礼貌的行为。

3.4.7 收发手机短信的礼仪要求

(1) 在与他人交流时,应将短信接收提示音调为静音或震动状态,公共场所更应如此。

(2) 在与人交流时,不查看或者编发信息。

(3) 编发短信用词用语需表意清晰、遵守规范。在信息末最好留有姓名,方便接受者知道发送人。

(4) 在编辑发送信息时,切勿出现违反法规或不健康的话语。不转发未经确认的消息。接收到不健康的短信,可建议或劝诫发送者停止发送。

3.5 微信礼仪

3.5.1 个人设置

1. 昵称

如果你的微信更多是用于工作,而不是生活,建议使用真实姓名,最好再带上你的单位名称或者产品名称。

2. 头像

设置微信头像时,要选择积极阳光的图片,很多人都喜欢与头像看着蓬勃进取的人做朋友,顾客更喜欢和专业性强的人沟通交流。微信主要用来商务交往时,头像使用本人职业照最佳,尽量和本人没有太大差别,这样顾客与你本人见面时容易对号入座。

不宜使用合照作为头像,他人无法直接辨认出你。假若十分想使用,可以换成朋友圈的封面。

3. 签名

签名要写些有价值的内容,清晰明了地告诉别人你想表达的,避免别人还要再次询问。

3.5.2 加微信礼仪

(1) 通过扫码添加微信好友,遵循礼仪原则:长幼有序、主客适宜。顺序应该是"晚辈"(下级、级别较低、乙方等)扫"长辈"(上级、领导、甲方等)的微信。提出添加好友时,无论是否是长辈先提出,都应由晚辈来扫描长辈的二维码。

(2) 申请添加别人好友,首次没有被通过。第二次要清楚地告诉别人你的姓名、加好友的理由。如果添加三次都未被同意,就不要再申请了。

(3) 如果是你主动申请加入好友,应简要介绍自己并讲清添加原因。主动添加微信的要先介绍自己。

(4) 好友加入成功后,要首先向对方打招呼问好,简单介绍自己,给别人留下好印象。

(5) 无论是否为主动添加好友,同意后都要先修改好备注,不然时间长就会忘记对方的姓名了。

3.5.3 发微信礼仪

(1) 不宜在半夜或凌晨等休息时间发送消息,不然消息的通知音会打扰到他人休息。

(2) 如果需要和他人交谈事情,应直接说事,不需问对方是否在线;如果一定要问对方是否在线,也要同时把事情讲出来,这样不会让对方迷惑并好做出回答。

(3) 不熟悉尽量不拨打语音电话,如果必须要语音通话,要提前询问对方是否方便。

(4) 给别人发送快递地址或者其他需要编辑的文件信息时,用文字发送最佳,不可发截图。

(5) 切勿不明缘由直接给别人或者群里转发帖子。

(6) 给别人发文件时,应先询问对方想要通过什么样的方式接收,微信或者邮件等等。

这是因为每个人的使用途径不一样,如果直接将文件发到对方微信上,一方面文件会占用别人手机内存,另一方面对方可能还需要将文件转到其他途径来看,从而给对方带来麻烦。

(7) 工作微信通常不用语音交流。无论是和领导、下属,还是和同事交流工作上的事情,文字是首选。

这是为什么呢?因为绝大部分工作场合都需保持安静,不宜发出声音。例如,在会议室开会,大家都被要求将手机调制静音或震动,假若发送语音,别人收听不方便。

并且,所在的场合收听不方便就不能够及时回复消息,你发出语音后也并不能够得到回应,反而干着急,心里还会埋怨对方,然而主要原因应是归结于自身。

不仅如此,语音记录不支持截图转发,若想要查找一段信息还需从头听起,非常麻烦。也正因此,就有人说"经常发语音是一种自私的表现"。

(8) 工作微信也要注意排版。

有绝大多数的人,发微信不经过思考,想到一句发一句,零零散散没有逻辑顺序,既没有意义,也不易让接收者理解。

因此,在发送微信时,内容需有条理,有逻辑,不宜几个字一行,几百字一大段,需分段即分段,需要句号即句号,逗号即逗号。

如果只有一件事情,就编发一条信息,有多件事情就编发多条信息,事事分开,有助他人辨别。

(9) 工作微信要指明工作内容。

例如,有关通知的信息,就可以在编辑完通知的末尾加句"收到请回复";如果是关于请示的信息,在文末可以说"请领导批示";假如发送的只是提醒,只需告诉对方 FYI,即英文 For Your Information 的缩写,不需要回复,仅需了解一下。

(10) 和朋友闲聊,不宜时间过晚,应先询问对方是否疲倦,是否需要休息,特别是在对方较长时间没有回复消息的情况下。

(11) 除了你不想和对方再继续聊下去,就尽量不用一个字来回复别人,如"噢""嗯""好"……

3.5.4 收微信礼仪

(1) 消息回复及时。当我们和他人发送信息时,都会希望信息能够被及时回复,以心比心。

(2) 如果下属向你请示,对于请示的内容是否同意及时做出判断,假若需要时间考虑,也应及时回复"我考虑一下",从而让别人知道你已接收请示。

有部分领导比较喜欢摆架子,自己发送微信要求下属秒回;换成别人发送微信时,则可回复可不回复,让别人心里产生焦虑。即便现在还不能给出准确回答,也要回复别人"需要时间考虑一下或者忙完再给回复"。

(3) 可以将一些重要的人物微信置顶。把对你最重要的群和人一直放在最上面,这样就不会错过他们重要的消息。

(4) 如果收到的工作微信是语音类的,即便你不方便接听,也要在挂断后,给别人回一个信息"现在不方便接听语音,如果是急事的话,麻烦你发送文字"。

除此以外,微信的"语音转文字"的功能也可使用,但前提是对方具有较好的普通话。如果对方讲的是方言,再或是广东式普通话就不会被识别出来。

(5) 如果收到工作信息时正好在忙其他工作,应先要回复对方"收到,手上有其他工作正在处理"或"在开会中,结束后再回复你"。告诉对方信息已收到,就不会让别人等待信息的心情焦躁。

(6) 如果正在工作时收到信息,暂时没有时间处理,但以防工作结束后忘记,可以使用"提醒"的功能。

想想议议

为何隔壁病人脸色不悦?

刘先生到医院探访病人,公司的同事从微信上发来消息询问刘先生的工作事宜,刘先生

看到后直接和同事发起了语音,大声的交流让另一床正闭目养神的病人睁开了眼。刘先生还一直发语音与同事交流。最后,同事只能不断地听语音来明确工作事项,那位被吵着了的病人也一直脸色不悦。

想一想:为何隔壁病人脸色不悦?

议一议:微信礼仪中,使用语音交流要注意场所。工作微信一般不用语音交流。刘先生在病房内直接大声地用语音交流,影响到了其他病人的休息,这是一种很不礼貌的行为。

3.5.5 微信群礼仪

1. 拉群

建立群聊之前须征求对方的同意,避免群里出现与其有矛盾的人。

在邀请他人进群之前,要先得到对方的同意。

2. 群主要向群里成员介绍群应用

如果群里的成员不多,如工作群等,介绍每个群成员是有必要的,介绍时要遵循礼仪顺序:向上级介绍下级,向长辈介绍晚辈,把男士介绍给女士。做到这些细节会让群成员感受到亲切,也能让工作开展得很顺利。

3. 群昵称

可以根据该群的主要职责修改自己的群昵称,方便大家在群里沟通交流。

4. 群名称

取一个简单清晰的群名称,大家能够清楚地知道是干什么的。

5. 关于群红包

群里有人发送红包,切勿只顾着抢红包,领取之后还一句话不讲。抢红包超过八次自己就要发送一个。假若实在不愿发送,也一定要向人家道谢。

切忌强制要求他人发红包,别人是否想要发红包是别人自己的事情,不要让别人做自己不愿意做的事情。

群里发送的红包不是随意就能抢的,抢之前一定要先阅读群中的聊天。因为有的红包是指定给某一个人的;有些红包是别人的宣传套路,等你领完之后,就需要帮忙转发;等等。总而言之,不要不清不楚地看到红包就抢。

6. 尽量私聊,少群聊

如果在群里交流是以两个人为主,就尽量不要在群里交流,可以添加好友私聊,以防打扰群内其他成员。

7. 不在群聊里轰炸表情包

切忌用表情包在群聊里连环轰炸,建立群聊是为了方便大家一起聊天,不是给你个人发泄情绪的地方。

8. 公司项目群最好一群一主题

工作项目的群聊,每个群要有自己的工作主题,商讨结束后要记得下载好文件,将聊天记录备份好,在这之后就可以解散群聊。

3.5.6 朋友圈礼仪

(1) 微信群八不发：

① 不要发有关个人生活的琐事，这既容易影响朋友们的心情，耽误他们的时间，同时也会将个人隐私泄露。

② 切勿乱发涉及国家和工作单位机密的文件等，即便只是和某一个人发送也不可以，信息网络发达，随时可能被泄露。

③ 遇到有着很明显政治激进色彩的图片和文章不宜发送，避免引来不必要的麻烦。

④ 不宜发送过分低级庸俗的内容和图片，因为你发送的东西能够客观反映出你的审美观。

⑤ 禁止诅咒他人。不要强迫他人转发你的文章等，比如转发就会有好运，不转发就会有不好的事情……这是微信交流中的大忌。

⑥ 切忌泄露他人隐私。没有征得他人的同意不可以随便发送有关他人隐私的内容或者图片，这会侵犯到他人的隐私权和肖像权。

⑦ 未经核实的新闻，不转发不造谣，传播谣言易引起社会恐慌。

⑧ 发广告最好委婉一些。广告太明显会让其他人感到金钱气息太浓、俗气，也容易给他人造成不适感。

(2) 不能在朋友圈很活跃，却不回私聊。应该绝大部分人都会有这样的朋友，发了信息他不回，但是却在朋友圈很积极活跃，这很明显是在说：我在线，但是我不想回你信息！这种人很让人讨厌。

(3) 尽量不在朋友圈发送和朋友的私人对话。如果非常想截图发送的话，一是要征求他人的同意，二是最好要将他人的备注头像打上马赛克或者直接去除，避免给朋友带来麻烦。

(4) 发送和别人的合影在朋友圈或者到群内，不要只美化自己，用他人来衬托自己很美，也要同时美化一下他人；否则就选择不发。

(5) 不在朋友圈里评论关于人家隐私的事情。

(6) 如果遇到经常给自己点赞留言的朋友，除非反感，最好也主动给人家点赞。

(7) 如果有朋友在朋友圈中给你留言，看到后应及早回复。

(8) 切勿随意点赞，点赞前应先看别人发的内容，这既是礼貌也是对人家的尊重。

知识拓展

点赞及评论礼仪规范

1. 点赞应本着礼尚往来、及时满足好朋友虚荣心的态度积极点赞。

2. 评论应彰显诚意，避免用单纯的笑脸表情。典型评论如"小宝宝好可爱哦""祝旅途愉快"等。

3. 不要在别人的朋友圈评论区直接发表批评或抬杠。实在有话要说可以去私聊。

第3章 商务人员语言礼仪

4. 朋友在朋友圈的评论应及时回复。
5. 避免揭穿朋友发图的真相。
6. 超过24小时的朋友圈可以不点赞处理。

本章小结

语言在商务交往中处于重要地位,商务语言礼仪主要包括称呼礼仪、介绍礼仪、交谈礼仪和电话礼仪。语言礼仪的基本要求是:态度亲切诚恳、措辞文雅谦逊、把握深浅分寸、交谈避免忌讳。

称呼指的是人们在日常交往中所采用的表示彼此之间关系的称谓语。使用称呼语要遵循礼貌、尊重、适度的原则;称呼包括泛称呼、职务性称呼、职称性称呼、行业性称呼、姓名性称呼等。

介绍是人际交往中与他人进行沟通、增进了解、建立联系的一种最基本、最常规的方式,是人与人进行相互沟通的出发点。介绍包括自我介绍和介绍他人。自我介绍是指主动向他人介绍自己,或是应他人的要求而对自己的情况进行一定程度的介绍;为他人做介绍,应了解双方愿望、遵循介绍顺序。介绍形式有简介式、标准式、强调式、引见式、推荐式。

交谈是指为了特定的目的,在一定的环境下,以口头形式表达,运用语言进行信息传递、情感交流的一种形式,主要通过各方口头表达与倾听来完成信息传递。交谈的基本原则是合作原则、礼貌原则。交谈礼仪主要包括文明准确,选择有品位、较轻快、流行性、较擅长的话题,双向交流,认真倾听,用词委婉,尊重对方六个方面。交谈忌涉及隐私、故弄玄虚、让人尴尬、自我炫耀、非议他人、口若悬河、反感话题、心不在焉、随意插嘴、节外生枝、言不由衷。交谈技巧有机智灵活、幽默风趣、因人而异、恰到好处地及时赞美。

电话礼仪包括接听、拨打、转达、特殊应对的礼仪。

在手机越来越普及的今天,我们在使用手机时,使用微信时均应遵循一定的礼仪规范。

案例分析

案例一:

某天中午,一位下榻饭店的外宾到餐厅去用午餐。当他走出电梯时,站在梯口的一位女服务员很有礼貌地向客人点头,并且用英语说:"您好,先生!"

客人微笑地回答道:"中午好,小姐。"

当客人走进餐厅后,迎宾员讲了同样的一句话:"您好,先生!"那位客人微笑地点了一下头,没有开口。

客人吃好午饭,顺便到饭店内的庭园走走。当走出内大门时,一位男服务员又是同样的一句话:"您好,先生!"

这时这位客人只是敷衍地略微点了一下头,已经不耐烦了。

客人重新走进内大门时,不料迎面而来的仍然是那个男服务员,又是"您好,先生"的声音传入客人的耳中,此时客人已生反感,默然地径直乘电梯回客房休息,谁知在电梯口仍碰见原先的那位服务员小姐,又是一声"您好,先生!"

客人到此时忍耐不住了,开口说:"难道你不能说一些其他的话同客人打招呼吗?"

分析：

在饭店，员工的培训教材有规定"你早，先生（夫人、小姐）""您好，先生……"等敬语例句。但本案例中服务员在短短时间内多次和同一客人照面，机械呆板地使用同一敬语，结果使客人产生反感。

"一句话逗人笑，一句话惹人跳"指的是由于语言表达技巧的不同，所产生的效果也就不一样。饭店对各个工种、各个岗位、各个层次的员工所使用的语言做出基本规定是必要的。然而在实际操作中，不论是一般的服务员、接待员，还是管理员或部门经理，往往因为使用"模式语言"欠灵活，接待客人或处理问题时，语言表达不够艺术，以致惹得客人不愉快，甚至投诉。礼貌规范服务用语标志着一家饭店的服务水平，员工们不但要会讲，还要会灵活运用，这也是当前国际饭店业个性服务化的趋势。鹦鹉学舌，滥用敬语，常会收到负面效应。由此可见，每位饭店服务人员应该具备必要的语言交际能力。

案例二：

金先生入住一家五星级酒店，头天晚上11点左右曾委托总台李小姐叫醒，但李小姐未能准时叫醒客人，从而耽误了航班，引起了客人的投诉。下面是大堂安副理与金先生的一段对话：

安：金先生，您好！我是大堂副理，请告诉我发生了什么事？
金：什么事你还不知道？我耽误了飞机，你们要赔偿我的损失。
安：您不要着急，请坐下慢慢说。
金：你别站着说话不腰疼，换你试试。
安：如果这件事发生在我身上，我肯定会冷静的，所以我希望您也冷静。
金：我没你修养好，你也不用教训我。我们没什么好讲的，去叫你们经理来。
安：叫经理来可以，但你对我应有起码的尊重，我是来解决问题的，可不是来受你气的。
金：你不受气，难道让我这花钱的客人受气，真是岂有此理。
安：……

大堂安副理在处理客人投诉时有什么问题？

分析：

叫醒服务是饭店的服务项目，金先生因未被叫醒而耽误航班是饭店方责任，不仅投诉是正确的，甚至要求赔偿损失也在情理之中。大堂副理在了解事情的真相后，首先应向金先生赔礼道歉，然后按有关规定妥善处理此事。但他没有站在同情金先生的角度，相反还含有教训客人的口吻，这是绝对不能允许的。

案例三：

有位斯里兰卡客人来到南京某饭店下榻。前厅部开房员为之办理住店手续。由于确认客人身份、核对证件耽搁了一些时间，客人有些不耐烦。于是开房员便用中文向客人的陪同进行解释。言语中他随口以"老外"二字称呼客人，可巧这位陪同人员正是客人的妻子，结果引起客人极大的不满。事后，开房员虽然向客人表示了歉意，但客人仍表示不予谅解，给酒

第3章 商务人员语言礼仪

店声誉带来了消极的影响。

分析：

这个事例，对饭店的每一位员工来说，应引以为戒。这位开房员在对客服务中，不注意使用礼貌语言。他误认为，外国客人听不懂中文，称"老外"无所谓。其实"老外"有时并不"外"，一旦客人听懂你以不礼貌的语言称呼他，心里肯定不会愉快。

在饭店服务中，使用礼貌用语是对服务人员的基本要求，我们每位员工在对客服务中，都应做到语言优美、礼貌待客，这样才能满足客人希望受到尊重的心理，才会赢得客人的满意。

案例四：

张小姐坐出租车，中间有人给司机打电话。只见司机一手握着方向盘，一手拿着电话，显得非常熟练和满不在乎。张小姐在司机打电话时一直提心吊胆，唯恐警察看见，耽误时间，更怕司机没看见行人或车辆，发生什么事故。

分析：俗话说："安全是金。"在驾驶汽车外出时，不论为了自己还是为了他人，都必须始终牢记安全第一。树立安全意识，在驾驶期间，律己务必从严。切记没有休息好不要开车，尤其是打手机时不要开车。在此次驾驶中，司机一边驾车一边接电话没有遵守交通规则，是违反规则的行为。

 **角色扮演**

1. 接听电话

你是所在公司领导的秘书，主要工作之一就是接听电话，这天领导刚好有事外出，之后你就接到了一个电话，正巧找的就是这位领导。请分角色扮演接打电话的全过程。（人物：你、拨打电话的人。地点：公司）

2. 微信礼仪

你正在公司忙工作，突然你的微信上接收到一段语音，但此时的工作环境不方便收听。要求按照微信礼仪给对方编发一段信息。（人物：你、发送语音的人，公司环境自定。）

第4章 商务交往礼仪

学习目标

知识目标：掌握位次礼仪的要点，掌握见面、拜访、接待、迎送、探视、馈赠等商务交往礼仪的基本要求和注意事项。

能力目标：把握商务交往礼仪的操作要领，具有正确运用商务交往礼仪顺利开展商务交往活动的能力。

素质目标：具有会面、拜访、接待、迎送、探视、馈赠等社交礼仪的基本知识和技能，具有自觉按照礼仪规范的要求组织、参与商务交往活动的职业素养。

小王为何让领导不满？

在一次接待某省考察团来访时，小王与考察团团长熟识，被列为主要迎宾人员陪同部门领导前往机场迎接贵宾。当考察团团长率领其他工作人员到达后，小王面带微笑，热情地走向前，先于领导与考察团团长握手致意，表示欢迎，然后转身向自己的领导介绍这位考察团团长，接着又热情地向考察团团长介绍自己同来的部门领导。小王自以为此次接待任务完成得相当顺利，但他的某些举动却令其领导十分不满。

分析提示："长幼有序、尊卑有别"，在商务活动中，每个人都应首先清楚自己的身份和位置，遵守一定的礼仪规范。握手与介绍礼仪的要点是要讲究顺序，即握手时应该谁先伸手、介绍时"把谁介绍给谁"。本此活动中，小王先于领导与考察团团长握手致意，是很不礼貌的行为；为双方做介绍时，颠倒了先后顺序，不合乎礼仪的要求。

没有交往就没有商务合作，商务交往的礼仪规范是一面镜子，能照出每个商务人员的品德和修养，它同时也是一个标尺，衡量着商务人员的业务能力和水平。掌握日常社交活动和商务活动的一般礼仪规范，对于增进人际交往沟通和促进商务合作有着重要的作用。

4.1 位次礼仪

"长幼有序，则事业捷成而有所休。"（荀子《荀子·君子篇》）意思是，年长者和年幼者之间讲究先后尊卑（辈分大小、地位高低），那么事业就有所成就。古代官场座次尊卑有别，十分讲究。据《史记·项羽本纪》记载，在鸿门宴上，"项王、项伯东向坐，亚父（范增）南向坐。

亚父者,范增也。沛公北向坐,张良西向侍。"现代礼仪虽说人和人在人格上是平等的,但在社交活动中还须遵循"长幼有序、尊卑有别"的礼俗。

交往各方所处的位置具有一定的情感意义,也体现着待人之道。位次是社交中人们相互间各自所处位置的尊卑顺序,前后左右体现高低尊卑,是约定俗成的规范。在商务活动中,尤其是涉外活动中,位次的排列十分重要。行走、引导、会议、餐饮、乘车等,对不同身份的人都有不同的位次安排。恰当妥善的位次安排,是对交往对象的认可和尊敬,也能体现自身专业、细致的工作作风和态度。

位次礼仪是指在各种社交活动的位次安排中需要遵循的一系列礼仪规范。位次礼仪是商务礼仪的重要内容之一,一般情况下,不同场合位次礼仪要求是不同的。

4.1.1 身份尊卑与位次排列

1. 身份尊卑

在社交场合:年长者为尊,年幼者为卑;女士为尊,男士为卑;已婚者为尊,未婚者为卑;客人为尊,家人为卑。在商务场合:职务高者为尊,职务低者为卑;客为尊,主为卑。

2. 尊位的概念与位次排列

尊位是各种礼仪活动中的一个基点,也叫上位,实际就是一场活动中最重要、最尊贵的位置。它既可是座位,也可以是站位、行位。据此可以确定其他人的位置,包括整个活动的行进方向。可分为主方尊位和客方尊位。中西方关于尊位的说法不同,中国传统是"以左为尊",国际惯例是"以右为尊"。现代商务活动中,我们遵守国际惯例"以右为尊"。

尊位的特征如下:
(1) 居于中心的位置。其他位置对其就如众星捧月。
(2) 具有最佳视野。其观察范围最大、最清晰。
(3) 具有行动上的最便利条件。

根据尊位的特征,位次排列有五大技巧:居中为上(中央高于两侧)、前排为上(适用所有场合)、面门为上(良好视野为上)、以远为上(远离房门为上)、以右为上(遵循国际惯例,但中国的政务会议保留以左为上的做法)。

4.1.2 行进中的位次

1. 常规行走

常规行走时应自觉靠右行,不要逆向行走。多人行走,一般遵循以右、以内、以中和以前为尊的原则,即两人并行,让尊者、女士、长者走在内侧;三人并行,让尊者、女士、长者走在中间;四人同行,应两两前后并行,让尊者、女士、长者前行。

2. 陪同引导

若客人不知道行进方向,则接待人员应走在客人左前方2~3步远的位置引导客人行走;并行时,一般应让客人走在自己的右侧;上下楼或拐弯时应用手示意,并礼貌地说:"这边请"。

3. 上下楼梯

上下楼梯宜单行,靠右行走,以前方为上。一般情况,上楼时,应让尊者、女士、客人走在前面;下楼时,应让尊者、女士、客人走在后面。若女士穿短裙,上楼梯时接待陪同人员要走在女士前面。

4. 出入电梯

乘有人值守的电梯时,客人先进先出,接待人员后进后出;若乘无人值守的电梯,接待人员先进、后出,客人后进、先出。乘自动扶梯(滚梯)规范做法是右侧站立、左侧急行;前方为上、尊前卑后。即靠右站立,把左侧的通道留给有急事的人,让尊者、客人站在前面。

5. 出入房间

(1)敲门。无论房门是否开着,出入房门,一定要以轻轻叩门、按铃的方式向房内的人进行通报,允许后再进入。

(2)进出顺序。进入房间,若门向外开,应先拉开房门,请宾客入内;若门向内开,则应推开房门,进入房内,再请宾客进入;如室内无灯而暗,陪同者宜先入。离开房间,若门向外开,应先出门,后请宾客离开房间;若门向内开,则应在房内将门拉开,再请宾客离开房间。若出入房间时恰逢他人与自己方向相反,一般的顺序是房内之人先出,房外之人后入。

(3)轻开轻关。出入房门时都应用手轻开轻关房门,绝不可用身体的其他部位代劳。

4.1.3 乘车的位次

在正规场合,乘坐轿车时一定要分清座次的尊卑,在适合自己身份之处就座。

1. 座次

以商务活动经常使用的双排五座小轿车和中国靠右行驶的交规为例。

1)专职司机驾车

尊位为后排右座,其座次由高到低依次为:后排右座、后排左座、后排中座、副驾驶座(见图4-1)。副驾驶座也叫随员座,通常坐于此处者多为随员、译员、警卫等。

2)领导或主人亲自驾车

副驾驶位置为上座,不能闲置。若只有一名乘客,则其务必应就坐于前排副驾驶座,以表示对主人的尊重,也显示着主与客同舟共济之意。若坐到后面位置等于向主人宣布你在打的,非常不礼貌;若多人乘车,其座次由高到低依次为:副驾驶座、后排右座、后排左座、后排中座(见图4-2)。

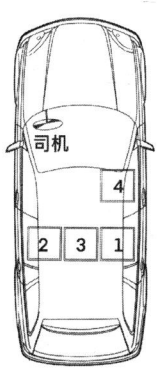
图4-1

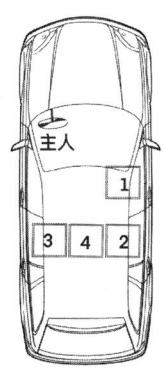
图4-2

在某些重要的场合,接待重要客人如高级将领、高级官员、高级专家、明星、知名公众人物等,主要考虑乘坐者的安全性和隐私性,一般将其安排在司机后面的座位,通常也称作VIP位置。

通常,在正式场合乘坐轿车时,应请尊长、女士、来宾就座于上座,这是给予对方的一种礼遇。但更重要的还是尊重嘉宾本人的意愿和选择,应当是:尊重嘉宾本人对轿车座次的选择,嘉宾坐在哪里,就认定哪里是上座,即使嘉宾不明白座次,坐错了地方,也不要轻易对其指出或纠正,这时务必要主随客便。

2. 上下车顺序

乘坐轿车,应请客人(尊者)先上车。即让车子开到客人(尊者)跟前,帮助客人打开右侧车门,另一只手置于车门框下,以防客人碰撞,等客人坐好后方可关门。然后,自己再从车后绕到左侧门上车;下车时(若无专人负责开启车门),则应先下,从车后绕行至右侧后门,打开车门帮助客人(尊者)下车。

知识链接

大中型商务车、吉普车的位次与上下车顺序

大中型商务车的座次由高到低排列顺序为:先前而后、先右后左。(见图4-3)。

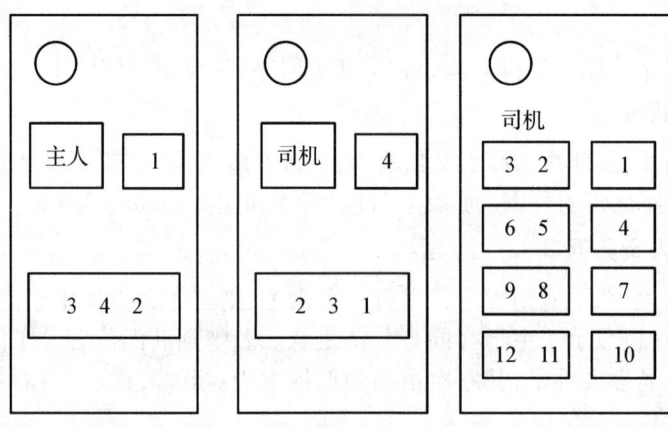

图4-3

乘坐大中型商务车与乘坐小轿车上下车的礼宾顺序正相反,其基本要求是身份低者先上车,坐在后面的位置,身份高者后上车,最后由工作人员关好门。

吉普车是一种轻型越野轿车,大都是四座车。不管由谁驾驶,吉普车上座次由高到低依次为:副驾驶座、后排右座、后排左座。

吉普车上下车顺序为:身份低者先上车坐在后排,前排尊者后上车;下车时顺序则相反。

4.1.4 会议的位次

商务活动中经常会举行一些重要的会议,会议时的位次排列就是一个重要的礼仪细节。会议有大型与小型之分,两者在安排位次时,具体做法各有不同。

大型会议,一般是指与会者众多、规模较大的会议。它的最大特点是会议要求设主席台与群众席。主席台必须认真排坐,群众席的座次则可排可不排。大型会议的主席台一般应面对会场主入口,在主席台上就座之人,通常应当与群众席上就座之人面对面。发言席一般设于主席台的右前方。

商务会议与国际会议,主席台之位次排列方法是前排高于后排,中央高于两侧,右侧高于左侧。即让职位最高者(或声望高的来宾)就座于主席台的前排中央,其余人员按先右后左、一右一左的顺序排列(见图4-4)。

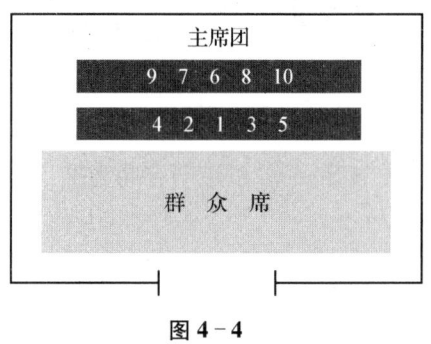

图4-4

我国政务会议仍坚持左高右低的传统习俗。当领导同志人数为奇数时,1号首长居中,2号首长排在1号首长左边,3号首长排右边,其他依次排列(见图4-5)。

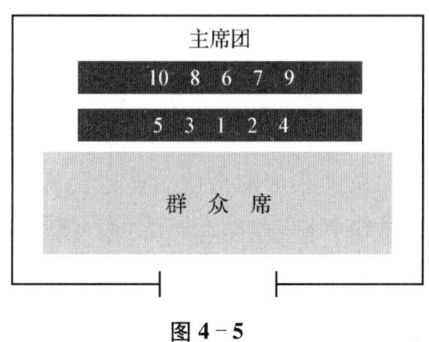

图4-5

小型会议,一般指参加者较少、规模不大的会议。它的主要特征是不设立专用的主席台。一般情况下,小型会议排座有三种情况:一是等级式。即会议的主席坐在离会议厅门口最远的桌子末端,主席两边是参加会议的客人和拜访者的座位,或是给高级管理人员坐的。二是谈判式。即宾主双方的代表各坐在会议桌的两边,通常客人面门而坐,主人背门而坐,会议桌的两端则空着。三是自由式。即不排定具体位置,全体与会者完全自由地选择座位就座。

4.1.5 会谈的位次

会谈也称谈判、洽谈及磋商,通常是指双方或多方就某些共同关心的问题交换意见。会谈可分双边会谈和多边会谈,为了体现会谈的严肃性,人们对会谈的位次十分重视。

(1)双边会谈是指有两方参加的会谈。一般采用长方形桌子,宾主分坐于两侧。其座次排列有两种:横桌式、竖桌式。

横桌式是把长方形桌子横放在会议室,以正门为准,客方面向正门,主方背对正门,主谈人居中。国内会谈,主谈人之右是其副手;涉外会谈,主谈人之右往往是翻译人员。其余人员按照右高左低的原则,左右排列分坐在主谈人的两侧(见图4-6)。

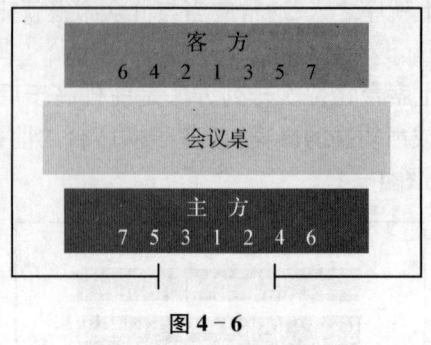

图4-6

竖桌式是把长方形桌子竖放在会议室,以进门方向为准,右侧为客方,左侧为主方,其座次排列与横桌式一样(见图4-7)。

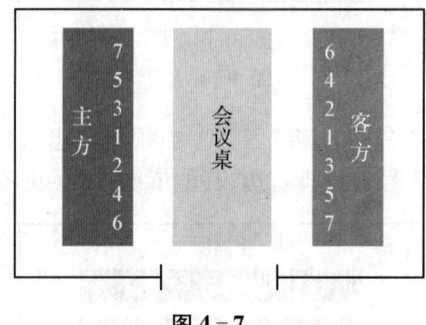

图4-7

(2)多边会谈是指由三方及以上参加的会谈。多边会谈座次排列有两种形式:一种是自由式,即自由择座,不具体安排座次;一种是主席式,面对房间正门设立一个主位,各方发言时,方可在主位上就座,其余人员则面对主位,背门而坐。

4.1.6 签字仪式的位次

签字仪式是签署合同的高潮,场面庄严,程序规范。签字仪式可分为双边签字仪式与多边签字仪式。

双边签字仪式的位次排列礼仪三要求:签字桌横放;双方签字者面门而坐,宾右主左;双方参加签字仪式的其他人员并排站于签字者身后,中央高于两侧,右侧高于左侧(见图4-8)。

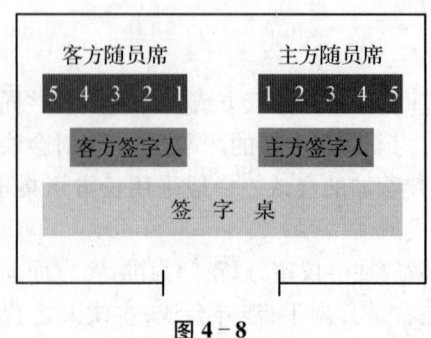

图4-8

所谓多边签字仪式,就是参加者是三方或三方以上。多方签字仪式的位次排列礼仪三要求:签字桌横放;签字座席面门而设,仅为一张;多边签字仪式讲究签字者要按照某种约定的顺序依次签名,而不像双边签字仪式一样,大家平起平坐,同时签名。

4.1.7 宴会的位次

在正式的商务宴请中,位次排列是一项十分重要的工作。通过恰当妥善的位次安排,来宾能感受到被认可和尊重的地位以及细致的工作态度,如果座位没有排好摆对,摆上再好的鱼翅和燕窝都是没有用的。宴会的位次排列涉及两个问题,一是桌次的安排,二是座次的安排。中餐与西餐的位次排列方法不相同。

1. 中餐位次

1) 中餐桌次的安排

如果宴请的客人不止一桌,就需要排桌次。中餐宴会往往采用圆桌,桌次的安排可根据宴会厅的形状来确定。排桌次应先确定主桌,主桌的确定以"面门定位、以右为尊、以远为上,居中为尊"为原则,即主桌通常是正对门、离门最远,或是处于场地的中间。其他桌次的位置按照离主桌距离的远近确定高低,依据"近高远低,右高左低"的原则安排。即离主桌越近的位置越高;位置相同的,右高左低。

中餐两桌桌次排列见图 4-9。

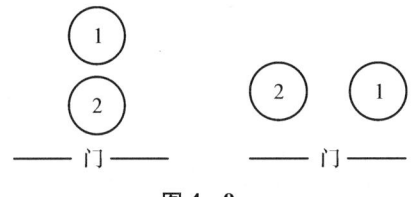

图 4-9

中餐多桌桌次排列见图 4-10。

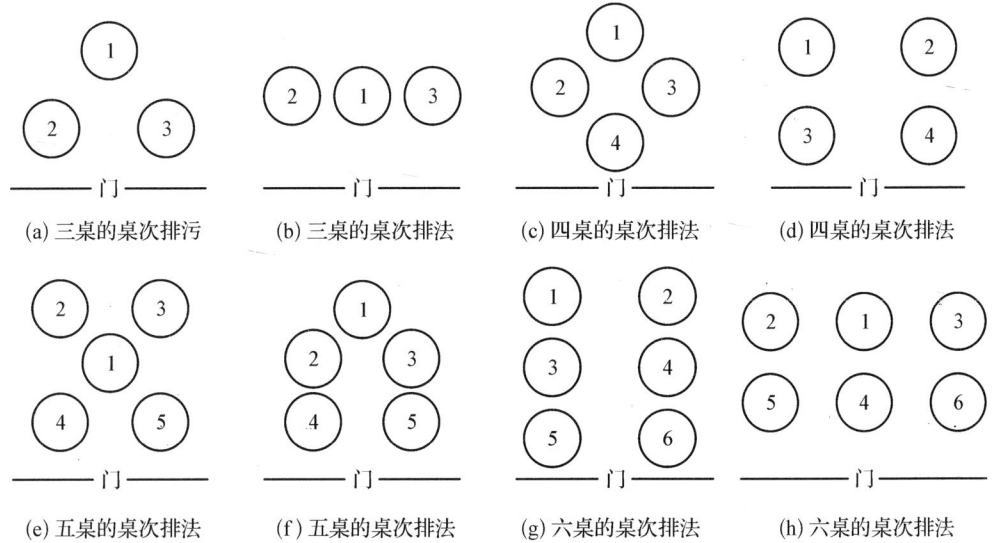

(a) 三桌的桌次排污　　(b) 三桌的桌次排法　　(c) 四桌的桌次排法　　(d) 四桌的桌次排法

(e) 五桌的桌次排法　　(f) 五桌的桌次排法　　(g) 六桌的桌次排法　　(h) 六桌的桌次排法

图 4-10

第4章 商务交往礼仪

2) 中餐座次的安排

中餐宴会根据"面门为主,主宾居右,右高左低,穿插安排,好事成双"的原则安排座位。面门为主即面对着门的座位为主位;主宾居右即第一主宾在主人的右侧就座;右高左低即其他宾客的座位以离主人远近而定,同距离右为高左为低;穿插安排即主方与客方座位交叉安排见图4－11。

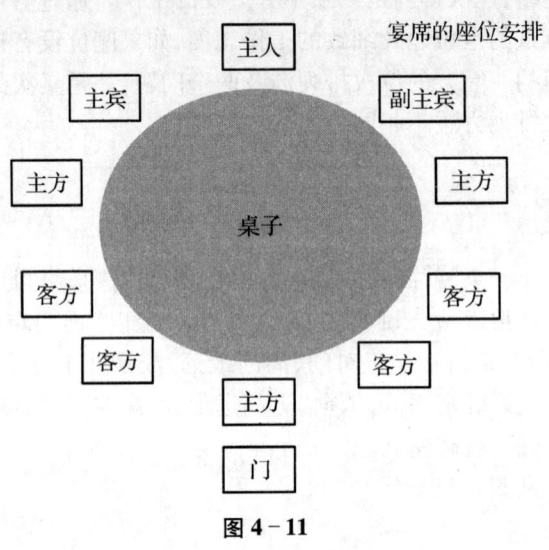

宴席的座位安排

图4－11

2. 西餐位次

1) 西餐桌次的安排

西餐宴会一般采用长桌,餐桌的设置根据宴会的规模、场所的大小来布置,一般有一字形、T字形和U字形等,总的要求是左右对称、出入方便。常见的西餐餐桌的排列方法见图4－12。

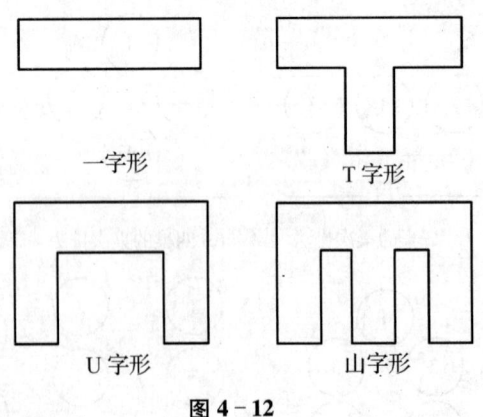

图4－12

2) 西餐座次的安排

西餐座次排列按照"以右、以中为上,右高左低,交叉入座"的原则安排。它以男女主人为中心,宾客距离男女主人越近,位次越高,越受尊敬。西方的习俗是尊重女性,以女主人的座位为第一主位,男女交叉,即主宾坐在女主人的右上方,主宾夫人坐在男主人的右上方。我国的西餐宴会席则依中国传统,主宾坐在男主人的右上方,主宾夫人坐在女主人的右上方。

西餐座次排列见图4-13、图4-14。

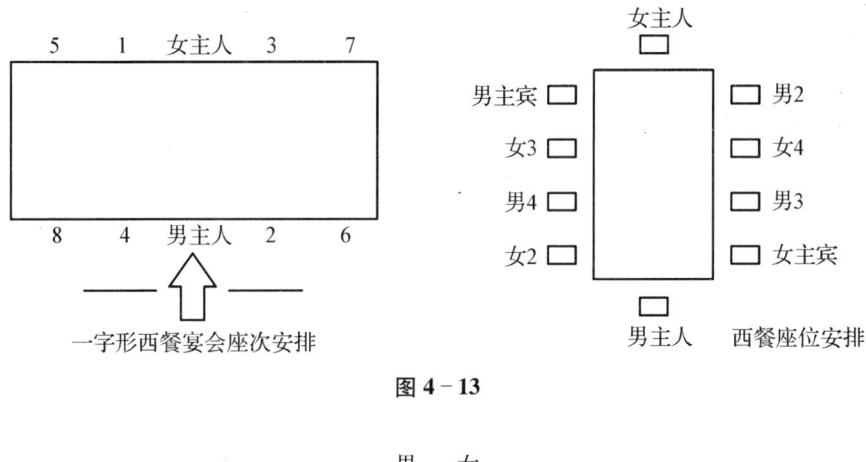

图4-13

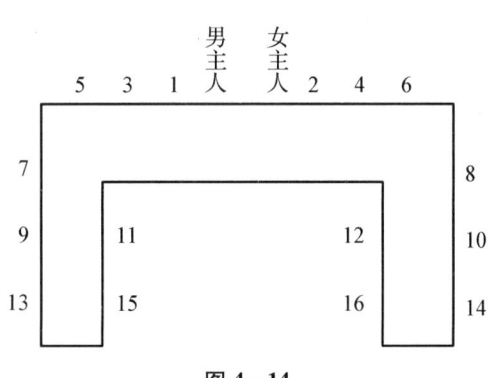

图4-14

4.1.8 旗帜的排列顺序

在重要场合尤其是在涉外交往中,旗帜的悬挂特别是国旗的悬挂往往备受重视。在悬挂旗帜时,尤其是悬挂代表国家尊严、作为国家标志的国旗时,必须慎重对待。旗帜悬挂主要分为国旗与其他旗帜及中国国旗与其他国家国旗两类情况。

1. 国旗与其他旗帜

国旗是国家的象征,当国旗与其他旗帜悬挂时,按照2021年最新《中华人民共和国国旗法》第十七条规定:"升挂国旗,应当将国旗置于显著的位置。列队举持国旗和其他旗帜行进时,国旗应当在其他旗帜之前。国旗与其他旗帜同时升挂时,应当将国旗置于中心、较高或者突出的位置。"因此,当国旗跟其他旗帜有前有后时,国旗居前;当国旗与其他旗帜分左右排列时,国旗居右;当国旗与其他旗帜有中间与两侧之分时,国旗居中;当国旗与其他旗帜有大小之别时,国旗最大;当国旗升挂位置与其他旗帜升挂位置有高低之分时,国旗居高(在上)。

第 4 章　商务交往礼仪

 **同向思政**

中华人民共和国国旗的象征意义

国旗是国家的象征。我国宪法规定:"中华人民共和国国旗是五星红旗"。

中华人民共和国国旗的旗面为红色,象征革命;左上方缀着五颗黄色五角星,黄色较白色明亮美丽,星用黄色是为了在红地上显出光明;一颗五角星较大、居左,四星较小,环拱于大星之右,并各有一个角尖正对大星的中心点,表示围绕着一个中心而团结。大五角星代表中国共产党,四个小五角星代表中华人民共和国成立时我国人民所包括的四个阶级:工人阶级、农民阶级、城市小资产阶级和民族资产阶级。五颗五角星及其相互关系象征中国共产党领导下的革命人民大团结和人民对党的衷心拥护。五星位于旗面的左上方,似闪闪星辰居高临下、金碧交辉、映照大地、山河壮丽。

为了维护国旗的尊严,规范国旗的使用,增强公民的国家观念,弘扬爱国主义精神,培育和践行社会主义核心价值观,根据宪法,最新修订的《中华人民共和国国旗法》自 2021 年 1 月 1 日起施行。中华人民共和国国旗是五星红旗。中华人民共和国国旗是中华人民共和国的象征和标志。每个公民和组织,都应当尊重和爱护国旗。国庆节、国际劳动节、元旦、春节和国家宪法日等重要节日、纪念日,各级国家机关、各人民团体以及大型广场、公园等公共活动场所应当升挂国旗。国家倡导公民和组织在适宜的场合使用国旗及其图案,表达爱国情感。

2. 中国国旗与其他国家国旗

在国际商务交往中,有时会出现中国旗帜和其他国家旗帜同时悬挂的情况,这时应分别对待。并排悬挂国旗应以右为上,以左为下。如果活动以我方为主,即我方扮演主人的角色时,客人应该受到尊重,因此,以右为上,其他国家的国旗在右。迎宾汽车上悬挂国旗,以汽车行进方向为准,驾驶员左手为主方,右手为客方。如果活动以外方为主,即由外方扮演主人的角色,中国国旗应该在右,处于上位。

 **知识链接**

对等关系的礼宾次序

如果礼仪活动的双方或多方的关系是对等的,可参考以下 3 种排列方法:
(1) 按汉字的姓氏笔画排列。

如果是国内的礼仪活动,参与者的姓名或所在单位名称是汉字的,可以采用这种方法,以示各方的关系平等。具体排法如下:按个人姓名名称的第一个字的笔画多少,按笔画由少到多的次序排列。比如,当参加者有张姓、丁姓、田姓时,其排列顺序就是丁、田、张。当两者第一字的笔画数相等时,按第一笔的笔顺——点、横、竖、撇、捺、弯勾的先后顺序排列。例如,参加者中有张、李二姓时,两姓笔画相同,则根据笔顺,李姓应排在张姓前面。当第一笔笔顺相同时,可依第二笔,以此类推。当两者的第一个字完全相同时,则用第二字进行排列,以此类推。

(2) 按字母顺序排列。

在涉外活动中,如国际会议、体育比赛等,将参加者的组织或个人按英文或其他语言的字母顺序排列(一般以英文字母排列居多)。具体方法:先按第一个字母进行排列;当第一个字母相同时,则依第二个字母的先后顺序排列;当第二个字母也相同时,则依第三个字母的先后顺序排列,以此类推。

(3) 按先来后到顺序排列(非正式交往场合)或按报到早晚顺序排列(各种例会、招商会、展示会等)。

交往空间的艺术

交往空间是人际交往中一种特殊的无声语言,怎样用交往空间传递信息,让它为交往服务,发挥无形的作用,这正是人们需要掌握的交往空间的艺术。

(1) 空间大小的应用。一般情况下,空间的大小和地位的高低成正比。即认为谁占有的空间越大、越好,就表明谁的地位越高、"份量"越重,越是会得到人们的尊重。因此,许多单位都会在空间较大的场所举行重要的活动,让参加活动的人员对活动的举办组织产生一种敬畏感和信任感。这也就是为什么大多数国家的政府都在特定的大厅里接见外国来宾,这些高大宽敞、装饰豪华的大厅,一则表示对来宾的尊重,二则也使来宾尊重主人。

(2) 空间远近的利用。近则亲、远则疏,这是人际交往中的一种惯常现象。例如,在一个单位里,哪一个部门办公室离单位主要领导人的办公室越近,表明这一部门在领导人心目中越重要,因为离得近,便于联系。由此可知,交往距离的远近,不单单与关系的密切与否有关,还与是否受重视有关。人际交往要注意空间距离即"社交界域",研究表明,每个人都有一个属于自己的有形或无形的空间,而且会尽量维护着这份空间,一旦有人靠得太近,就会觉得不舒服或不安全。因此,在交往中要注意与交往对象保持一定的距离,双方之间的交往距离直接反映了交往双方关系的密切程度。美国人类学家和心理学家霍尔认为:人际交往依据亲疏程度不同而有不同适当的空间距离,大致分四类情况:

距离(m)	类 别	语 意	适 用
小于0.45	亲密距离	亲密无间、爱抚、安慰	恋人、夫妻、密友交流
0.45~0.75~1.2	个人距离	亲切、友好、融洽	朋友、同志、同事谈心
1.2~2.1~3.6	社交距离	庄重、严肃、认真	会见外宾、商务谈判
大于3.6	公共距离	公开、大度、开朗	演讲、报告、讲课

在与人交往时,要根据双方关系的亲疏有意识地选择与人交往的最佳距离。为了建立良好的关系,你可以主动靠近些,但是,要视具体情况而定,超过一定界限则会引起交往对象的不快和反感。特别提醒:除非特殊亲密者,否则不能进入45 cm的亲密界域禁区!日常朋友之间交流的距离最好是75 cm左右。太远,则无亲切感;太近,气息扑面、吐沫溅身,还会

产生压抑感。此外,人们对自我空间的需要也会随具体情境的变化而变化。例如,在拥挤的公交车上,人们无法保全自我空间;若在较为空旷的公共场合,如公园休息亭和较空的餐馆,人们的空间距离就会扩大,别人挨着自己坐,就会引起怀疑和不自在的感觉。

（3）空间内外的运用。内部空间和外部空间是"内外有别"的,每个人都有自己的"内部空间"或"个人空间",一般情况下只有交际关系达到一定程度后,人们才允许别人进入自己的"内部空间"或"个人空间"。如果你邀请别人谈话,地点是选择"外部空间"（如办公室或咖啡厅）,还是选择"内部空间"（如自己家里）,其意义大不相同。在办公室或咖啡厅谈是正式的,带有公务性质;在家谈是非正式的,属私人的交往,气氛较为融洽。如果你去看望某人,他在办公室外或家门口与你谈话,而不邀请你进去,这说明一个问题,"你不是自己人",不允许你进入他的"内部空间"或"个人空间"。因此,在交往中,人们一定要重视并尊重"个人空间",可利用空间的内外灵活地处理交际关系。

4.2 会面礼仪

现代人工作繁忙,而工作之余各类纷繁芜杂的交际应酬也日渐增多。在交际应酬中,相识者之间与不相识者之间往往都需要在适当的时机向交往对象行礼,以示自己对对方的尊重与友好,此种礼仪,即所谓会面礼仪,也就是人们会面时约定俗成互行的礼仪。好印象从见面开始,与其日后花费时间精力弥补最初因为礼仪不当造成的裂隙,不如从相见的第一个微笑起,用恰当的言谈举止给对方留下美好的印象。

4.2.1 握手的礼仪

握手是商务场合最常用、使用范围最广的见面礼节,是全世界最通用的致意礼节。握手,是交际的一个部分,是从掌心处开始的交流。行握手礼是一个并不复杂却十分微妙的问题,握手的力量、姿势与时间的长短往往能够表达出握手者对对方的不同礼遇与态度,显露自己的个性,给人留下不同印象,也可通过握手了解对方的个性,从而赢得交际的主动。在轻轻一握之中,可以传达热情的问候、真诚的祝福、由衷的感谢,也可以传达虚情假意、敷衍应付、冷漠轻视,因此,绝不能等闲视之。

1. 通常需握手的场合

与人初次见面、熟人久别重逢、告辞或送行时都常用握手表示自己的善意。有些特殊场合:向人表示祝贺、感谢或慰问时;双方交谈中出现了令人满意的共同点时;双方原先的矛盾出现了某种良好的转机或彻底和解时习惯上也以握手为礼。通常需握手的场合有:

（1）遇到较长时间没见面的熟人;
（2）在比较正式的场合和认识的人道别;
（3）在以本人作为东道主的社交场合迎接或送

别来访者时;
(4) 拜访他人后,在辞行的时候;
(5) 被介绍给不认识的人时;
(6) 在社交场合,偶然遇上亲朋故旧或上司的时候;
(7) 别人给予你一定的支持、鼓励或帮助时;
(8) 表示感谢、恭喜、祝贺时;
(9) 对别人表示理解、支持、肯定时;
(10) 得知别人患病、失恋、失业、降职或遭受其他挫折时;
(11) 向别人赠送礼品或颁发奖品时。

 **知识链接**

握手礼的由来

说法一:握手礼起源于中世纪的欧洲。战争期间,骑士们都穿盔甲,除两只眼睛外,全身都包裹在铁甲里,随时准备冲向敌人。如果表示友好,互相走近时就脱去右手的甲胄,伸出右手,表示没有武器,互相握手言好。后来,这种友好的表示方式流传到民间,就成了握手礼。当今行握手礼也都是不戴手套,朋友或互不相识的人初识、再见时,先脱去手套,才能施握手礼,以示对对方尊重。

说法二:握手礼来源于原始社会。早在远古时代,人们以狩猎为生,如果遇到素不相识的人,为了表示友好,就赶紧扔掉手里的打猎工具,并且摊开手掌让对方看看,示意手里没有藏东西。后来,这个动作被武士们学到了,他们为了表示友谊,不再互相争斗,就互相摸一下对方的手掌,表示手中没有武器。随着时代的变迁,这个动作习惯就逐渐演变成现代的握手礼。

2. 握手的方式

(1) 平等式握手。即单手握,这是最普遍的握手方式,可以适当地上下抖动2~3次以示亲热。适用于商务场合中的初次见面或交往不深的人。

(2) 手拍手式握手。主动握手者用右手握住对方的右手,再用其左手握住对方的右手的手背。这种形式的握手,在西方国家被称之为"外交家的握手",通常出现在领导人照相场合,用这种形式握手的人,试图让接受者感到他的热情真挚,诚实可靠。但对于异性,最好不要这样握手。

(3) 拍肩式握手。主动握手者的右手与对方的右手相握,其左手移向对方的右臂。应该注意的是,只有在情投意合和感情极为密切的人之间,这种方式才受欢迎。

3. 握手的顺序

握手时"谁该先伸出手"是礼仪规范的重点。握手时伸手的先后顺序是由握手人双方所处的社会地位、年龄、性别等各种条件决定的。握手一般遵守"尊者决定"的原则,即由身份尊贵的人决定双方有无握手的必要,由位尊者先行伸手,位卑者予以响应,贸然抢先伸手是失礼的表现。

第4章 商务交往礼仪

在商务场合,握手时伸手的先后次序主要取决于职位、身份。而在社交、休闲场合,它主要取决于年龄、性别、婚否。即长辈和晚辈之间,长辈伸手后,晚辈才能伸手相握,上下级之间,上级伸手后,下级才能接握;男女之间,女方伸手后,男方才能伸手相握,当然,如果男方为长者,遵照前面说的方法。礼节性握手应坚持对等、同步的原则。

接待来访客人时,无论客人是男是女,主人应先伸手与客人相握,以示欢迎;当客人告辞时,则应由客人先伸手向主人告别,表示感谢款待,请留步。如果握手的顺序搞颠倒,则很容易让人产生误解。

即在社交场合,谁先伸出右手通常应该按照以下的次序:
(1) 女士先向男士伸手;
(2) 已婚者先向未婚者伸手;
(3) 年长者先向年幼者伸手;
(4) 长辈先向晚辈伸手;
(5) 上级先向下级伸手。

如果需要和多人握手,握手时要讲究先后次序,由尊而卑,即先长辈再晚辈,先女士后男士,先已婚者后未婚者,先上级后下级。交际时如果人数较多,可以只跟相近的几个人握手,向其他人点头示意,或微微鞠躬就行。

应当强调的是,上述握手时的先后次序不必处处苛求于人。如果自己是尊者或长者、上级,而位卑者、年轻者或下级抢先伸手时,最得体的就是立即伸出自己的手,进行配合。而不要置之不理,使对方当场出丑。

4. 握手的要求

1) 握手的姿态

握手时,距对方约一步远,双腿立正,上身稍向前倾,双目注视对方,微笑致意或问好。握手时,从身体的侧下方伸出右手,手肘不要太弯曲,显出一副很害羞的样子,应该自然大方地尽量把右手向前伸,但伸出的手不宜抬得过高或太低,太高显得轻佻,太低又使对方不容易注意到。伸手时,四指并拢,拇指适当张开,手尖稍稍向下,再以手掌与对方的手掌相握(拇指根部相抵),上下摇动1~3次。

2) 握手的力度

握手时用力要适当,过轻或过重都是失礼的。可握得稍紧些,以示热情,但不可太用力,更不可把对方手握疼,这会显得粗鲁无礼或有挑衅的嫌疑。但也不可握得太轻,握手时只用指尖与对方接触,或是干脆在他人握住自己手时一动不动(死鱼式),不做任何反应,这种做法显得妄自尊大,或给人缺乏热情、敷衍了事之感,是一种不尊重对方的握手方式。

3) 握手的时间

握手的时间要恰当,一般可根据握手双方的亲密程度灵活掌握。初次见面,握手时间不宜过长,一般以1~3秒为宜。切忌握住异性或初次见面者的手长久不放,显得有些虚情假意,甚至会被怀疑为"想占便宜"。如果是表示鼓励、慰问、真诚和热情,而且又是熟人的情况,时间可以稍微延长,但最长也不应长过30秒。握手时漫不经心地用手指尖"蜻蜓点水"式去点一下,两手一碰就分开,时间过短,也是无礼的,好像在走过场,又像是对对方怀有戒意。

5. 握手的禁忌

（1）忌坐着握手，除非是年老体弱者或残疾人。

（2）忌用左手握手，尤其是和阿拉伯人、印度人打交道时要牢记，因为在他们看来左手是不洁的。

（3）忌戴手套（女士的装饰性手套除外）、墨镜握手。

（4）忌交叉握手。在和基督教信徒交往时，在多人同时握手时，要避免两人握手时与另外两人相握的手形成交叉状，这种形状类似十字架，在他们眼里这是很不吉利的。可以待别人握完后，再伸手相握。

（5）忌抢先与女士主动握手。

（6）忌握手时心不在焉、左顾右盼或面无表情、不置一词。

（7）忌握手时用力不当或时间控制不当。

（8）忌用湿手、脏手与人握手，如对方已伸手，则应亮出双手，及时向对方说明原因并诚恳表示歉意，以免造成不必要的误会。

（9）忌"死鱼式"握手，即握手有气无力，敷衍了事。

（10）忌拒绝握手，即使对方忽视了握手礼的先后顺序而抢先伸手，也是友好问候的表示，应马上伸手相握。

4.2.2 其他会面礼仪

1. 鞠躬礼仪

鞠躬即弯身行礼，是表示对他人敬重的一种礼节。鞠躬是我国古代传统礼节之一，在日本、朝鲜、新加坡等国也普遍使用。"三鞠躬"称为最敬礼。在我国，鞠躬常用于下级对上级、学生对老师、晚辈对长辈，亦常用于服务人员向宾客致意，演员向观众掌声致谢。

1）鞠躬方式

行鞠躬礼时，行礼者在距受礼者2米左右，身体立正，面带微笑，目视受礼者。女性鞠躬时双手合拢，自然放在身前；男士则将双臂自然下垂在身体两侧，弯腰到一定程度后恢复原态。受礼者一般应还礼，长者、贤者、女士、宾客还礼时可不鞠躬，欠身点头即可。

2）鞠躬程度及含义

弯腰因场合、对象不同而有所区别。一般而言，角度越大，表示越谦恭，对被问候者越尊敬。

一般致礼：15度左右，表示一般致敬、致谢、问候。

敬礼：30度左右，表示恳切致谢或歉意。

敬大礼：45度左右，表示很恳切的致敬、致谢和歉意。

敬最大礼：90度左右，在特殊情境，如婚礼、葬礼、谢罪、忏悔等场合才行90度大鞠躬礼。

商务交往时，路遇客人打招呼，行15度鞠躬礼；迎送客户时，行30度鞠躬礼；感谢客户时，行45度鞠躬礼。

2. 欠身与点头礼仪

欠身礼是一种比较常见的致意礼仪。欠身礼标准的做法是：身体的上半部分在目视对方的同时,微微前倾约15度,面带微笑。欠身礼的幅度介于点头礼和鞠躬礼之间,可向一人或数人、群体同时施礼,施礼时可站可坐,但双手不能放在裤袋里。

点头礼即额首致意,表示对人的礼貌,是最普遍的见面礼仪,通常用于比较随便的场合或不便交谈的场合。例如,在碰到同级、同辈或有一面之交、交往不深的相识者的时候,点头致意即可;上级对下级、长辈对晚辈答礼时也可以用点头礼;会议或会谈正在进行时;置身于电影院、剧场等公共场合中;信奉伊斯兰教的女士不与男士握手,可行点头礼。行点头礼时,面带微笑,双目注视对方,头微微向下一动,点头时速度不要过快,幅度不要过大,次数不要过频。

3. 亲吻与拥抱礼仪

亲吻礼是西方国家常用的会面礼,它常与拥抱礼同时采用,即双方见面时既拥抱又亲吻。不同关系、不同身份的人,相互亲吻的部位不尽相同。长辈亲吻晚辈,应当亲吻额头;晚辈亲吻长辈,应当亲吻下颚或面颊;同辈之间,同性应当贴面颊;真正亲吻嘴唇,即接吻,仅限于夫妻之间或恋人之间,其他关系是不能吻嘴唇的。男子对尊贵的女宾往往亲一下手背或手指以示尊敬。行亲吻礼时,特别忌讳发出亲吻的声音,或者将唾液弄到对方脸上。

拥抱礼流行于欧美国家,多用于官方、民间的迎送宾客或表示祝贺、慰问、致谢等社交场合。正规的拥抱礼,应该是两个人正面相对而立,上身稍稍前倾,举起右臂,右手环拥对方左肩部位,左臂偏下,左手环拥对方右腰部位,彼此头部及上身向右相互拥抱,再向左拥抱一次,最后再次向对方的右侧拥抱,拥抱三次礼毕。

在许多国家的迎宾场合,宾主往往以握手、拥抱、左右吻脸、贴面颊的连续动作,表示最真诚的热情和敬意。

4. 举手礼仪

举手也是向别人打招呼时的礼貌举止,在公共场合与距离较远的熟悉的宾客打招呼时,一般可以不用语言,而是举起右臂,向前伸直,掌心朝向对方,轻摆一下即可。注意摆幅不要太大,同时,要面带微笑,双目注视对方。手举过头,通常用于远距离向对方问候;手举不过头常用于中距离向对方问候;手举过头并左右摆动,常用于送别场面,表示依依不舍。

5. 拱手与合十礼仪

拱手礼又叫作揖礼,是我国一种传统的见面礼。现在主要适用于过年时的团拜,向亲朋好友表示感谢,向长辈祝寿,对朋友结婚、生孩子、乔迁和晋升表示祝贺等。拱手礼的基本手势是:右手握拳,左手搭于右手之上(也有男性须右手握拳,左手包在上面;女性相反,右手压在左手上面之说),双手抱拳,举至下巴处,自上而下或自内而外,有节奏地晃动二三下。双手相抱,是以双手代表自己的头,双手以臂为轴,上下运动,表示叩头与点头之意,作揖时,抱拳晃动三下,类似磕三个头,以示对别人的尊重。外国客人认为这是一种名族气息很浓,既文明又风趣的礼节。

合十礼又称合掌礼,是佛教徒的一种敬礼方式,盛行于印度和东南亚信奉佛教的国家、地区。合十礼的施礼正规庄严,身体直立,双目注视对方,面带微笑,两手掌在胸前约20厘米处对合,五指并拢向上,手掌稍向外向下倾斜,以示虔诚。然后欠身低头,口诵"阿弥陀佛"。通常行合十礼的双手举得越高,表示对对方的尊敬程度越高。向一般人行合十礼,指尖与胸部持平即可;若是平辈相见,指尖应举至鼻尖;若是晚辈向长辈施礼,指尖应举至前额。施合十礼不得戴帽子,必须先将帽子摘下夹于左腋下,方可施合十礼。当有人向我们施这种礼节时,我们也应以这种礼节还礼。

4.2.3　名片礼仪

名片是商务交往中最经济实惠、最通用的介绍媒体,被人称作自我的"介绍信"和社交的"联谊卡",具有证明身份、广交朋友、联络感情、表达情谊等多种功能。

1. 名片的作用

（1）介绍身份。在商务场合用作自我介绍,这是名片的主要用途。

（2）业务宣传。名片是公司的招牌,在商务交往中具有类似广告的作用,可为所在单位进行业务宣传。

（3）通报身份。拜访尊者或生人时,可先请人递上一枚名片,作为通报之用,让对方考虑是否见你。

（4）替代礼单。向他人赠送礼品或鲜花时,可在礼品或鲜花中附上名片,说明"此乃何人所赠"。西方人在送礼时通常附上一枚名片,而不书写礼单,这便等于自己亲自前往了。

（5）代替便条。用来对他人表示答谢、祝贺、辞行等简单的礼节。可附几行字或短语,以表达自己礼节性的致意。

2. 名片的规格与内容

名片规格一般是长 9~10 cm,宽 5.5~6 cm。国际的标准规格是 10 cm×6 cm,国内商务交往的通用规格是 9 cm×5.5 cm。其印刷有横式和竖式两种,横式为最普通式。名片的质地多为耐磨的白板纸、布纹纸,色彩以浅白色、浅灰色、浅蓝色为宜,讲究淡雅和庄重,切忌鲜艳和花哨。

标准的商务名片应包含三个方面的内容：

（1）所属单位,印在名片的上方或左上方。由组织标识、单位名称、所在部门等三部分组成。单位及所在部门名称应采用全称。

（2）个人名称,印在名片的中间。由姓名、职务以及其他头衔等组成,后两项可根据实际需要而取舍,不宜过多。

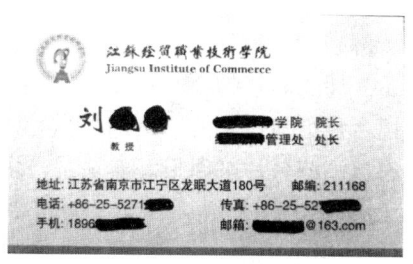

（3）联系方式,印在名片的下方或右下方。由单位地址（邮政编码）、电话（传真）号码、E-mail 地址或网址等组成。

名片样式见图 4-15。

图 4-15

知识链接

2000 多年历史的名片

名片,是现代人日常交往的媒介之一,最早出现于中国,据记载已有 2 000 多年的历史了。

最早的名片是人们在竹木简上刺上姓名作谒见通报之用的,故称"名刺"或"谒刺"。东汉时期,蔡伦发明了造纸术,纸质"名刺"开始出现。

唐初实行科举制度,一些有才能的庶民也能靠自己的努力进入统治阶层。每次科举考试后,新科及第的考生都要四处拜访前科及第和位高权重者,拜其为师,以便将来被提携。拜访老师,必须先递"门状",这时"名刺"的名称也就被"门状"代替了。这种情况一直延续到宋元时期。宋朝时期,"门状"又称"参榜""参状"。"参状"的字数,比从前的"谒""刺"相对多一些。

到了明代,识字的人越来越多,人们交往的机会也大大增加。学生见老师,"小官"见"大官"都要先递上介绍自己的"名帖",也就是唐宋时的"门状"。据记载,明代的"名帖"为长方形,一般长14厘米、宽6厘米。递帖人的名字要写满整个帖面。如递帖给长者或上司,"名帖"上所书名字要大,名字大表示谦恭,名字小会被视为狂傲。

"名片"的称呼出现于清代后期。当时由于西方列强的不断入侵,中国人与国外的通商往来逐渐频繁,加快了名片的普及。据考证,清代人的名帖已经不同于唐人手写,而是写好楷书,镌好木戳,印在梅红纸上。后来又出现了白纸名帖。清朝的名片,开始向小型化发展,特别是在官场,官小使用较大的名片以示谦恭,官大使用较小的名片以示地位。

到了近代,名片开始改用硬纸制作、铅字印刷,一般长9厘米、宽5.5厘米。如今,随着社会和科技的发展,名片的种类已大大增加,成了人们交际的重要工具。

(资料来源:比印集市网)

3. 交换名片的礼仪

初次相识,往往要互呈名片。呈名片可在交流前或交流结束、临别之际,视具体情况而定。

1) 递送名片

在交换名片前,要事先将名片准备好,放在上衣口袋或专用名片夹里。否则,在交换名片时忘记放在什么地方,左翻右找,显得不礼貌,又给人一种忙乱的感觉。当然,将名片放置于裤袋、钱包里也显得很不正式。

递送名片的顺序一般是:"先客后主,先低后高",即客人先把名片递给主人,地位低的先把名片给地位高的。不过,假如是对方先拿出来,自己也不必谦让,应该大方收下,然后再取出自己的名片来回报。如果是与多人交换名片,应讲究先后次序,或由近而远,或由尊而卑,一定要依次进行。切勿挑三拣四,采用"跳跃式",否则容易被人误认为厚此薄彼。

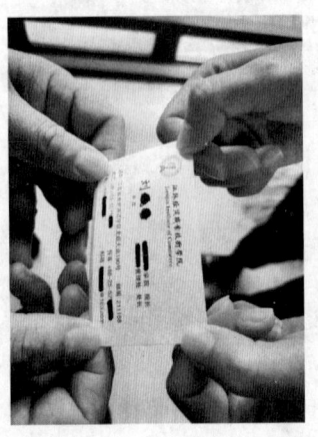

商务人员在递送名片给他人时,态度应郑重、自然,动作要洒脱、大方,表情要亲切、恭敬。应该起身站立,走上前去,面带微笑,注视对方,将名片上字体的正面朝向对方,用双手的拇指和食指分别持握名片上端的两角,恭恭敬敬地把自己的名片递送给对方。同时,要口头介绍自我,用诚挚的语调致意并使用得当的敬辞,如"××经理,这是我的名片,以后多多联系",或"我是××公司小王,请多关照(指教)"。不要以手指夹着名片给人,不要将名片举得高于胸部,也不能低于腰部以下。

2) 接受名片

对方递名片过来时,应立即停止手上所做的一切事情,如果手上有东西应该立刻放下,起身站立,面含微笑,用双手的拇指和食指分别握住名片下方的两角接过来(双方互递名片时要用右手递、左手接),态度恭敬并点头致谢;接过名片后不要随便瞄一眼或看都不看就收起,随手往口袋一塞,也不能随便玩弄。而应该当着对方的面,用30秒左右的时间,从头到尾把名片的内容认认真真地看(读)一遍,并口头回应,"很高兴认识你"或"久仰、久仰"等。有时还可以有意识地重复一下名片上所列对方的职务、学位以及其他尊贵的头衔,以示景仰;最后当着对方的面,将名片郑重地收入西装内口袋、名片夹或公文包收藏起来,以使对方感受到对他的尊重。如果接过他人名片后一眼不看,或是漫不经心地随手把它扔在桌上,甚至放进裤袋或裙兜里,都是失礼的。万一需要暂时把他人刚递过来的名片放在桌上,记住不要在它上面压放物品。

3) 注意事项

(1) 名片如脸面,不能褶皱、污损。

(2) 名片应放在固定位置:名片夹、公文包或西服的插袋里。

(3) 客先主后,身份低者先、高者后;有上司在场,应在上司与对方交换名片之后出示自己的名片。

(4) 换名片换的是相互尊重。

一般不要伸手向别人讨名片,必须要名片时应注意方式方法。适当的做法是"将欲取之,必先予之",即把自己的名片先递给对方,以此来取得对方的回应。或婉转表示自己的意愿,对长辈,嘉宾或地位、声望高于自己的人,可以说:"以后怎样才能向您请教?"对平辈和身份地位相仿的人,可以问:"今后怎么和您保持联系?"这两种说法都带有"请留下一枚名片"之意。

通常不论他人以何种方式索要名片都不宜拒绝,如果真的不想给对方,在措辞上一定要注意不伤害对方,可以说:"不好意思,我忘了带名片。"或者说:"非常抱歉,我的名片刚用完。"

细节体现教养,细节决定成败

两位商界的老总,经中间人介绍,相聚谈一笔生意。这是一笔双赢的生意,如果合作得好,双方都能获得很高的利润。看到美好的合作前景,双方的积极性都很高。A总首先拿出友好的姿态,恭恭敬敬地递上了自己的名片;B总单手把名片接过来,一眼没看就放在了茶几上,接着他拿起茶杯喝了几口水,随手又把茶杯压在名片上。A总看在了眼里,随口说了几句话,便起身告辞。事后,他郑重地告诉中间人,这笔生意他不做了。当中间人将这个消息告诉B总时,他简直不敢相信自己的耳朵,一拍桌子说:"不可能!哪有见钱不赚的人?"立即打通A总的电话,一定要他讲出个所以然来。A总道出了实情:"从你接我名片的动作中,我看到了我们之间的差距,并且预见了未来的合作还会有许多不愉快,因此,还是早放弃的好。"闻听此言,B总放下电话,痛惜失掉的生意,为自己的失礼感到羞愧。

想一想：B总违反了名片使用中的哪些礼仪？

议一议：递送和接受名片时要遵守的礼仪规范。

4.3 拜访礼仪

孔子曰："有朋自远方来，不亦乐乎"。拜访、探视、接待、迎来送往是最普遍的社交行为，也是最基本的商务活动，是人们交流信息、沟通思想、增进友谊、促进合作的重要方式。它体现着人类群体性、社会性的特点，也与我们的日常工作、生活密切相关。

4.3.1 拜访礼仪概述

拜访又称拜会、拜见、访谈，是指前往他人工作单位或住所，去会晤、探望对方，进行交流与沟通的活动。

拜访根据不同的目的可分为事务性拜访和礼节性拜访。所谓事务性拜访是指为了某一种具体的事务而进行的有特定目的的拜访，这个事务可以是公务，也可以是私事。事务性拜访一般没有特别的时机，拜访的具体时间可根据事务的性质选择双方都合适的时间。礼节性拜访是指亲朋好友或商务伙伴之间为了巩固原有的关系、发展已有的情谊而进行的没有特定目的的拜访。根据人际关系的一般规律，人际关系的维系需要有一定的接触频率，即使是亲朋好友，长期不来往关系也会淡漠。民间所谓"走亲戚"，亲戚越走越亲即是此道理。礼节性拜访往往具有比较固定的拜访时机，如节假日、对方本人、家庭或单位重大事件发生日，如婚丧、年会、店庆等。

事务性拜访和礼节性拜访在社交和商务活动中所起的作用明显不同。礼节性拜访是没有具体事务和目的的、注重情感交流的活动形式，是建立和维持良好人际关系的关键，而建立在情感基础上的人际关系更具持久性。事务性拜访是有具体的需解决的事务，事务解决了，双方的交往也很可能随之失去动力。所以，礼节性拜访是人际交往中更为重要的活动方式，无论是公务关系还是私人关系，礼节性拜访都是必不可少的，"不要有事时才找人"。

不论哪种拜访，都须遵循一定的礼仪规范。

1. 事先预约，不做不速之客

预约是指拜访前向对方提出拜访的意愿，以征得对方的同意，这是进行拜访活动的首要原则。随着生活节奏的加快以及人们对个人空间的日益重视，不速之客越来越不受欢迎。在对外交往中，未曾约定的拜会，都属失礼之举。所以，不管是哪种拜访，最好都要提前预约，这既是对对方的尊重，也是为自己方便（避免吃闭门羹）。

拜访前与对方取得联系，约定宾主双方都认为比较合适的会面时间和地点，并把拜访的意图告诉对方。约定拜访的时间和地点，应客随主便。若是家中拜访，不要约在吃饭和休息时间，最好安排在节假日下午或晚上；若是办公场所拜访，一般不要定在上班后半小时内和下班前半小时；若去异性朋友处做客，更要注意时间的安排。一般来说，上午9~10点钟，下午3~4点钟或晚上7~8点钟是最适宜的时间。考虑到交通拥堵或其他影响因素，可约定一个较为灵活的拜访时间，如"我在七点半到八点之间到达"，以免因意外不能按时到达而给对方留下不守时的坏印象。地点的选择有三个：一是办公室，二是家里，三是公共场所。商务拜访应选择办公室或者公共场所，若是私人拜访则选择公共场所或者家里（一般不建议去家庭拜访）。此外，要注意约定人数，尤其在商务拜访中，还要约定参加的人员和身份，赴约时切不可带主人预先不知道的旁人。

预约的语气应是友好、请求、商量式的，而不能是强求命令式的。因事急或事先并无约定，但又必须拜访时，则应尽量避免在深夜打搅对方；如万不得已非得在休息时间约见对方不可时，则应见到主人立即致歉，说"对不起，打搅了"，并说明打搅的原因。

2. 如期而至，不做失约之客

按时赴约是拜访的基本礼节，可给对方一个守时、守信的好印象，使双方的交流合作有一个良好的开端。约好时间、地点后，访问者应履约守时如期而至，既不能随意变动时间，打乱主人的安排，也不能迟到或早到，准时到达最为得体。如因特殊原因不能按时赴约，务必事先尽快电话通知对方，说明情况并诚恳致歉。如因故迟到，应提前向主人打招呼，待见面时，还应再次致歉。

在对外商务交往中，更应严格遵守时间，有的国家安排拜访时间常以分为计算单位，如拜访迟到10分钟，对方就会谢绝拜会。准时赴约是国际交往的基本要求。

3. 悉心准备，不做冒失之客

拜访是有一定目的的交际活动，需要商谈什么事情，拟请对方做哪些工作，自己需要做什么准备，对方企业的经营状况和企业文化，如何同对方沟通交谈等等，事先都应做认真的设想和准备。初次商务拜访要带上名片，名片要放在容易取出的地方，男士可以放在西装上衣口袋、名片夹或是公文包中，女士则可将名片放在皮包中容易取出的地方。如需带上介绍材料或适当的礼品，也要事先做好准备。拜访亲朋好友，一般需准备适当的礼品，所谓见面有礼，这对于增进情感、促成拜访目的的达成有一定的作用。

正式拜访前，还要注意自己的仪容仪表和服饰，要衣冠整洁、得体，以表示对被拜访人的尊重。一般来说，事务性拜访要西装革履、整洁大方，礼节性拜访则最好选择高雅、庄重、时尚又不失亲切、随和的服装。身患疾病，尤其是传染病患者，不应走亲访友和拜访客户。

4. 彬彬有礼，不做粗俗之客

无论是办公室或是居室拜访，一般要坚持"客随主便、举止文明、彬彬有礼"的原则。到达被访人所在地时，要用手轻轻敲门，待有回音或有人开门相让，方可进入。即使主人的门开着，也不可贸然进入，仍要敲门，等主人发出"请进"的邀请之后方可进入。当主人请坐时，应道声"谢谢"，并按主人指点的座位入座。如拜访对象是长者或身份高者，应待主人坐下或招呼坐下后再入座，不要抢先坐下，以免引起主人的反感。主人上茶时，要起身双手迎接并道谢。

与主人交谈时应注意坐姿端庄文雅，不要跷二郎腿，不要双手抱胸，神情要专注，态度要诚恳，语气温和，表达准确，不夸大其词，亦不过于谦卑。主人说话时不可随便插话，更不可反客为主，喋喋不休。与主人关系再好，也不能随便翻动主人的文件、物品等。

5. 适时告辞，不做难辞之客

拜访要达到什么目的，事先要心中有数，以免拜访时东拉西扯、跑"马拉松"。拜访交谈

第4章 商务交往礼仪

时要注意掌握时间,若无要事相商,停留时间不要过长、过晚,以不超过半小时为宜,要知道"客走主安"的道理。拜访目的已达到,见主人显得疲乏,或意欲他为或还有其他客人,便应适时告辞。假如主人留客心诚,执意挽留用餐,则饭后停留一会儿再走,不要抹嘴便走。

告辞时,应选择交谈停顿的瞬间,倘若在交谈时起身告辞很容易让主人误解为是对交谈内容不感兴趣。提出告辞后,就要态度坚决,果断地起身,即使主人有意挽留,也应坚辞而去,不要"走了"说了几次,却迟迟不动。告别时应有恰当的寒暄,要主动握手告别,并感谢主人的热情款待。出门以后,应主动请主人"留步",有意邀主人回访,可在与主人握别时提出邀请。如果主人送至车前,在车内坐好后要将车窗摇下来与主人告别致意。

4.3.2 居室拜访礼仪

1. 礼貌登门,进门有礼

按约定时间准时到达,按门铃或轻轻叩门。有门铃的首先按门铃,时间2秒左右即可,若间隔十几秒未见反应,可按2~3次,切忌长时间连续不断地按铃。没有门铃的先敲门,用中指与食指的指关节有节奏地轻叩房门2~3下,不可用整个手掌,更不能用拳头擂或在门外高声喊叫。如果主人在屋内以"谁啊"应门,通常应通报自己的姓名或身份,而不能只回答一个"我"字;如果对方仅仅是开门而并没有说"请进",这并不表示你可以进去。只有当主人请你进屋时,你才可以进去。见面后应热情地向主人问好,若是主人夫妇同时起身相迎,则应先问候女主人好。若不认识出来开门的人,则应问:"请问,这是××先生的家吗?"得到准确回答方可进门。

入室之前要在踏垫上擦净鞋底,进门后随手将门轻轻关上,并且礼貌地询问主人是否要换鞋。如果带有雨具,应放在门口或主人指定的地方。夏天进屋后再热也不应脱掉衬衫、长裤,冬天进屋再冷也应摘下帽子,有时还应脱下大衣和围巾,并切忌说"冷",以免引起主人误会。如有礼品,可适时向主人奉上,所谓进门有礼,不要等道别时再送。

2. 举止得当,言谈有度

当主人把来访者介绍给他的妻子或丈夫相识,或向来访者介绍家人时,都要热情地向对方点头致意或握手问好,见到主人的长辈应恭敬地请安。如带小孩做客,要教其礼貌待人,尊敬地称呼主人家所有的人,并教育其莫乱跑、乱翻、乱叫。如主人家中养有狗和猫,不应表示害怕、讨厌,不应去踢它、赶它。

进入房间时,要主动跟随主人之后。入座时,要根据主人的邀请,坐在主人指定的座位上,坐姿要文雅。没有得到主人示意,不能随意走动,特别是不能擅入主人卧室、书屋,更不要在桌上乱翻,床上乱躺。主人端茶送水果,应欠身致谢,并双手捧接。当主人询问客人喜欢何种食物或饮料时,应在主人所能提供的范围内做出明确的答复。

不要拒绝主人的建议。如果主人建议客人参与某项活动,客人一般不应拒绝。如果主人向客人介绍家里的某些特色,如工艺品、书画、花木等,客人应表现出应有的兴趣和热情。

如果主人家里还有其他客人,应一一向他们点头致意。但若主人没有介绍,一般不要随意攀谈,更不应询问他们与主人的关系以及来访的原因。中途有客人告辞,一般来说,其他客人应与主人一起起身相送(至少欠欠身,有送客的表示)。

拜访交谈,要做到心中有数,适当的寒暄后,尽快切入主题,不要东拉西扯,浪费时间。

如果是请主人帮忙,应开门见山,把事情讲清楚。如果主人帮忙有困难,应体谅,不要强人所难,更不能死乞白赖。交谈时,同主人谈话,态度要诚恳自然,要尊重主人,不可反客为主,口若悬河,不要自以为是地评论主人家的陈设,更不可过多地询问主人家的生活和家庭情况。

主人招待的饮料、水果、点心,饮料可以全喝完,但水果、点心只能稍稍品尝。应主人盛邀在主人家吃便饭时,应先与女主人打招呼,并对主人的宴请说一些赞扬话。入席时要按既定次序入座,坐在餐桌前要注意体态礼仪,主人祝酒时要专注地听,主人敬酒时要起立回敬,即使不会饮酒也要沾沾唇,以示尊敬,待主人招呼后再动筷夹菜,席间应多谈些轻松愉快的话题。

3. 善解人意,适时告辞

为了不打乱主人的生活规律和原有计划,拜访时间一般不宜太长。事务性拜访的停留时间一般在20分钟到1个小时之间,宾主双方谈完该谈的事,叙完该叙说的情谊之后就应及时起身告辞,在别人家中无谓地消磨时光是不礼貌的。礼节性拜访可以根据当时的情景灵活把握,如果主人兴致很高,客人可以多留一会,到了主人休息吃饭时间,就应及时告辞。及时告辞是客人为主人着想的基本礼貌。

遇到以下几种情况也应及时告辞,一是双方话不投机,或当你谈话时,主人反应冷淡,甚至不愿搭理时;二是主人虽显"认真",但反复看自己的手表或看墙上的挂钟时;三是主人将双肘抬起,双手支于椅子的扶手上时。遇到后两种情况,即使当你提出告辞时,主人要说上几句"再坐坐"之类的话,那他往往也只是纯粹的礼貌性客套,你如果没有非说不可的话,就应毫不犹豫地起身告辞。

选择交谈停顿的瞬间果断辞行,不要"走了"说过几次,却口动身不移。告辞时,一般是男客人先向男主人告辞,再向女主人及其他家人告辞;女客人先向女主人告辞,再向男主人及其他家人告辞。出门以后,就应主动请主人"留步",并握手告别,表示感谢。不要站在门口与主人恋恋不舍,东拉西扯说个没完,也不能任凭主人远送。但是,特别有礼貌的主人可能会站在原地目送客人。这时,作为客人应在第一个拐弯处或走出一段距离后,回头向主人挥挥手以示最后的谢意,并请主人快回家。如果主人站在门口,发现你"一去不回头",那你就失礼了,主人也会很失望。远道的客人在返回后,还应给主人报个平安,并再次感谢主人的款待。

4.3.3 工作场所、宾馆拜访礼仪

1. 工作场所拜访礼仪

1) 约定时间和地点

事先打电话说明拜访的目的,并约定拜访的时间和地点。不要在客户刚上班、快下班、异常繁忙、正在开重要会议时去拜访,也不要在客户休息和用餐时间去拜访。

2) 做好准备工作

阅读拜访对象的个人和公司资料。准备拜访时可能用到的资料。
检查各项携带物是否齐备(名片、笔和记录本、公司和产品介绍、合同等)。
明确谈话主题、思路和语言。
穿着整洁得体,与自己的身份相称。这既是对对方的尊重,同时也是表明自己对拜访的

重视程度。

3) 按时赴约

出发前最好与客户通电话确认一下,以防临时发生变化。

选好交通路线,算好时间出发。确保提前5~10分钟到达。

到了客户办公大楼门前再整装一次。如提前到达,不要在被访公司溜达。

4) 礼貌登门,友好交流

面带微笑,向接待员说明身份、拜访对象和目的。

从容地等待接待员将自己引到会客室或受访者的办公室。

在会客室等候时,不要看无关的资料或在纸上图画。接待员奉茶时,要表示谢意。

等候超过一刻钟,可向接待员询问有关情况。如受访者实在脱不开身,则留下自己的名片和相关资料,请接待员转交。

到达拜访对象门口,应先敲门(即使办公室开着门),听到"请进"后再进入。当对方正在开会或已有其他客人来访,你应该自动退在门外等候,而不应进去站在一旁或在门口走来走去,妨碍他人。

进门后应问候"你好"或"各位好",并点头致意、握手,不认识的要自我介绍或向接待人员递名片,如已事先约定,应提及双方约会的事,让接待者明白来意。

自我介绍后,待对方让座时,再大方稳重地坐下。座位通常由主人安排,尽量不要坐在办公人员的办公座位上,以免影响他人正常办公。坐的时候要端坐,因为是来谈公事,而不是闲聊,不能露出懒散无聊的样子。当对方站立说话时,你也应该站立起来说话,以示尊重,站的时候不要斜靠在别人的办公桌上。

他人端茶递水敬烟时,要稍欠身子表示谢意。会谈交流时注意称呼、遣词用字、语速、语气、语调,嗓门不要太大,以免影响他人工作。会谈过程中,如无急事,不打电话或接电话。讲究工作场所卫生,不要乱磕烟灰、乱扔烟蒂、乱吐痰。

到工作场所拜访,特别是一般性的工作拜访,通常不必准备什么礼物。但若是为了感谢对方单位的支持,就应准备相应的礼品,一般以锦旗、牌匾之类的礼品为宜,条件许可的话可以带一些与拜访业务相关的礼品、纪念品,价值不可太高,有纪念意义就行。

5) 适时告辞

到工作场所拜访,一般都是在工作时间,所以拜访时间不宜长,一般在15分钟至30分钟,谈完公事,即可告辞。要根据对方的反应和态度来确定告辞的时机,说完告辞就应起身离开座位,不要久说久坐不走。

告辞时主动握手道别,也可说"拜托了""谢谢了""麻烦了""留步""再见"等礼貌用语。如办公室门原来是关闭的,出门后应轻轻地把门关上。客户如要相送,应礼貌地请客户留步。

 **想想议议**

合作为何功亏一篑?

某年,国内的一家企业前往日本寻找合作伙伴。到了日本之后,通过多方努力,终于寻觅到一家具有国际声誉的日本大公司,经过长时间的讨价还价,双方商定,首先草签一个有关双边合作的协议。在中方看来,基本上算是大功告成了。正式签协议那天,由于种种原因,中方人员到达日方公司时,已经迟到了一刻钟,当他们气喘吁吁地跑到签字大厅时,只见日方人员已衣冠楚楚地列成一行,正在恭候他们的到来。令中方人员震惊的是,日方人员见他们进来后,一言不发,便整整齐齐、规规矩矩地给他们鞠了一个90°大躬,随后便集体退出了签字大厅,使合作功亏一篑。

想一想:此次合作为何会失败?

议一议:进行商务拜访时应注意什么问题?由该案例你能得到什么启示?

2. 宾馆拜访礼仪

如果外地客人来到本地,住在某宾馆里,得知消息以后,应前去进行礼节性拜访。拜访前先约定时间,预约时必须问清宾馆的位置、楼层、房号等。

到宾馆这样的公共场所,若是穿着不得体,有可能被拒之门外,即使不被阻挡,也会招来别人冷漠的眼光。

进入宾馆以后,应向保安或服务台人员说明来意,然后往房间打个电话,客人开门后进行自我介绍,双方证实身份后,客人请进方可进入房间。

如果是星级宾馆,一般的房间都带有会客厅,不宜进入卧室交谈。到宾馆拜访大都属于礼节性的拜访,作为东道主,应热情地表示对客人到来的欢迎。同时关心询问客人生活、工作有何不便,需要提供什么帮助。拜访时间不宜长,以15分钟左右为宜。到宾馆拜访,通常不必准备礼物。

若主人准备安排饭局给客人接风,则应当场告知地点、时间,并征得客人同意,到时再来宾馆接客人(也可派别人前来)。

知识拓展

拜访中的21个细节错误及修正方法

每一次和客户会面,我们都要有"只有一次机会"这样的心态。因而拜访中就要十分注意礼仪的每一个细节。以下是21个拜访中易犯的细节错误及修正方法:

错误1:没有为登门拜访做计划。

修正:在登门拜访前做好充分准备。

错误2:和前台调笑。

修正:彬彬有礼,友好而谦恭。

错误3:对行政人员粗鲁无礼,表现得傲慢自大和高人一等。

修正:无论是对工作人员还是其他人,请友好并尊重他们。

错误4:和一群人一起出现。

修正:当你需要让其他人也参与进来时,请使用网络会议。

错误5:不注意穿着打扮。

修正:在拜访客户时要注意仪容仪表。

错误 6:假装顺道来拜访。
修正:预约会面时间,专程而来。
错误 7:迟到。这等于告诉客户,你不在乎他们或者他们的时间。
修正:熟悉线路,提前 15 分钟到达。
错误 8:一开始过于商业化。
修正:微笑而友好,不要太急功近利。
错误 9:一开始太热情熟络。
修正:礼貌而不虚假地对待每位潜在客户。
错误 10:说的比听的多。
修正:对客户表示好奇并巧妙提问。
错误 11:与客户争辩。
修正:询问客户他为什么这么想,然后倾听。
错误 12:讨论政治或宗教。
修正:将讨论限制在业务或中性的领域。
错误 13:对自己的产品高谈阔论。
修正:在推销之前,了解客户的需求。
错误 14:显得轻率或讽刺。
修正:在任何时候都注意你的言行举止。
错误 15:缺乏必要的产品知识。
修正:确保你在登门拜访之前,对目前的产品和政策有充分的了解。
错误 16:忘了客户的名字。
修正:在一张小的图表中写下房间里每个人的姓名。
错误 17:打听私人问题。
修正:将谈话的重点放在业务问题上,特别是客户的需求上。
错误 18:接听手机。
修正:把手机关了或调成振动,放在公文包里。
错误 19:逗留的时间太长。
修正:设定拜访的时间。
错误 20:谈话偏离主题。
修正:为此次谈话做个简短的提纲。
错误 21:没有跟进。
修正:在拜访之后迅速安排你的后续活动。

(资料来源:卢芳.http://www.biz.hc360.com.2012 年 6 月 25 日 05:43)

4.3.4 探视、吊唁礼仪

1. 探视礼仪

探视是拜访的另一种形式,当朋友同事因病住院时,适时探视有雪中送炭之功效,不仅能增进双方友情,体现出"患难见真情"的友谊,也能令病人得到莫大的心理安慰和情感上的满足。

躺在病榻上的病人,除了生理上的病痛外,还常常有一种孤独感、愁闷感或恐惧感,感情脆弱,情绪多变,往往比任何时候更渴望一份温情。这时,作为亲朋好友的你,去医院探望时,就更要注意自己的言行,如果方法得当,会增添病人战胜病魔的勇气,心中重新燃起生活的热情;如果处理不好,结果则截然相反,事与愿违,好心办成坏事。

探视前需了解患者情况和医院情况。首先要了解得的是什么病、严重程度、治疗情况,病人目前的心理状态。如果病人得的是传染性疾病,医院一般禁止探视,应采用其他方式(如写信等)表示关心;如正急救或手术不久,贸然前往,使病人不能得到很好的休息,也是不好的。其次,了解医院允许探视的时间、院规等,以免吃"闭门羹"或影响病人的治疗和休息。

探望病人是一种特殊的社交活动,言谈举止应谨慎得当。进屋时敲门,让病人感受你的尊重。同时,病人也可在探病者进来之前整理一番衣冠、盖好被子。

探病时穿着要日常化,不可过于华丽。进病房时,脚步要轻,神态平和,切忌大惊小怪,以免给病人增加心理压力。到病床前,可主动与病人握手,这是无声胜有声的安慰。尽可能挨床坐下,表情自然、亲切,与病人保持平视状态而避免居高临下地俯视,不要离病人远远地站着,眼睛东张西望,让人怀疑你的诚意。

根据病人情况,特别是生病的类型选择适宜的礼物,如鲜花、果篮或营养品等。一束清香淡雅的鲜花,既高雅又实惠,很适合作为探视病人的礼物。当然也要看对象,老人、家境贫寒的农村病人以及病因与过敏有关的病人,如哮喘病等就不宜送鲜花。对于长期卧床的病人,除了鲜花、食品外,还可带些供消遣的书籍、画册等。

了解病人治疗情况以及目前身体情况,关心治疗进展和身体康复问题,进行必要的安慰和劝解,带去单位的关怀,谈谈单位和同事的近况,转达有关人员的问候,讲述一些简单新闻性事件,让病人从孤独、愁闷情绪中解脱出来。交谈中应该始终让病人处于主导地位,让病人或者病人家属多谈,不要自己夸夸其谈。要乐观、有分寸地鼓励、宽慰病人,安慰病人家属,不可提及使病人不愉快或伤害病人自信心的话题。对身患严重疾病的病人,应和医生、护士、病人家属一起向病人隐瞒实情,和他们的口径保持一致。

探视时间不宜长,一般以15~30分钟左右为宜。时间太长,会影响病人的休息;时间太短,不能表达对被探望病人及其家属的诚意。如果是探望挚友,时间可稍长些。如探望时又有其他人前来探望同一病人,病房拥挤,探望病人的时间可以稍微短一些。告别时,应谢绝病人送行,还要询问病人有何事相托,并希望病人好好养病,早日康复。

 **知识拓展**

探视病人送礼小百科

探视病人宜送的食品如下:

★ 探视高血压、冠心病、胆囊炎、肾炎和高烧病人,宜带富含维生素的清淡食品,如新鲜水果、水果罐头和果汁等。

★ 探望糖尿病人、水肿病人,可以送含蛋白质高的食品,如奶制品、蛋类、肉松等。

★ 探望气管炎、肺气肿、肺结核等病人,可送有补养、润肺、止咳功能的核桃、蜂蜜、银耳和梨等。

★ 探望妇女病、贫血病人和孕妇、产妇等,宜送带有营养价值的食品,如红糖、鸡蛋、鲜虾、奶制品和豆制品等。

★ 探望胃肠道疾病的病人,宜带容易消化的麦乳精、果汁等。

★ 探望肿瘤病人宜送香菇、人参和水果等。

探视病人不宜送的食品如下:

★ 对肾炎病人,不宜送含动物蛋白质的食物,如肉、鱼、蛋等。

★ 对糖尿病病人,不能送各种糖果、甜点心、水果等含糖食品。

★ 对胃和十二指肠病人,不宜送奶油蛋糕、橘子汁、杨梅露等食品。

★ 对痢疾肠炎病人,不宜送香蕉、蜂蜜、奶油蛋糕和核桃等食品。

★ 对胆囊炎、胆石症病人,不宜送油炸和含油量较高的食品。

2. 吊唁礼仪

吊唁是对亲友和组织内部职工或外部紧密客户的逝世表示沉痛和哀悼之情,给予真诚的关怀和慰问的形式。主要的礼仪有:送花圈和挽联,参加追悼会或遗体告别仪式,以示祭奠、哀悼之情。召开追悼会时,单位组织应送花圈,有关领导可以出席,以表示组织和领导对职工或客户的关心。

参加追悼会时,服饰打扮要与吊唁气氛相适应。不管男士女士最好穿黑色或深色衣服,衣着素雅庄重,佩戴黑纱或白花。服饰忌艳丽,不要化浓妆和佩戴饰物。服饰装扮与肃穆沉痛的气氛不协调是失礼的。

在追悼会进行时,要静心听取他人对死者的悼念之词,要按程序和要求向死者鞠躬施礼、向遗体告别等,表情要严肃、悲痛,三五成群谈笑风生、施礼时东张西望、中途早退都极不礼貌。

对死者的家属要予以安慰,劝他们节哀、保重,如果有困难要尽力帮助解决。如与死者生前关系密切还应主动帮助死者亲属料理后事,以寄悲情。

4.4 接待礼仪

4.4.1 接待礼仪概述

接待是指个人或单位以主人的身份招待有关人员,达到某种目的的社交方式。接待是社会组织与外界沟通联系的第一环节,接待工作的好坏直接影响组织的形象以及组织与客户的关系和商务活动的顺利开展。接待和拜访一样,都可以起到增进联系,交流感情,沟通信息的作用。高朋满座、宾客如云是事业兴旺、人情练达的标志,而这些都与接待礼仪分不开。接待是一项细致而重要的工作,包括迎客、待客、送客三个环节。接待有以下几点原则。

1. 注意身份对等

身份对等是指己方作为主人,在接待客户、合作伙伴等客人时,根据对方的身份、来访的性质以及双方之间的关系,确定与来宾的身份大体相当的人员出面迎送来宾、参与礼节性会晤或正式谈判及宴请等活动,以使来宾得到与其身份相称的礼遇,从而促进双方关系的稳定、融洽与发展。身份对等是商务礼仪的基本原则之一。

2. 讲究礼宾次序

礼宾次序又称礼宾序列,是指同时接待来自不同国家、不同地区、不同团体、不同单位、不同部门、不同身份的多方来宾时,接待方依照约定俗成的方式,对其尊卑、先后的顺序或位次所进行的具体排列。合理的礼宾次序是主方对于客方的一种礼遇,是尊重与平等的表示。

3. 热情周到,宾至如归

礼貌待客是我们中华民族的传统美德,"来者是客",来访者无论身份如何、目的如何都应热情接待。这不仅涉及企业形象问题,同时对工作能否顺利开展也有很大影响。良好的待客之礼,既能使客人感到亲切自然、有面子,也显得主人有礼、有情。切不可让客人坐"冷板凳",或以貌取人、以地位取人,言词不周。

4.4.2 迎客礼仪

1. 迎客准备

1) 了解访客基本情况

接到客人来访信息时,首先要了解客人的单位、姓名、性别、职业、级别(职务)、人数等。其次要了解客人的来访目的、要求以及在住宿和日程安排上的打算。第三,要了解客人到达的日期、时间、所乘车次或航班等情况。然后将上述情况及时向主管领导汇报,并通知有关部门和人员做好接待的各项准备工作。

2) 确定接待规格

根据来宾的身份、目的及本单位的具体情况确定接待规格。接待规格,指的是接待工作的具体标准。它不仅事关接待工作的档次,而且被视为与对来宾的重视程度直接相关。接待规格体现在三个方面:一是接待费用支出的多少;二是接待方主要人员身份的高低;三是接待规模的大小。一般按照对等接待的规格安排接待人员,即主要陪同人员与主要来宾的职位相当。对特别重要的客人或是来洽谈十分重要的业务,可安排身份相当、专业对口的人士出面迎接,也可根据特殊需要或关系程度,安排比客人身份高的人士破格接待。

3) 布置接待环境

良好的环境是对来宾尊重与礼貌的表示。接待场所即会客室的布置应本着整洁、美观、方便的原则,适当点缀一些花卉盆景、字画。在客人到达前,准备好香烟、水果、茶点等待客物品(政务接待仅以茶水待客),以让客人感受到你的热情。如果是商业或其他的公务会谈,还要准备一些文具用品和可能用上的相关资料,以便使用和咨询。

4) 做好迎宾安排

如果是带车来访,那么就在自家门口做好准备即可;如果是乘坐火车、飞机而来,接待人员应专程提前赶往车站或机场做好接站的准备。若对所迎的客人不熟,还需准备迎宾牌,写上

"欢迎×××先生（女士）"以及本单位的名称。若有需要，还可准备鲜花等；在客人尚未抵达前预先安排好食宿，根据客人的民族习俗、身份及要求等，本着交通便利、吃住方便的原则，制订具体安排计划。要保证食宿环境整洁、安静，房间设备齐备，服务质量好等。

2. 迎客过程

1）迎接问候

接待人员要着装得体，仪表整洁，保持头发特别是手部干净，因为手部的肢体语言仅次于脸部，与人握手、呈递公文，一伸手让人觉得健康干净，才会心情愉快。女性接待员要施淡妆，给人的感觉会比较隆重、正式。

如果有两个以上的人前去接站，当客人主动介绍身份后，一般由身份最高的人率先向客人伸手握手表示欢迎和问候，同时由其他迎接人员向客人介绍迎接者的身份。见到客人时要说"欢迎光临""欢迎您指导工作""一路辛苦了"之类的话问候对方。令人开心的问候语是成功接待的第一步。

主动帮助客人提取行李。在上车时，迎接人员应为客人在右边开启车门，客人上车后随之关好车门。下车时，迎接人员抢先下车，为客人开车门。在车上，称职的主人应向客人介绍此次访问的日程安排，同时还可以介绍一些当地的风俗、气候、旅游景点、特产等客人比较感兴趣的内容。

2）安排食宿

客人抵达后，如果没有特别的安排，应先将客人送往住处（对于远道而来的客人一般不宜立刻安排活动）。到达住宿地点后，帮助客人办理好入住手续，并把客人领进房间，同时向客人介绍住处的各项服务和有关设施，让客人有宾至如归的感觉。帮助客人安顿妥后，一般不应久留，应及时告辞，以便让客人得到及时的休息，解除旅途疲劳。

把就餐地点、时间告诉客人，并留下彼此的联系方式，以便随时联系。客人食宿安排就绪后，对一般客人可由接待人员出面协调活动日程。对重要客人，应由领导出面进一步了解客人的意图和要求，共同协商活动的具体日程。最后，将确定的活动内容、方式等活动安排分发至每一个客人。

 礼仪佳话

周公吐哺　天下归心

周公是西周时期的著名政治家。他说："吾文王之子，武王之弟，成王之叔父也，又相天下。吾于天亦不轻矣，然吾一沐三握发，一饭三吐哺，起以待士，犹恐失天下之士。"位高权重的周公唯恐怠慢客人，曾三次中断洗浴、三次在吃饭时将来不及咽下的食物吐出来，立即出去迎客。周公堪称礼贤下士的待客典范，留下了"周公吐哺，天下归心"的千古佳话。

4.4.3　待客礼仪

1. 迎接

"出迎三步，身送七步"这是我国迎送客人的传统礼仪。客人在约定的时间按时到达，主人应提前去迎接。如果是在家中接待朋友,最好是夫妻一同出门迎接客人的到来。迎客时着装要整齐得体,女主人还可略施淡妆,以示对客人的重视尊重。见到客人,主人应热情地打招呼,主动伸出手相握,以示欢迎,同时要说"您路上辛苦了""欢迎光临""您好"等寒暄语。如客人提有重物应主动接过来,但不要帮客人拿手提包或公文包。对长者或身体不太好的客人应上前搀扶,以示关心。

2. 让座、介绍与陪访

客人进门后,热情招呼客人入座,如果是长者、上级或平辈,应请其坐上座;如果是晚辈或下属则请随便坐。如果客人是第一次来访,应该首先互致问候并介绍。

在接待陪访时,有时要给对方指示方向或引导就座位置等,规范而优美的引导姿势很重要。正确做法是:掌心向上,五指自然并拢,前臂自然上抬伸直,上体稍向前倾,面带微笑,眼睛看着目标方向并兼顾对方是否意会到目标。引领过程中,陪同人员应走在宾客的左前方,并超前两步左右,时时注意引导,遇到进出门、拐弯或上下楼梯时,应伸手示意并语言提示。

3. 敬茶

以茶待客是中国传统的待客之礼。客人坐定后,接待人员应为客人送上茶、咖啡等饮料。敬茶时要先客后主,先尊后卑。来宾3人以上比较多时,可按级别或长幼依次上茶,也可由近及远依次上茶。为客人端茶时,一般不直接端到客人的手中,而应双手捧上放在客人座位旁的茶几或桌上客人的右手上方。茶杯要轻放,以免茶水泼洒出来,同时茶水不要斟得太满,七八成满较合适(中国人的待客之道是浅茶满酒)。斟茶要适时,客人谈兴正浓时,莫频频斟茶;客人停留时间较长,茶水过淡,要重新添加茶叶冲泡,重泡时最好用同一种茶叶。

4. 谈话

谈话是待客过程中关系到接待是否成功的重要一环。首先,接待谈话应使用规范的普通话,规范的语音、适当的语气语调能大大提升自身及单位的形象。其次,谈话要紧扣主题。拜访者和接待者会谈是有目的的,因此谈话要围绕主题。如果是陪访或者朋友之间的交流,要找双方都感兴趣的话题。不要只谈自己的事情或自己关心的问题,不顾对方是否愿听而冷落对方。再次,与客人交谈应有所顾忌,谈话内容不可低俗,态度要谦虚诚恳。

交谈过程中,要善于倾听客人的谈话,在客人讲话过程中,正视对方,适时地以点头表示尊重,不要表现得心不在焉。在接待客人时,打断对方讲话或不停地接听电话都是不礼貌的行为,要尽量避免。如有重要电话,应先向客人说"对不起",在得到客人谅解后再接听,且要长话短说。

交谈过程中,不要轻易许诺,也不要随意打断、驳斥、否定对方,更不可与客人争辩。不同意对方的观点,要克制情绪,委婉地表达自己的意见。意见一致时也不要喜形于色。能马上答复或解决的事不要故意拖延时间,暂不能解决的,应约定下次讨论交流的时间。

4.4.4 送客礼仪

送客是接待的最后一个环节,做得好能留给客人美好的印象和久远的回味,为以后的交往和友情打下基础。但如果处理不好将影响到整个接待工作的效果。送客重在送出一份

第4章 商务交往礼仪

情谊。

1. 婉言相留

无论接待什么样的客人,当客人准备告辞时,一般应婉言相留,这虽然是客套辞令,但也必不可少。主人要在客人起身后再起身,客人伸手后再伸手握别。如果是在家里接待客人,家人也应微笑起立,亲切告别。最后还要用热情友好的语言欢迎客人下次再来。

2. 赠送纪念品

作为接待方,一般选择客人即将动身离别时赠送纪念品。纪念品要价廉物美,一般选择当地特产为佳。

3. 送客有道

主人送客人,一般应送到室外或电梯口,重要客人送到大门口或楼下。客人离去时,要挥手道别,目送客人远去。若是远方来客,还要送至机场、车站。在客人临上飞机、火车之前,送行人员应按一定顺序同来宾——握手话别,祝愿客人旅途平安,期待再次光临。若来访者乘飞机离去,送别时切忌说"一路顺风",这是乘飞机的大忌,应说"一路平安"。飞机起飞或火车开动之后,送行人员应向客人挥手致意,直至飞机、火车在视野里消失,送行人员方可离去。如果客人比较坚决地谢绝主人相送,则可遵从客人意思,不必强行送客。

在家里或者办公室送客时,应将房门轻轻关上,那种在客人刚出门的时候就"砰"地关门的做法是极不礼貌的,并且很有可能因此而"砰"掉客人来访期间培养起来的所有感情。

总之,送客礼仪应当特别注意四个环节:一是应适当加以挽留;二是应当起身在后;三是应当伸手在后;四是应当相送一程。

 **想想议议**

小张错在哪里?

小张大学毕业以后在扬州昌盛玩具厂工作。中秋前两天办公室陈主任通知他,明天下午3:00本公司的合作伙伴上海华强贸易有限公司的刘君副总经理将到本市(昌盛玩具厂的出口订单主要来自上海华强贸易有限公司)。他这次来的主要目的是了解昌盛玩具厂是否有能力、有技术在60天内完成美国的一批圣诞玩具订单。昌盛玩具厂很希望拿到这份利润丰厚的订单,李厂长将亲自去车站接站。由于陈主任第二天将代表李厂长出席另外一个会议,临时安排小张随同李厂长一起去接刘副总经理。小张接到任务后,征得李厂长同意在一个四星级宾馆预订了房间,安排厂里最好的一辆车去接刘副总经理。

第二天上午,小张忙着布置会议室,通知一家花木公司送来了一批绿色植物,准备了欢迎条幅,又去购买了水果,一直忙到下午2:30。穿着休闲服的小张急急忙忙随李厂长一起到车站,不料,市内交通拥挤,到车站后发现,刘副总经理已经等待了十多分钟。李厂长不断地打招呼表示抱歉。小张也跟着说,厂子离市区太远,加上车堵才迟到的。小张拉开车前门请刘副总经理上车说:"这里视线好,你可以看看我们扬州的市貌。"随后又拉开右后门请李厂长入座,自己急忙从车前绕到左后门上了车。车到达宾馆后,小张推开车门直奔总台,询问预订房间情况,为刘副总经理办入住手续,刘副总经理提行李跟过来。小张将刘副总经理送到房间后,李厂长与刘副总经理交流着第二天的安排,小张在房间里转来转去,看是否有不当之处。片刻后,李厂长告辞,临走前告知刘副总经理晚上6:00接他到扬州一家著名的餐馆吃晚饭。

小张随李厂长出来后,却受到李厂长的批评,说小张经验不够。小张觉得很冤枉,自己这么卖力,又是哪里出错了?

想一想:小张错在哪里?

议一议:接待的礼仪规范。

4.5 馈赠礼仪

馈赠也叫赠送,是指人们为了向他人表达自己的情意,而将某种物品不求报偿、毫无代价地送给对方。"礼品是人际交往的通行证",礼尚往来作为一种人际交往的方式,除了用来向对方表达情谊外,还可以用来平衡双方之间的互惠关系。馈赠是社交和商务活动中不可缺少的重要内容,随着社交和商务活动的日益频繁,馈赠礼品因为能起到联络感情、加深友谊、促进交往的作用,越来越受到人们的重视。

4.5.1 送礼

1. 礼品的选择

送礼要送人家喜欢的、需要的东西,讲究恰到好处、恰如其分。最好的礼物是能让对方感到"意外的惊喜"的礼物。选择礼物时要注意四点。

1) 受礼人的特点及爱好

所谓"宝剑赠侠士,红粉送佳人",赠送礼品时首先要考虑适合受礼人的身份、喜好,"投其所好"是赠送礼品最基本的原则。

(1) 根据双方不同的关系。选择礼品时,要区分是公务交往,还是私人应酬;是亲朋还是老友;是同性还是异性;是中国人还是外国人;是商务往来还是文化交流;等等。不同的关系要选择不同的礼品。

(2) 根据对方的兴趣爱好。选择礼品,要站在受礼人的立场为其考虑。如果礼品适合受礼人的兴趣和爱好,投其所好,它的作用就会倍增。否则,可能成为包袱,留之无用,弃之可惜,让人烦恼。例如,精美的名片夹可以送给工作上的合作伙伴;本地制造的特色产品可以赠送外宾。一般说来,对家贫者,以实惠为佳;对富裕者,以精巧为佳;对恋人、爱人、情人,以纪念性为佳;对朋友,以趣味性为佳;对老人,以保健实用为佳;对孩子,以启智新颖为佳;对外宾,以特色为佳。

(3) 根据不同的目的。是用于迎接客人,还是告别送行;是慰问看望,还是祝贺感谢;是节假良辰,还是婚丧喜庆;等等。目的不同、用途不同,选择的礼品也大不相同。

2) 以情相伴

俗话说"千里送鹅毛,礼轻情意重",这就告诉人们送礼的情意重于礼物本身的价值。送礼是为了表达一种情感,表达对对方的情谊和尊重,要将礼品看作是友情和敬意的物化,能够融进和体现送礼人的情感的礼品就是最好的礼品。一份名贵的礼品不一定是好礼品,一份价格低廉的礼品也不一定不成敬意。因此,在选择礼品时,不能只着眼于礼品的价值而更要着眼于礼品所代表的情感和心意、礼品所体现的精神价值和纪念意义。

在大多数商务交往中,送太贵重的礼品反而会使受礼人不安,产生"重礼之下,必有所求"之感,甚至会有受贿的嫌疑。礼不在重,在于精(精心)、巧(巧妙)、特(特别)。

 礼仪佳话

千里送鹅毛——礼轻情意重

"千里送鹅毛"的故事发生在唐朝。当时,云南一少数民族的首领为表示对唐王朝的拥戴,派特使缅伯高向太宗贡献天鹅。

路过沔阳河时,好心的缅伯高把天鹅从笼子里放出来,想给它洗个澡。不料,天鹅展翅飞向高空。缅伯高忙伸手去捉,只扯得几根鹅毛。缅伯高急得顿足捶胸,号啕大哭。随从们劝他说:"已经飞走了,哭也没有用,还是想想补救的方法吧。"缅伯高一想,也只能如此了。

到了长安,缅伯高拜见唐太宗,并献上礼物。唐太宗见是一个精致的绸缎小包,便令人打开,一看是几根鹅毛和一首小诗。诗曰:"天鹅贡唐朝,山高路途遥。沔阳河失宝,倒地哭号。上复圣天子,可饶缅伯高。礼轻情意重,千里送鹅毛。"唐太宗莫名其妙,缅伯高随即讲出事情原委。唐太宗连声说:"难能可贵!难能可贵!千里送鹅毛,礼轻情意重!"

3)尊重禁忌

礼品选择不当、触犯受礼人的禁忌是馈赠礼品的最大禁忌。送礼不当,不如不送。

(1)要尊重由于风俗习惯、民族差异和宗教信仰等形成的禁忌。例如,中国台湾人不以扇子为礼物;日本人禁送梳子;英国人禁送百合花;阿拉伯人禁送酒等。在我国,看望老人忌送"钟",恋人之间忌送"伞",等等。

(2)要尊重个人禁忌。

(3)要遵守国家的有关规定,不能选择违法违规的物品作为礼品。

(4)要考虑社会时尚及自身经济能力。

选择礼品时既要考虑礼品的质,还要考虑礼品的量(数量)。中国有"好事成双"的说法,因而凡是大贺大喜之事,所送之礼,均好双忌单,但广东人忌讳"4"这个偶数,因为在广东话中,"4"听起来就像是"死",是不吉利的。给美国人送礼则要送单数。

4)美观适用

选择礼品要掌握美观、新颖、别致、适用的原则,选择有艺术性、实用性、纪念性和时尚性的物品。一般来说,企业间送能看得见的物品是比较适宜的,如大瓷花瓶、大花篮、横匾等。而与外商交往,最好选择具有浓厚的民族色彩和中国特色及富有纪念意义的物品,如中国的手工艺品、茶叶、丝绸等。时尚新颖、美观适用、别致有趣的礼品往往会给人留下深刻的印象。

2. 送礼的时机与场合

送礼的时机是指送礼的时间与机会。选择恰当的时机赠送礼品,可以使馈赠礼品显得自然亲切。送礼时机视实际情况灵活掌握,通常有以下两种情况:一是需要向对方表达自己

的情谊时;二是需要对对方曾给予的帮助进行回报时。归纳起来,主要有以下几种时机:

(1) 节假良辰,如我国传统佳节春节、中秋节等。

(2) 喜庆嫁娶、乔迁新居、晋升、获奖、过生日、生小孩、庆祝寿诞、结婚等。

(3) 探视慰问病人。

(4) 亲友远行。

(5) 拜访、做客。

(6) 酬谢他人。

送礼还必须选择合适的场合,可以是公开场合,也可以是在私下场合,这主要看礼品的性质。如果礼品的价值在于精神,如书籍、鲜花、贺卡等,适宜送到办公室,在众人面前展示受礼者高雅和清廉的品格,使受礼者觉得受到尊重的同时产生精神上的圣洁感和崇高感;如果礼品是食品或生活用品,则宜送到住宅,营造一种温馨的气氛,而选在公开场合送就会显得俗气而不合时宜,容易引起旁人的误解,让人感觉有受贿的感觉,使受礼人的形象受损;如果礼物是私密性的就更要注意,如男士送给自己恋人的漂亮的睡裙或丝袜,若在私人场合送,会使得女孩子觉得他细心、体贴而感到幸福、温馨,但若送到办公室就会令女孩难堪。

3. 送礼的方式

选择一件满意的礼品,仅仅是送礼活动的开始。如何把礼品合乎礼仪地赠送给对方,是整个送礼行为取得成功不可缺少的重要环节。

1) 精心包装

包装是礼品的外衣,精美的包装是礼品的组成部分,可提高礼品的艺术性和档次。通过包装,可以反映出送礼者的情趣和心意,也可给人一种神秘感。不重视包装,不仅会导致礼品本身的贬值,还会使受礼人有被对方轻视的感觉。在国际交往中尤其要加以注意。

礼品包装完毕后,应贴上写有自己祝词和签名的缎带或彩色卡片,表达自己的情感和诚意。

2) 言行得体

送礼时要注意态度、动作和语言表达。平和友善、落落大方的动作并伴有礼节性的语言表达,才是受礼人乐于接受的。那种做贼似的悄悄地将礼品置于桌下或房间某个角落的做法,不仅达不到送礼的目的,甚至会适得其反。送礼者一般应站着用双手把礼品递送到主人的手中,并说上一句得体的话,如"感谢帮助""略表寸心"等。送礼时的寒暄应与送礼的目的吻合,如送生日礼物时说一句"祝你生日快乐",送结婚礼物时说一句"祝二位百年好合"等。

在对所赠送的礼品进行介绍时,应该强调的是自己对受赠一方所怀有的心意与情义,而不是强调礼物的实际价值;否则,就落入了重礼轻义的俗套,甚至会使对方有一种受贿的感觉。

谦虚是中国人的传统美德,送礼时一般喜欢强调自己礼品的微薄,而不介绍所送礼品的珍贵或是多种性能,如"区区薄礼,不成敬意,请笑纳""一点小意思"等。西方人在送礼时,喜欢向受礼人介绍礼品的独特意义和价值,以表示自己对对方的特别重视。送礼时谦和而得体的语言会营造一种祥和的气氛,无形中增加彼此的友谊。但过分的谦虚最好避免,对自己带去的礼品,不应自贬、自贱,说什么"顺路买的"、"不值钱的东西"、"不是什么好东西,凑合着用吧",等等,这可能会引起对方的轻视,让对方产生不被重视的误会。

4. 送礼的技巧

送礼之所以称为艺术,关键是一个"送"字,这是整个礼物馈赠的最后一环。送得好,方法得当,会皆大欢喜;送得不好,受礼人婉言推却或严词拒绝,或事后退回,会令送礼人十分尴尬。送礼怎样送得好、送得妙,关键在于借口找得好不好、送礼的说道圆不圆。

常见的送礼技巧有以下几种:

(1) 借花献佛。如果送土特产品,可以说是老家来人捎来的,分一些给对方尝尝鲜,东西不多,自己又没花钱。这种情况下,受礼人那种因害怕你目的性太强的拒礼心态会缓和,一般会收下你的礼物。

(2) 暗度陈仓。如果你送的是酒一类的东西,不妨假借说是别人送你两瓶酒,来和对方对饮共酌,这样喝一瓶送一瓶,礼送了,关系也近了,还不露痕迹。

(3) 借马引路。有时你想送礼给人却又与对方八竿子拉不上关系,不妨选受礼人的生诞、婚日,邀上几位熟人同去送礼祝贺,那样受礼人便不好拒收了。这样借助大家的力量达到送礼联谊的目的,实为上策。

(4) 移花接木。例如,张先生有事要托刘先生去办,想送点礼物疏通一下,又怕刘先生拒绝,驳了自己的面子。张先生的太太与刘先生的女朋友很熟,张先生便用起了"夫人外交",让夫人带着礼物去拜访,一举成功,礼也收了,事也办了,两全其美。有时直接出击不如迂回运动能收奇效。

(5) 先说是借。若你送的是物,不妨说这东西我家放着也是放着,让他先拿去用,日后买了再还;如送的是钱,可以说拿些先花,以后有了再还。只要你不要他还,日久也变成了送了。这样可减少受礼人的心理负担,你送礼的目的也达到了。

(6) 借机生蛋。例如,一位下属受上司恩惠颇多,一直想回报,但苦无机会。一天,他偶然发现上司红木镜框中镶的字感觉是一幅拓片,跟家里雅致的陈设不太协调。正好,他的叔父是全国小有名气的书法家,手头还有他赠送的字画,他马上把字画拿来,主动放到镜框里,上司不但没有反对,反而十分喜爱,送礼的目的终于达到了。

赠礼的"5W"原则

(1) Who,送给谁。了解对方的喜好,不要犯了对方的禁忌。

(2) What,送什么。一般有几个准则——时尚性(时效性)、独特性(人无我有,人有我优,人优我新。新,包括款式、功能)、便携性。

(3) Where,在什么地方送。公务交往的礼品,一般在办公地点送;私交礼品,应该在私人地方送。

(4) When,在什么时间送。赠送礼品宜掌握时机,选择恰当的时机,可以使馈赠礼品显得自然亲切,如节日、纪念日。拜访别人时应该见面之初拿出礼品,这叫登门有礼,对主人表示尊重、重视和互动。主人呢,一般在客人告辞时送礼,外地客人临行前送,本地客人告辞时送。公务礼品一般是主管领导会见对方时或者告别宴会上送。

(5) How,如何送。一般须亲自赠送,即使是部门领导也要亲自送,别叫秘书代劳。送给外宾一般还需包装。

4.5.2 礼品的接受与拒绝

1. 接受礼仪

受礼人要充分认识到对方送礼行为的郑重和友善,只要不是违法、违规的物品,最好欣然接受。接受礼物时要从容大方、友善温和、神态自然,既要表现出感谢之意,又不能显得过分欢喜,尤其不能出现送礼前冷、送礼后热的骤变。一般应起身相迎,面带微笑,目视对方,双手接礼,然后抽出右手主动与对方热情握手,真诚道谢并说几句"不要破费"之类的客套话。一般情况下不推来推去,若推了半天又将礼品收下,则会让人觉得虚伪。

中国人收礼后,一般不当着客人的面打开,那会给人一种看重礼物、看轻心意的感觉。但对于受赠的鲜花,则要在接过之后捧在胸前稍闻其香,然后装花瓶摆放,不能倒拎着或转送他人。外国人则习惯当着客人的面打开包装,并说几句赞美和感谢的话。

2. 拒收礼仪

送礼是一种有目的的交际行为,或为表达友情,或想求你办事等,受礼人对此应该心中有数。以下几种情况应拒绝接受礼品:一是并不熟悉的人送给你极其昂贵的礼品;二是隐含着可能使你发生违法乱纪行为的礼品;三是感觉接受后会受到对方控制的礼品。

一般情况下,拒收礼品应当场表示,最好不要接受后再退还。当看到对方赠送的礼品不能收时,一是应该对对方的心意表示感谢,二是要坦率地或者委婉地讲明不能接受的原因和理由。

如果确因一些原因很难当场退还,也可以采取收下再退回的办法。退还礼品时,一是要及时,最好在 24 小时之内将礼品退还本人;二是要保证礼品的完整,不要拆启封口后再退还或者试用过之后再退还。

在退回对方转赠的礼品时,也要讲究策略。请人送回时,最好附上:"谢谢,心领了"等字样的小条子或小信函。但对于贿赂性礼品,应严词拒绝,不必拘泥于礼节。

同向思政

廉洁小故事

陶母退鱼

晋代名臣陶侃年轻时曾任浔阳县吏。一次,他派人给母亲送了一罐腌制好的鱼。他母亲湛氏收到后,又原封不动退回给他,并写信给他说:"你身为县吏,用公家的物品送给我,不但对我没任何好处,反而增添了我的担忧。"这件事让陶侃受到了很深刻的教育。

杨震拒金

东汉时,杨震在赴任途中经过昌邑时,昌邑县令王密山来拜访他,并怀金十斤相赠。

杨震说:"故人知君,君不知故人,何也?"王密没听明白杨震的责备之意,说:"天黑,无人知晓。"杨震说:"天知,神知,你知,我知,何谓无知。"王密这才明白过来,大感惭愧,怏怏而去。

厚谢婉拒

宋时,刘温叟在朝中身居要职,一个自称他门生的人送给他一车粮草,刘温叟推辞不掉,当即答谢回赠他一套华丽的衣服,其价值高于一车粮草的数倍,那人见达不到送礼行贿的目的,只好将粮草拖了回去。

4.5.3 回(还)礼

"来而不往非礼也",在人际交往中,要讲究礼尚往来。虽然赠送者送人礼物,不应存有指望人回报的心理,但接受他人礼品之后,即应铭记在心,在适当的时机,以适当的方式,向对方回赠礼品,这才是合乎礼仪的。

依照社交礼仪的规范,回(还)礼时,重点要注意把握好回礼的时间和形式这两个问题。

1. 回(还)礼的时间

选择回(还)礼的时间,要讲"后会有期"。最佳选择有三个:
(1) 适逢与对方馈赠自己的相同的机会还礼;
(2) 在对方及其家人的某一喜庆活动中还礼;
(3) 在此后登门拜访之时还礼。

若是还礼过早,好似"等价交换",又好比"划清界限",会使自己显得浅薄庸俗。但要是拖延过久,遥遥无期,则又跟无回礼打算无异。

2. 回(还)礼的形式

(1) 与对方相赠之物的同类物品作为还礼;
(2) 与对方相赠之物价格大体相当的物品作为还礼;
(3) 以某种意在向对方表示尊重的方式来代替还礼,如在受礼之后,在口头上或书面上向对方致谢;
(4) 在再见对方之时,使用对方的赠礼,以示不忘。

4.5.4 送花礼仪

古今中外,鲜花都受到人们的喜爱。正式活动中,向贵宾赠送鲜花是必不可少的礼节。在人际交往中,赠送鲜花已成为一种特殊的馈赠形式和一种时尚。人们普遍认为赠送鲜花最有品位、最高雅脱俗、最温馨浪漫,也最有把握获得成功。

1. 花语(花的寓意)

花语是指人们用花来代表语言,表达人的某种感情与愿望,在一定历史条件下逐渐约定俗成的,为一定范围人群所公认的信息交流形式。花语是花卉文化的核心,花语虽无声,但无声胜有声,其中的含义和情感表达甚于语言。送花要懂花语,才会做得得体妥当。

 知识拓展

花语的起源

花语最早起源于古希腊,那个时候不只是花,叶子、果树都有一定的含义。在希腊神话里记载过爱神出生时创造了玫瑰的故事,玫瑰从那个时代起就成了爱情的代名词。

花语真正盛行是在法国皇室时期,贵族们将民间有关花卉的资料整理编档,里面就包括有花语的信息,这样的信息在宫廷后期的园林建筑中得到了完美的体现。

大众对于花语的接受是在19世纪左右,那时的社会风气还不是十分开放,在大庭广众下表达爱意是难为情的事情,所以恋人间赠送的花卉就成了爱情的信使。

随着时代的发展,花卉成了社交的一种赠与品,更加完善的花语代表了赠送者的意图。

1) 我国常见的花语

牡丹——雍容、华贵;菊花——高洁、长寿;红玫瑰——我爱你;兰花——典雅、高洁;水仙——秀丽、脱俗;桂花——美好、吉祥;桃花——美好、活力;荷花——纯洁、清高;紫荆——兄弟和睦;康乃馨——温馨、母爱;木棉——英雄豪情;梅花——坚贞不屈;万年青——友谊长存;百合花——圣洁、幸福;马蹄莲——聪敏。

2) 西方花语

刺玫瑰——优美;白百合——纯洁;红茶花——天生丽质;野葡萄——慈善;紫藤——欢迎;薄荷——有德;杜鹃——节制;鸡冠花——爱情;大丽花——不诚实;万寿菊——嫉妒、悲哀;白丁香——念我;四叶丁香——属于我;红郁金香——宣布爱情;红康乃馨——伤心;野丁香——谦逊;柠檬——挚爱;水仙——尊敬和自爱;白菊花——悲伤;兰花——热情;百合花——庄重和尊敬;石竹——奔放和幻想;牡丹——拘谨和害羞。

3) 世界上主要国家的国花

美国、英国国花——玫瑰;意大利国花——雏菊;德国国花——矢车菊;俄罗斯、秘鲁国花——向日葵;新加坡国花——万代兰;利比亚、西班牙国花——石榴花;土耳其、匈牙利、荷兰、伊朗、新西兰国花——郁金香;印度国花——荷花;澳大利亚国花——金合欢花。

2. 送花礼仪

送花一般应送鲜花,也可以送绢花,但不能送塑料做的假花。鲜花象征着美好、吉祥、幸福、友谊,赠送鲜花要特别注重礼仪。送花可以送花束、花篮、盆花、插花和花环。一般场合送花束,如探慰病人、拜会朋友、参加宴会等。在比较重大或正式的场合,如开业典礼、庆祝仪式等,可以送花篮,以示隆重。

送花可以自己亲自送,也可以请花店代送,附上口授而请花店代笔的贺信或贺卡。

鲜花是一种高雅的礼品,通过赠花来表达微妙的感情和心愿别有一番意境。送花要注意不同对象、不同场合中花的不同寓意。比如,看望长辈、拜访名人可送兰花,兰花在花草中为风雅之首,它品质高尚,花开幽香清远,被人们推崇为"天下第一香",还有"正人君子"之称;还可以送水仙花,祝愿长者吉祥如意。看望父母,可以买几枝代表健康的剑兰花;送给母亲最适宜的花是康乃馨。恋人相会时,可以送玫瑰花,表示爱情;送蔷薇花,表示热恋;送丁

香花,表示对爱情的坚贞不渝。参加婚礼或者看望新婚夫妻时,送海棠花,表示祝君新婚快乐;送并蒂莲,祝愿夫妻恩爱,白头偕老;送月季花,表示甜蜜爱情永不衰。朋友远行,出国学习,可以送芍药花,表示依依惜别之情;送红豆,表示相思与怀念。也可以将几种鲜花搭配在一起来表示某种特殊的意义。比如用常春藤、麦藁、五爪龙组合成的花束送给新婚夫妇,表示:相亲相爱、永不分离。用杉枝、香罗勒、胭脂花组合成的花束送给远行的人,表示:再见,祝您一切美好!勿忘我。

3. 送花的禁忌

由于同一种花在不同的国家、民族往往会被赋予大不相同的寓意,所以在送花时必须要了解和注意交往对象的民俗寓意,不能弄巧成拙。我们可以从花的品种、色彩、数量三个方面注意送花的禁忌。

1)花的品种

中国人喜欢荷花,是因为其"出淤泥而不染,濯清涟而不妖"的高贵品质,可是日本人忌荷花,认为荷花同死亡相连。

中国人喜欢菊花,但是菊花绝不能送给西方人。在西方不少国家,菊花寓意死亡,只能在丧葬活动中使用。

在一些西方人眼里,白百合花和大丽花也只能在丧礼上用,平时是不能送人的;石竹花有招致不幸的意思;红玫瑰只能是恋人和情人的专利。

在广东、海南、港澳地区,金橘、桃花表示"吉""红火"的意思,而梅花、茉莉和牡丹花却表示"霉运""没利""失业"的意思。

2)花的色彩

中国人喜欢红色,认为红色大吉大利。新人结婚时,也是大红"喜"字、红色鲜花、红色的衣服和环境布置。而在西方人眼里,白色象征着纯洁无瑕,新人的衣裙、鲜花都选用白色。

在西方国家,送黄色的花意味着变节、不忠诚或者分道扬镳,送纯红色的花儿则意味着向对方求爱。

3)花的数量

在中国,喜庆活动中送花要送双数,意味着"好事成双"。而在丧葬仪式上则应送单数花,以免"祸不单行"。

在西方国家,送花讲究单数。他们认为,自然的美是不对称的,花是自然的一部分,选择偶数的花缺乏审美感和鉴赏力,奇数是吉利的象征,送1枝花表示"一见钟情",送11枝表示"一心一意",送99枝表示"天长地久"等。但"13"这个数字是不吉利的,不可用。

本章小结

会面、拜访、接待、馈赠是最基本、最经常的社交和商务交往活动,它体现着人类群体性、社会性的特点,蕴含着社交和商务交往的许多礼仪规范,反映出每个社交活动者的品德、修养和社交水平与职业素养。

位次礼仪是指在各种社交活动的位次安排中需要遵循的一系列礼仪规范。位次礼仪是社交礼仪和商务礼仪的重要内容,一般情况下,不同场合位次礼仪要求是不同的。恰当妥善的位次安排,是对交往对象的认可和尊敬,也能体现自身专业、细致的工作作风和态度。

位次排列有五大技巧:居中为上(中央高于两侧)、前排为上(适用所有场合)、面门为上(良好视野为上)、以远为上(远离房门为上)、以右为上(遵循国际惯例,但中国的政务会议保留以左为上的做法)

会面礼仪是人们会面时约定俗成互行的礼仪,好印象从见面开始。握手是最常见的见面礼节,握手是交际的一个部分。握手的力量、姿势与时间的长短往往能够表达出握手对方的不同礼遇与态度,显露自己的个性,给人留下不同印象;也可通过握手了解对方的个性,从而赢得交际的主动。握手礼最关键的是要把握握手的顺序、握手的方式和握手的禁忌等。此外还有鞠躬、欠身、亲吻与拥抱、举手、拱手与合十等见面礼。

初次相识,往往要互呈名片。名片是当代社会不论私人交往还是公务往来中最经济实惠,最通用的介绍媒体,被人称作自我的"介绍信"和社交的"联谊卡"。

拜访是指前往他人的工作单位或住所去会晤、探望对方,进行接触与沟通;按不同目的可分为礼节性拜访和事务性拜访两类。

拜访前的准备是必不可少的,它影响到拜访成功与否。不管哪种拜访,都应遵循一定的礼仪规范。要事先预约,不做不速之客;如期而至,不做失约之客;悉心准备,不做冒失之客;适时告辞,不做难辞之客;彬彬有礼,不做粗俗之客。

探视是拜访的另一种形式,当朋友同僚因病住院时,适时探视有雪中送炭之功效。

接待是社会组织与外界沟通联系的第一环节,接待工作的好坏直接影响组织的形象以及组织与公众的关系。接待是一项细致而重要的工作,包括迎客、待客、送客三个环节。接待的总的礼仪原则是"热情周到、宾至如归"。

馈赠是指人们为了向他人表达自己的情意,而将某种物品不求报偿、毫无代价地送给对方。"礼品是人际交往的通行证",馈赠是社交和商务活动中不可缺少的重要内容。馈赠礼品能起到联络感情、加深友谊、促进交往的作用,因而在社交和商务活动中越来越受到人们的重视。礼品的选择是馈赠的首要环节,"投其所好"是赠送礼品最基本的原则。此外,馈赠的时机与场合也应予高度重视。

"礼尚往来"是中华民族的传统美德。接受他人礼品之后,应铭记在心,在适当的时刻,以适当的方式,向对方回赠礼品。回(还)礼时,重点要注意把握好还礼的时间和还礼的形式这两个问题。

赠送鲜花,已成为一种特殊的馈赠形式和一种时尚。赠送鲜花首先要懂得"花语",要了解习俗、爱好,还要懂得不同数字所包含的"语意"。

案例分析

案例一:

棉纺厂和甲公司有着多年的合作关系,两家公司亦很重视双方的合作。甲公司的副总过几天又要来棉纺厂洽谈一项业务。为表示合作的积极与热情,棉纺厂拟仍按照以往的习惯,由单位徐总经理接待这位副总。事有凑巧,与棉纺厂刚刚谈定一合作项目的乙公司的一位副总也要来访,而且是与甲公司的副总同一天来。因为是第一次合作,棉纺厂决定由徐总接待乙公司的副总,而老朋友甲公司的副总改由一位副总接待。

事情当天,甲公司的副总知道这一情况后,很生气,虽然棉纺厂一再解释,但他还是愤然离去,多年的合作关系画上了句号。

分析:

在接待来访过程中,接待规格非常重要。一般来说,应采用对等接待。但如果是老朋友来访,则要按照以往的接待规格来接待。例中虽然棉纺厂的副总接待甲单位副总属于对等接待,但是因为对方已经习惯了以往的高规格接待(即由徐总亲自接待),自然对这一对等接待表示不满。

另外,因为特殊原因,如果确实不能做到按以往规格接待,那么要事先向对方解释清楚,这样自然可以得到对方的谅解。不过列中的原因不但不能得到对方谅解,反而会觉得棉纺厂此举是厚此薄彼,重新轻旧。

案例二:

在日本,有一个流传很广且很受用的商务礼仪故事。有一个部门主管在餐厅里与客户谈项目的时候,邻桌专门安插了一个公司的职员,这位职员不是来吃饭的,而是来记录上司与客户谈话的,但这里是用心记而不是用笔记录。当上司旁敲侧击地令对方将自己的喜好以及家人的喜好和盘托出时,这位职员立马行动,出去张罗礼物。当双方的会谈愉快结束之时,这位职员又不失时机地出现,拎着送给客户一家大小的礼物。客户当然喜笑颜开了,不仅自己有礼物,家人也有,且都是大家喜欢的东西,结果自然不言而喻,他们的合作很成功。可见商务活动中因人而异馈赠的重要性。

分析:

馈赠礼品看起来事小,其实如果馈赠得体,会收到意想不到的效果。既能表达对客人的尊重之心,又能传递主人对客人的真心诚意,且有助于商务活动的顺利开展。

案例三:

大学毕业生小赵分到某大酒店公关部,经过几年的勤恳工作被聘为科长。一次,酒店接待一位前来投资的大老板,经理把接待任务交给了小赵。小赵认真准备,可是一不小心,客人主宾位弄错了,大家都忙未发现,等发现时已经迟了,结果这次投资项目告吹了,小赵也被调离了公关部。

分析:这是位次礼仪问题,主宾座位弄错就是对客人的不尊敬。也许这是一个很偶然的失误,但一不小心就会酿成大错。因此,在接待工作中,事无大小,必须严格按照礼仪规则来办理,讲究接待艺术。

角色扮演

1. 拜访客户礼仪

你所在公司生产的化工机械设备出现了技术问题,技术部人员已经研究了好几天,尝试了几个方案都没有解决问题,最后终于打听到有一位专家刘教授可以解决这个问题。作为

公司技术总监的你决定前往拜访。请分角色扮演拜访的全过程。(人物:你、专家刘教授。地点:刘教授办公室)

2. 见面礼仪

在公司见到同事、上司、客户时的见面问候礼仪,要求有称呼、握手、递接名片、给其他同事介绍等口头语言和身体语言。(人物:同事1人、上司1人、客户1人;公司环境等自定。)

第 5 章
商务宴请礼仪

学习目标

知识目标：掌握商务宴请礼仪规范的基本内容。了解一些赴宴礼仪。掌握中、西餐礼仪以及饮茶、咖啡礼仪的基本内容，明确不同宴请的礼仪规范。

能力目标：掌握商务宴请礼仪的方法和技巧，具有灵活开展商务宴请的能力，在中西餐宴请中能够符合礼仪规范。

素质目标：能够在各类商务宴请中准确地把握自我，体现较高的宴请礼仪素质，树立个人和组织的良好形象。

为何张洪能谈成这次生意？

这是张洪升任公司副总以来第一次单独宴请客户，而且成都客户卢先生是公司的一个重要客户，事关几百万生意的成败，张洪不免有些紧张。

事先，张洪做了周密的安排：他先在一家川菜馆定了包房，点好菜。因为他了解到卢先生是从美国出差后直接来华。离开中国这么久，肯定特别想念家乡菜的味道。张洪按约定的时间提前来到包房等候，听到迎宾小姐"这边请"的声音之后，张洪赶快安抚了一下自己的情绪，尽量镇定地坐在那里。门开了，一位 60 多岁的老人走了进来，张洪马上走过去，热情地伸出手："您好，卢先生。"张洪向卢先生做了自我介绍，尽量使自己谈吐清晰，彬彬有礼。

开始上菜了，一碟一碟十分精致，大都是成都的家常菜。卢先生显得非常兴奋，两人边吃边聊，整个吃饭的时间笑语不断。用过餐后，盘里的菜大都已经吃完了，就一个盘子里还剩下了四个小包子，张洪吩咐服务员打包。服务员似乎不解，不加理会，张洪自己动手认真地把包子装入方便盒中。这时，卢先生向他投来了赞赏的目光："没想到张总这么节俭，对于现在的年轻人来说，真是难能可贵。"张洪谦虚地笑了："养成习惯了，家母说'粒粒皆辛苦'，公司也都提倡节俭，所以我也变得有些'小抠'了。"

说罢，两人相视，哈哈大笑。三天后，卢先生的公司和张洪所在的公司顺利签下合约，卢先生特地点名要张洪参与这项合作。

分析提示：在商务宴请中，应掌握一些基本的礼仪规范，了解基本的宴请类型、种类、性质等。此次宴请，张洪选择了合适的宴请类型，掌握了布菜礼仪，很好地诠释了规范的宴请礼仪，因此能够达成合作。

5.1 宴请礼仪

宴请是商务交往中常见的活动,与客户交流、庆祝合同签订等都会宴请。宴请或参加宴会是每个人都不可避免的。无论是新朋友还是老朋友,都可以在轻松和谐的宴会中,交流思想,加深感情,增进了解。

5.1.1 基本宴请类型

宴会是按照一定规格和程序隆重招待宾客的一种社交应酬活动。宴会种类复杂,名目繁多。按设宴目的可以划分为欢迎宴、答谢宴、节庆宴、告别宴、招待宴等;按宴会举办时间可以分为早宴、午宴、晚宴,一般档次最高的是晚宴;按宴会类型可以划分为中式宴、西式宴、中西混合宴;按宴会规格可以划分为国宴、正式宴会、便宴、家宴等。宴会一般持续时间为两个小时左右。

1. 按接待规格分类

1) 国宴

国宴是接待规格最高、礼仪要求最为严格的正式宴会。大都是国家元首或政府首脑为欢迎应邀国外访华者或在重要节日招待各界人士而举行的。参会者必须着正装,按礼宾次序依次排列入座。

行国宴的宴会厅内要悬挂主客双方国旗,并由乐队演奏国歌和席间乐。宴会期间由国家元首或政府首脑主持,席间由主人和主宾致辞和祝酒。

 **知识链接**

丰富多彩的国宴菜系

神秘的中国国宴菜谱汇集了全国各地的地方菜系,经几代厨师的潜心整理、改良、提炼而成,让首长、外宾都能吃,像国宴的川菜,少了麻、辣、油腻;苏州、无锡等地的菜,少放了糖。我们来看看国宴的餐桌上都摆放着哪些名菜:

国宴法式焖蜗牛。这是法国前总统希拉克最喜爱的一道国宴菜,此菜选用优质进口蜗牛和黄油、蒜茸烤制而成,口感独特,营养丰富。

国宴酥皮鱼翅盅。俄罗斯前总统叶利钦对此菜有很高的赞誉。此菜选用上等鱼翅和国宴顶级浓汤制作而成,口感独特,营养丰富。

国宴狮子头。这是周恩来总理最喜爱的一道国宴菜。此菜选用肥四瘦六的五花肉手工切成小粒,和国宴顶级清汤制作而成,形态丰满,犹如雄狮之首,因此得名"狮子头"。周恩来总理赞誉此菜"清而不淡,肥而不腻"。

国宴乌鱼蛋汤。这是毛主席最喜爱的一道国宴汤菜。此汤被誉为"钓鱼台台汤"。它精选高级乌鱼蛋和国宴顶级清汤制作而成,微酸微辣,妙不可言。

国宴开水白菜。这是胡锦涛最喜欢的国宴精品菜,也是一道非常有名的经典国宴。此菜精选东北大白菜菜心和国宴顶级清汤制作而成,看似朴实无华,却尽显国宴制汤功夫,汤色淡黄清澈,香醇爽口,沁人心脾。

国宴佛跳墙。这是一道极品国宴菜。此菜精选鲍鱼、鱼翅、辽参、鱼肚、干贝、鲍菇、鸽蛋、裙边等八种顶级原料,配以国宴顶级浓汤制作而成,浓汤制作时间长达三天三夜,开坛香,味道鲜醇,营养丰富,养生保健,是各国领导人都喜爱的一道国宴菜。

2) 正式宴会

正式宴会是相对于非正式宴会而言的,其规格与标准仅次于国宴,通常是政府或人民团体有关部门,一般是欢迎应邀来访的宾客或者来访宾客为答谢主人而举行的宴会。除了不悬挂国旗、不演奏国歌以及出席人员的规格不同,其安排大体与国宴相同。正式宴会的礼仪要求也比较严格,宾主按身份的不同排座次和席次,若是对客人服饰有特殊的要求一般会在请柬中注明。席间一般也有致辞和祝酒,有时也设乐队演奏席间乐。正式宴会时间一般控制在一个半小时左右,对餐具、酒水和菜肴的数量均有一定的要求。

3) 便宴

便宴也称便餐宴会,不属于正式宴会,所以比较亲切、随便,大都用于招待关系亲密的朋友。便宴形式灵活,菜肴可以根据主人的实力和客人的喜好而定,设宴目的偏重人际交往,而不注重规模、档次;可以不排座次,不做正式讲话致辞。

4) 家宴

家宴一般以私人名义设宴招待客人,多在家中举办。家宴往往是主人亲自下厨烹饪,家人共同招待客人,不讲究严格的礼仪,菜肴数量不限,席间主宾随意交谈,气氛亲切和谐,轻松而自由。

5) 茶会

茶会又称为茶话会,招待方式较为简单。多为人民团体举行纪念和庆祝活动所采用。举行的时间多在下午4时左右。茶会地点设在客厅,而不用餐厅。厅内设茶几、座椅,不排座次。餐食一般为茶点、水果和一些风味小吃。宾主聚集在一起,喝茶尝点心,轻松自由。茶会有所讲究是茶叶和茶具的选择,茶具一般选用陶瓷器皿,而不用玻璃杯。有时席间还安排一些短小的文艺节目助兴,使气氛更加喜庆、热烈。在商务谈判中,很多场合都使用茶会的形式招待对方。

6) 冷餐会

冷餐会亦可称作自助餐宴会,宴会形式比较西方化,餐食一般用冷餐(也可有热菜)、酒水、点心、水果。冷餐会的设宴地点较为多样,可在室内、庭院或花园等地举行。可设小桌、椅子,自由入座,也可不设椅子站立进餐。举办时间在中午12时至下午2时或下午7时。菜点和餐具分别摆在菜台上,由宾客随意取用。宴会期间,宾主可自由走动、敬酒、交谈。冷宴不受餐位的限制,可以容纳更多的客人同时进餐,不因缺乏招待人员而影响进餐,客人可自己拿取食物。相比于任何正式宴会,冷餐宴不受礼仪上的约束,整个宴会期间,客人都可以自由活动。冷餐会已逐渐成为社交活动中比较受欢迎的一种进餐方式。

2. 按宴请活动的性质分类

1）礼仪性宴请

礼仪性宴请的政治色彩和民族色彩较为浓厚。一般国宾来访，庆祝国庆等重要节日大都会采用礼仪性宴请，这是礼仪的必须，是一项有礼宾规格和必要的礼宾程序的礼仪活动。

2）交谊性宴请

交谊性宴请的举行目的为表示友好、联络感情、沟通信息、发展友谊，如欢迎接风、送行告别等。这种宴会规格讲究不是特别严，要亲切、友好，气氛热烈，能达到发展友谊的目的。

3）商务性宴请

商务性宴请是商务人员为了增进友谊、联络感情、业务洽谈、协议签约、资料信息交流等目的而举办的宴会，其消费水平较高。有的是事先预订，有的是临时决定。

5.1.2 基本礼仪要点

1. 坐席礼仪

（1）桌次：按照我国惯例，一般以离主桌位置的远近而论，右高左低。桌数较多时，要摆放桌次牌。中餐餐桌通常采用圆形桌。

（2）座次：原则以右为尊，将主宾安排在主人的右侧，次主宾安排在主人的左侧。参加人数较多的宴会，主人应事先安排桌签以供客人确认自己的位置。按惯例，同一桌的座次高低以离主人座位远近而定。若出席宾客中有夫妻双方，通常把女士安排在一起，即男主人的右侧是男主宾，女主人的右侧是主宾夫人。西方国家的习惯是男女穿插排列，以女主人为首，男主宾坐在女主人右侧，女主宾坐在男主人的右侧。如果桌数较多，各桌的第一陪同人员应尽量面朝主桌的第一主人，也可以与主人的位置相同。

（3）入座：主人或者长者主动安排众人入座；来宾在长者或女士坐定后，方可入座；入座时，女士旁边的男士应为其拉开座椅。

（4）体态：入座后坐姿端正，脚踏在自己座位下，不跷腿，不抖动腿脚，也不可随意摆放伸直；胳膊肘不放在桌面上，也不要向两边伸展而影响他人。

（5）交流：参加宴请即是一种社交场合，在餐桌上要关心别人，尤其要招呼两侧的女宾，不可冷落宾客；若口中有食物，应避免说话，也不要敬酒，以免喷出；宴会上应营造和谐温馨的氛围，避免谈及疾病、死亡等影响用餐气氛的沉重话题。

2. 上菜礼仪

（1）布菜：主人可为身边的客人布菜。布菜时应使用公勺或公筷。为客人布菜时要兼顾到饮食偏好，如果客人不喜欢或者已经吃饱，不可强制，不再为客人夹送。

（2）上菜顺序：中餐一般讲究凉菜在前，热菜在后，炒菜在前，烧菜在后，咸鲜清淡的先上，味浓味厚甜的后上，最后是饭点。有规格的宴席，热菜中的主菜——比如燕窝席里的燕窝，鲍鱼宴里的鲍鱼，鱼翅宴里的鱼翅，应该最先上，所谓贵菜先上。再辅以溜炒烧扒。

（3）宴席里的大致顺序是：① 上茶，因为要等待，所以先来清口茶，具体视情况而定，不是必须的，因为古人喝茶多是单独的。② 凉菜——冷拼，花拼。③ 热炒——视规模选用滑炒、软炒、干炸、爆、烩、烧、蒸、浇、扒等组合。④ 大菜——（不是必需的）指整只、整块、整条的高贵菜肴，比如一头黑乳猪，一只烤全羊。⑤ 甜菜——包括甜汤，如银耳莲子羹、赤豆酒酿元宵等。⑥ 点心——通常情况下大宴不提供米饭，主要有糕点、甜饼、麻团、米粉、各种面点(如包子、饺子)等。⑦ 水果——爽口，消腻。此顺序非一成不变，如水果有时可以算在冷盘里上，点心可以算在热菜里上。较浓的汤菜，应该按热菜上；贵重的汤菜(如燕窝等)要为热菜中的头道。至于季节的考虑，则还有冬重红烧、红焖、红扒和砂锅、火锅等；夏则以清蒸、白汁、清炒、凉拌为主。此外，颜色搭配、原材料的多样化也应考虑。

3. 喝酒礼仪

酒水在社交场合中有着重要的作用。"酒文化"有着悠久的历史，当今社会人们在交际过程中越发觉得酒的重要性。酒作为一种社交载体，在迎送宾客、好友相聚、交流沟通、增强友情中起到了重要作用。所以，了解"酒文化"，掌握喝酒礼仪，对交际成功起着一定的作用。

1) 众欢同乐，切忌私语

酒宴上宴请的宾客大都较多，所以选取的话题尽量是大部分都能参与的，可以得到多数人认同的。由于每个人兴趣爱好、知识面不同的缘故，所以涉及话题尽量不要太偏，避免以自我为中心，神侃无边，出现跑题现象，而忽略了众人。值得注意的是尽量不要与人贴耳小声私语，这样往往会令他人产生嫉妒心理，影响喝酒的效果。

2) 瞄准宾主，把握大局

一般情况下，酒宴都有一个主题，通俗来讲就是喝酒的目的。赴宴时首先应环视一下赴宴人的神态表情，分清主次，不要为了喝酒而喝酒，这样则失去了交友的好机会，更不要让某些别有心机、哗众取宠的酒徒搅乱东道主设置的氛围。

3) 语言得当，诙谐幽默

酒桌上可以展示出一个人的才华、品德修养和交际风度，想要给客人留下深刻的印象，诙谐幽默的语言很重要，会使人无形中对你产生好感。所以，应该清楚什么时候说什么话，关键是语言得当、诙谐幽默。

4) 劝酒适度，切莫强求

劝酒在酒桌上屡见不鲜，有的人总喜欢把酒场当战场，认为不喝多几杯就是不实在，想方设法劝别人多喝几杯。"以酒论英雄"，对酒量大的人还可以，对于酒量小的就犯难了。过分的劝酒往往会适得其反。

5) 敬酒有序，主次分明

敬酒也是一门学问。敬酒前一定要考虑好敬酒的顺序，分明主次。一般以年龄大小、职位高低、宾主身份为序。如果与不熟悉的人在一起喝酒，要先打听一下对方的身份或是留意别人是如何称呼的，这个要心中有数，避免出现尴尬或伤感情的局面。

敬酒的顺序很重要，如果有求于某位客人，在酒席上，对他自然要倍加恭敬。但值得注意的是，如果在场有更高身份或年长的人，则不应只对能帮你忙的人毕恭毕敬，要注意先给尊者长者敬酒，不要乱了顺序，不然大家都很难为情。

"千杯不醉"的周恩来

酒在中国历史悠久,到了近现代,酒更是政治、商务活动中不可缺少的媒介。

1945年,为了停止内战,争取和平,国共两党在重庆举行和平谈判。在谈判期间的一次宴会上,毛泽东会见了重庆各界的党政要人和社会名流,期间,敬酒叙谈成为重要的交流方式。毛泽东作为绝对的主角,敬酒的人络绎不绝,周恩来为了保护酒量欠佳的毛泽东,他与毛泽东形影不离,频频举杯代替毛泽东接受敬酒,喝了一杯又一杯,终于挡住了重庆方面各路人马一拨又一拨的"酒攻势"。周恩来酒酣之后愈显神采奕奕,机敏过人又不乏诚恳,以至于一个

在场的记者竟发出了"一个周恩来就打败了整个国民党"的由衷感慨。这次活动使周恩来喝酒的名气一下传开,人们甚至送给他"千杯不醉"的称号。

说起周恩来喝酒,最值得谈的就是他和茅台酒的缘分和故事。1935年红军解放茅台镇后,为了保护茅台酒生产作坊不受损失,周恩来负责的军委政治部曾于生产茅台酒最多的成义、荣和、恒兴3家酒坊门口贴出布告:"民族工商业应鼓励发展,属于我军保护范围。私营企业酿制的茅台老酒,酒好质佳,一举夺得国际巴拿马大赛金奖,为国人争光,我军只能在酒厂公买公卖,对酒灶、酒窖、酒坛、酒甑、酒瓶等一切设备,均应加以保护,不得损坏,望我军全体将士切切遵照。"

1972年在欢迎尼克松总统首次访华的宴会上,周恩来用据说是贮藏了30年以上的茅台酒招待贵宾。当那古雅的小口白陶瓷酒瓶一打开,一股特殊的芳香悠悠溢出,沁向四周,香味浓郁,历久不散。敞杯不饮或开瓶不盖,芳香总是持久不散,就算饮后空杯,也留香不绝。这纯净透明、醇馥幽郁的茅台酒,将尼克松迷住了。茅台酒早在1915年巴拿马万国博览会上已名扬四海了,1972年2月21日的晚间,在人民大会堂举行的国宴上,电视摄像机拍下了周恩来与尼克松满脸喜悦地用茅台酒干杯的镜头,并向全世界播送,更使茅台酒伴随着这个历史性的"干杯",而名震世界。

6) 察言观色,了解人心

在酒桌上要想得到大家的赏识,首先要学会察言观色。因为与人交际,重要的是了解人心,做到左右逢源,才能演好酒桌上的角色,起到事半功倍的效果。

7) 锋芒渐射,稳坐泰山

参加酒宴时要看清场合,摆正自己的位置,正视自己的实力,做事不要太冲动,尽量保留一些酒力和说话的分寸,既不显得自己渺小,又不过分表露自己,盲目自大。在合适的时机,逐渐展示自己的锋芒,关键时刻才能稳坐泰山,使大家不敢低估你的实力。

第5章 商务宴请礼仪

中西方酒文化的差异

"天若不爱酒,酒星不在天,地若不爱酒,地应无酒泉,天地即爱酒,爱酒不愧天",东方的诗仙李白这样以不愧天为己任地去爱酒;这位斗酒诗百篇的诗仙在酒给的灵感下,创作出了大量脍炙人口的诗歌。"没有葡萄酒的日子就如同没有阳光",西方的葡萄酒之父巴斯德更是把葡萄酒比做赐予万物生命的阳光,很难分出李白和巴斯德谁对酒更热爱一些。对酒的喜爱虽然相同,但中西方文化之间的差异,却造成了中国人和西方人欣赏酒的角度有所不同,也就延伸出中西方酒文化的种种不同。

一、酒种的不同

中国的酒文化渊远流长,虽然历史最长的酒当属黄酒,但最能代表中国酒的莫过于白酒,从某种角度可以说中国的酒文化就是白酒文化。因为在中国的诸多酒种中,白酒历史悠久、工艺成熟,至今为止仍是世界上产量最大的蒸馏酒。中华文明产生在黄河流域,这里土壤肥沃、气候温和,是世界上最早的农业中心。中国五谷类粮食产量大、品种多,粮食在满足了人们食用的功能,还有剩余,这为粮食酿酒奠定了基础。

而被称为西方文明摇篮的希腊,地处巴尔干半岛,三面环海,境内遍布群山和岛屿,土壤相对贫瘠,属于典型的地中海式气候。不利于粮食作物的生长,谷类作物产量低,仅能满足食用,很难有富余的用来酿酒。而更喜欢沙砾土壤的葡萄,以其耐旱和对地中海式气候的适应而在希腊广泛种植,葡萄酒满足了西方人对酒的需求。

二、饮酒礼仪的不同

中国人饮酒重视的是人,要看和谁喝,要的是饮酒的气氛;西方人饮酒重视的酒,要看喝什么酒,要的是充分享受酒的美味。

中国的饮酒礼仪体现了对饮酒人的尊重。谁是主人,谁是客人,都有固定的座位,都有固定的敬酒次序。敬酒时要从主人开始敬,主人不敬完,别人是没有资格敬的,如果乱了次序是要受罚的。而敬酒一定是从最尊贵的客人开始敬起,敬酒时酒杯要满,表示的也是对被敬酒人的尊重。晚辈对长辈、下级对上级敬酒要主动敬酒,而且讲究的是先干为敬。而行酒令、划拳等饮酒礼仪,也是为了让饮酒人喝得更尽兴而应运而生的。显然,中国酒文化深深地受中国尊卑长幼传统伦理文化的影响,在饮酒过程中把对饮酒人的尊重摆在最重要的位置上。

而西方人饮用葡萄酒的礼仪,则反应出对酒的尊重。品鉴葡萄酒要观其色、闻其香、品其味,调动各种感官享受美酒。在品饮顺序上,讲究先喝白葡萄酒后喝红葡萄酒、先品较淡的酒再品浓郁的酒、先饮年轻的酒再饮年份较长的酒,按照味觉规律的变化,逐渐深入地享受酒中风味的变化。而对葡萄酒器的选择上,也是围绕着如何让品饮者充分享受葡萄酒的要求来选择。让香气汇聚杯口的郁金香型高脚杯、让酒体充分舒展开的滗酒器、乃至为掌握葡萄酒温度而品饮专门设计的温度计,无不体现出西方人对酒的尊重,他们的饮酒礼仪、饮酒文化都是为更好的欣赏美味而制定的。

三、饮酒目的的不同

在中国,酒常常被当做一种工具。所谓醉翁之意不在酒,在乎山水之间也。山水之乐,得知心而寓之酒,人们更多的依靠饮酒而追求酒之外的东西。青梅煮酒是为了论证谁是英雄;杯莫停的将进酒,为的是与尔同消万古愁;竹林里狂歌的七贤,为的是借酒避难。酒在中国人眼里更多的是当作一种交际的工具,所以在中国的酒文化中缺乏对于酒本身进行科学而系统的理论分析和品评,更在意饮用它后带来的美妙作用。

在西方,饮酒的目的往往很简单,为了欣赏酒而饮酒,为了享受美酒而饮酒。当然,在西方葡萄酒也有交际的功能,但人们更多的是追求如何尽情的享受美酒的味道。

比较中西方酒文化,可以发现,酒文化之间的差异其实就是中西方思维方式的差异。中国人的大写意式的发散思维,西方人则是工笔素描式的直线思维。

想想议议

李刚去南方出差,正逢大闸蟹成熟的季节,朋友招待李刚吃大闸蟹。吃完了螃蟹之后,又上了一盆汤,只见这个汤没有颜色,上面飘着几片香菜叶和几片柠檬,李刚有点纳闷:怎么这么快就上汤了?以为是吃螃蟹后用来解渴的,于是他拿起勺子伸向盆边。主人一看,苗头不对,急忙站了起来,率先将手放在了盆中,并招呼大家"来来来,大家洗手"。李刚这才明白,原来那汤是吃过螃蟹用来洗手的。

想一想:你如何评价主人的做法。

议一议:主人采用了合适的方法,避免了客人的尴尬,符合礼仪规范。

5.2 赴宴礼仪

5.2.1 认真准备

当接到别人的邀请时,无论能否出席应尽早答复对方,便于主人做出安排。一旦答复对方出席宴会,就不要随意改动。如果遇到特殊情况确实不能出席时,尤其是作为主宾,要第一时间向主人解释、道歉,甚至亲自登门以表歉意。应邀出席前,要核实宴请的主人,活动举办的时间、地点,是否邀请配偶以及对服饰的要求等相关情况。

出席宴会之前,最好梳妆打扮。女士要化淡妆,男士梳理头发并剃须。衣着要求整洁、得体、美观,以表示对宴会的重视。如果参加的是家庭宴会,可准备一份礼品给主人,在宴会开始之前送给主人。礼品价值不一定很高,但要有意义。

5.2.2 按时抵达

按时出席宴会是最基本的礼貌。出席迟早、逗留时间的长短,在一定程度上反映对宴请主人的尊重,具体应根据活动的性质和当地习俗掌握。迟到、早退或者逗留时间过短、过长,都被视为失礼或有意冷落。一般客人宜略早些到达,身份高者可略晚些到达。出席宴会要根据各地习惯正点或晚一两分钟抵达;我国则是正点或提前一两分钟抵达。出席酒会,在请柬注明的时间内到达即可。到达宴会指定地点时,脱下大衣和帽子,然后前往迎宾处,主动向主人问候。如果是庆祝活动,应表示祝贺。点头示意互致问候在场其他客人。

5.2.3 礼貌入座

应邀参加宴会时,应听从主人的安排,在进入宴会厅之前先清楚自己的桌次和座位,方便入场后坐下。入座时留意桌上的坐席卡是否写有自己的名字,不可随意入座。若邻座是长者或女士,应主动协助,帮助他们先坐下。入座后坐姿要端正,不可将双臂肘展开放在桌上。坐时应把双脚踏在本人座位下,不可随意伸出,影响他人。不可玩弄桌上的桌布、酒杯、碗盘、筷子等餐具。

5.2.4 注意交谈

坐定后,如已有茶,可轻轻饮用。无论作为主人还是宾客或陪客,注意与左邻右座的交谈,不可只与几位熟人或一两人交谈。若互相不认识,可做自我介绍。谈话要掌握时机,谈话内容要视交谈对象而定。不可旁若无人地夸夸其谈,或谈一些荒谬无理的事而引人不悦。

5.2.5 文雅进餐

在宴会开始时,一般由主人先致祝酒词。这时候应保持安静,注意倾听,不要随便讲话,不可吃东西。在主人致辞完毕招呼用餐后,即可开始用餐。

用餐时要举止文雅,切不可只顾自己的喜好转动转盘。取菜时不可一次过多,盘中食物吃完后如果不够,可以再取。嚼食物时不可发出声响,嘴里有食物时不可谈话。不可伸出舌头去接食物,而应把食物送到口中。必须剔牙时,要用餐巾纸或手遮口,不可边走动边剔牙。

5.2.6 学会祝酒

祝酒时,主宾和主人先碰杯,若举杯人数很多时,不一定碰杯。祝酒时不可交叉碰杯。当主人和主宾祝酒、致辞时应停止进餐,停止交谈。主人和主宾讲话完毕与贵宾席人员碰杯后,往往到其他席敬酒,此时应起立举杯。与别人敬酒碰杯时要注视对方,以示敬重友好。宴会上相互敬酒表示和谐热烈的氛围,不要过量饮酒,酒量控制在本人的1/3以内,避免饮酒过量而失言失态。如不能喝酒,可以礼貌地声明,但不可以把杯子倒置。

5.2.7 告辞致谢

通常情况下,在宴会结束后先是由东家向主宾传达意思,让他们做好离席的准备,紧接着在原位站起,这是传达了全体起立的信号。一般行动的信号以女主人为准,女主人先邀请女主宾离席退出宴会厅。宾客在告别时应向主人道谢,这是礼貌的表示。一般是男宾客向男主人告辞,女宾客向女主人告辞,之后再交叉,再与其他人告辞。在席间,无特殊情况不可提前离席。如果不得已需提前离席,应向主人打招呼后悄悄离去。

对主人的宴请表示致谢,除了在宴会结束告辞时表示谢意之外。

知识拓展

在宴会上的 15 条注意点

(1) 取菜舀汤,应使用公筷公匙。

(2) 吃进口的东西,不能吐出来,如系滚烫的食物,可喝水或果汁冲凉。

(3) 送食物入口时,两肘应向内靠,不直着向两旁张开,碰及邻座。

(4) 自己手上持刀叉,或他人在咀嚼食物时,均应避免跟人说话或敬酒。

(5) 好的吃相是食物就口,不可将口就食物。食物带汁,不能匆忙送入口,否则汤汁滴在桌布上,极为不雅。

(6) 切忌用手指掏牙,应用牙签,并以手或手帕遮掩。避免在餐桌上咳嗽、打喷嚏、怄气。万一不禁,应说声对不起。

(7) 喝酒宜各随意,敬酒以礼到为止,切忌劝酒、猜拳、吆喝。

(8) 如餐具坠地,可请侍者拾起并让其换新的餐具。

(9) 遇有意外,如不慎将酒、水、汤汁溅到他人衣服上,表示歉意即可,不必恐慌赔罪,反使对方难为情。

(10) 如欲取用摆在同桌其他客人面前的调味品,应请邻座客人帮忙传递,不可伸手横越、长驱取物。

(11) 如系主人亲自烹调食物,勿忘给予主人赞赏。

(12) 如吃到不洁或异味,不可吞入,应将入口食物,轻巧地用拇指和食指取出,放入盘中。倘发现尚未吃食,仍在盘中的菜肴有昆虫和碎石,不要大惊小怪,宜侯侍者走近,轻声告知侍者更换。

(13) 食毕,餐具务必摆放整齐,不可凌乱放置。餐巾亦应折好,放在桌上。

(14) 主食进行中,不宜抽烟,如需抽烟,必须先征得邻座的同意。

(15) 在餐厅进餐,不能抢着付账,推拉争付,极为不雅。

想想议议

一次糟糕的赴宴

高三暑假,我和妈妈去参加一个亲戚的婚宴。他们只是在前一天用电话通知了一下,说是中午在某某酒店,让我们过去。当天,因为不知道具体时间,又对某某酒店所处的位置不熟悉,所以我和妈妈起了个大早,以防迟到。到达某某酒店后,虽然门口有人迎接,但进入酒店后,竟没人带领我们,只是告诉了门牌号,以至于我和妈妈找了半天。进入房间,我们发现已到了不少人,闹哄哄的,有些人跷着二郎腿嗑瓜子,有的斜靠在椅子上,还有几个小孩在玩餐具,甚至还有人不耐烦地抱怨起来,更可气的是几个男士在吞云吐雾,周围不少的人都皱起了眉。婚宴正式开始,一对新人还在祝词,不少人边听边吃,还和周围的人交谈。吃饭期间,有人起身去夹离得比较远的菜,有人左手执汤匙右手执筷,因为汤较热,不少人对着汤匙吹风,还有几个孩子拿着筷子张牙舞爪,看得我胆战心惊。宴席快结束还有几道甜点没上时,就有一些人离开了。在和妈妈回家的路上,我才意识到我连新娘的脸都没看清楚,真是一次糟糕的赴宴经历。

想一想: 请指出案例中存在的问题。

议一议: 无论是代表组织,还是以个人身份出席宴会,从入宴到结束宴会都应注重礼仪规范。这既是个人素质与修养的表现,又是对主人的尊重。

5.3 中餐礼仪

中华餐饮,源远流长,中国自古为礼仪之邦,讲究民以食为天,在中西饮食文化不断交流下,中餐越来越受到外国人的青睐。看似平常不过的中式餐饮,用餐时的礼仪却别有一番讲究。中餐主要是以杯、盘、碗、碟、筷、匙六种餐具。

 **知识链接**

贾府的中秋节礼仪

八月十四日早晨,宁国府尤氏将西瓜月饼分派送人。有送给荣国府各位长辈的,有送给同僚的,有送给上司的。做好这一切后,尤氏到荣国府来侍奉贾母。晚上,尤氏回到宁国府,贾珍煮了一口猪,烧了一腔羊,余者桌菜及果品之类,不可胜记,就在会芳园丛绿堂中,屏开孔雀,褥设芙蓉,带领妻子姬妾。先饭后酒,开怀赏月作乐。坐着吃饭的有贾珍、尤氏,侍妾只能在旁边伺候,不能上桌吃饭。贾珍见风清月朗,上下如银,便要行酒令,行酒令人多才热闹,尤氏便叫佩凤等四个小妾也都入席,下面一溜坐下,猜枚划拳,饮了一回。然后又命佩凤吹箫,文花唱曲,喉清嗓嫩,真令人陶醉……

八月十五日,贾珍带领众子侄开祠堂行朔望之礼。贾珍夫妻至晚饭后过荣府来。尤氏去了大观园找邢夫人等女眷,贾珍来到贾母房里。此时贾赦、贾政都在贾母房内坐着说闲话,贾琏、宝玉、贾环、贾兰皆在地下侍立。贾珍与大家一一见礼,说了两句话后。因为贾珍是玉字辈的老大,又是族长,贾母让贾珍坐,贾珍方在近门小杌子上告了坐,警身侧坐。月亮升起来后,贾母等带领众人齐往大观园中上香拜月。中秋节活动正式开始。

5.3.1 用餐地点

中餐根据时间的安排,分为早餐、午餐、晚餐。宴请时间的确定要考虑到方方面面,主要遵从民俗惯例。主人在设宴请人的时候,要优先考虑被邀请人,特别考虑主宾的实际情况,要注意主随客便,不要不闻不问。如果可以的话,可以和主宾协商一下,最好方便大家。尽量多备选几个时间段供大家选择,这是有诚意的表示,同时也要对时间长度有一定的掌控。

除此以外,用餐地点的选择在社交聚餐中占有重要作用。

环境舒适是首要选择,宴请最简单的方面就是"吃东西",但深层次来讲是"吃文化"。假若用餐地点的档次不高,环境较差,那即使菜肴色香味俱全,也不能将宴请的格调提高。因此,在有条件的情况下,一定要挑选安静、舒适的地方用餐。

再者就是卫生,要干净清爽。在决定用餐地点之前,一定要看清楚卫生状况如何。假若用餐地方卫生很差,又乱又脏,就会让客人对饮食安全担心,也会破坏客人的用餐心情。

设宴时,需要考虑该地点的设施是否齐备,还要考虑到赴宴者交通情况,是否方便,公共交通是否能到达,宴会地点有没有停车场,需不需要为参宴者准备交通工具等一系列的具体问题。

5.3.2 餐具使用

下面主要介绍餐具的使用中常出现的问题。

1. 餐具分类

1)筷子

筷子是中餐最主要的餐具。使用筷子,通常必须成双使用。使用筷子时需要注意以下几个问题:

一是无论筷子上是否有残留的东西,都不要去舔筷子,这是很不雅观的。而且用舔过的筷子去夹菜,会让人十分倒胃口。

二是和别人说话时,要暂时放下筷子,这是对别人的尊重。不要把筷子当指挥棒去挥舞。

三是筷子不能直立插在碗中,这在中餐中是非常忌讳的。因为这是在祭奠死者的时候才会用的。

四是严格筷子的职能。筷子只是用来夹取食物的,不要作他用。例如,剔牙、挠痒或是用来夹取食物之外的东西等。

其中不变的是杯、筷子、勺子、碗、餐碟的位置

巾碟、牙签、茶杯根据各自酒店统一标准

礼仪佳话

中国筷子的文化内涵

(1)筷子一头圆、一头方。圆的象征天,方的象征地,对应天圆地方,这是中国人对世界基本原则的理解。方的在上,圆的在下,直接接触食物,代表"民以食为天"。

(2)手持筷子时,拇指、食指在上,无名指、小指在下,中指在中间,是为天地人三才之象,这是中国人对人和世界的关系的理解。

(3)一双筷子分为两根,代表中国人遵守太极和阴阳的理念。太极是一,阴阳是二,一分为二,这代表着万事万物都是有两个对立面组成的;合二为一,这阴与阳的结合,也意味着一个完美的结果。

(4)《周易》中有明八卦:乾、坎、艮、震、巽、离、坤、兑;暗八卦:休、生、伤、杜、景、死、惊、开。筷子有两根就是二,对应到八卦就是"兑"卦,是"口"的意思。筷子本身直、长,对应八卦的"巽"卦,是"入"的意思。

（5）使用筷子时,一根为主动,另一根为从动;主动为阳,从动为阴,此为两仪之象。

（6）一双筷子躺在餐桌上,就如同一支笔躺在书桌上,这是文雅的表现。

（7）筷子的标准长度是七寸六分,代表人有七情六欲,以示与动物有本质的不同。

（8）筷子还有点穴、按摩和刮痧的作用。旧时人们走江湖,身上只要有一双筷子,有什么毛病都能自己搞定,即便忘了带,随手掰根树枝或芦苇,折断了,在石头上磨一磨,在水里洗一洗也能用。

 知识拓展

筷子的使用礼仪

中国的筷子是十分讲究的,"筷子"又称"箸"（筋）,远在商代就有用象牙制成的筷子。《史记·宋微子世家》中记载"纣始为象箸"。用象牙做箸,是富贵的标志。做筷子的材料也不同,考究的有金筷、银筷、象牙筷,一般的有骨筷和竹筷、塑料筷。湖南的筷子最长,有的长达两尺左右;日本的筷子短而尖,这是由于吃鱼片等片状食物的缘故。

中国人使用筷子,在人类文明史上是一件值得骄傲和推崇的科学发明。李政道论证中华民族是一个优秀种族时说:"中国人早在春秋战国时代就发明了筷子。如此简单的两根东西,却高妙绝伦地应用了物理学上的杠杆原理。筷子是人类手指的延伸,手指能做的事,它都能做,且不怕高热,不怕寒冻,真是高明极了。比较起来,西方人大概到16世纪、17世纪才发明了刀叉,但刀叉哪能跟筷子相比呢?"日本的学者曾测定,人在用筷子夹食物时,有80多个关节和50条肌肉在运动,并且与脑神经有关。因此,用筷子吃饭使人手巧,可以训练大脑使之灵活,外国人对这两根神奇的棍状物能施展出夹、挑、舀、撅等功能钦羡不已,并以自己能使用它进食而感到高兴。

经过长时间的实践,人们对筷子的使用也有了一些礼仪上的忌讳:

一忌敲筷。即在等待就餐时,不能坐在餐桌边一手拿一根筷子随意敲打,或用筷子敲打碗盏或茶杯。

二忌掷筷。在餐前发放筷子时,要把筷子一双双理顺,然后轻轻地放在每个人的餐桌前;距离较远时,可以请人递过去,不能随手掷在桌上。

三忌叉筷。筷子不能一横一竖交叉摆放,不能一根是大头,一根是小头。筷子要摆放在碗的旁边,不能搁在碗上。

四忌插筷。在用餐中途因故需暂时离开时,要把筷子轻轻搁在桌子上或餐碟边,不能插在饭碗里。

五忌挥筷。在夹菜时,不能把筷子在菜盘里挥来挥去,上下乱翻。遇到别人也来夹菜时,要有意避让,谨防"筷子打架"。

六忌舞筷。在说话时,不要把筷子当作刀具,在餐桌上乱舞;也不要在请别人用菜时,把筷子戳到别人面前,这样做是失礼的。

2) 勺子

它的主要作用是舀取菜肴、食物。有时,用筷子取食时,也可以用勺子来辅助。尽量不要单用勺子去取菜。使用勺子时,注意取用的数量,不要过满,以免弄脏自己的衣服或者溅到餐桌上。使用勺子舀完食物后可稍做停留,以免盛舀过程中食物滴落得到处都是。

当不用勺子时,把它放在自己的碟子上,不要直立在食物中。用勺子取食物后,要放在自己碟子或碗里,不可再倒回原来的碗中。如果取用的食物太烫,可以先放到自己的碗里,等放凉了再吃,不可用勺子舀来舀去,更不要对嘴吹。

3) 盘子

不同的盘子功能不同。用来盛放食物的是稍微小一点的盘子,它的功能和碗略同。

有一种用途比较特殊的盘子需要着重介绍,它被称作食碟。从公盘里取来的菜肴暂时放在公盘中,但取用食物时不要一次性取得太多,这样会让人觉得很没有礼貌,而且也会显得盘中很杂乱。可以吃完再取,少量多次,盘中也不要各种菜肴堆放在一起,不仅不好看也会影响口感,还极有可能串味。遇到不吃的残渣、骨、刺之类的,不要随意吐在地上、桌上,可以用筷子夹放到碟子旁边。如果碟子被食物堆满了,示意让服务员换一下碟子。

4) 水杯

水杯作为茶水、饮料的盛放容器,不要用来盛酒,酒有专门的酒杯。桌子上的水杯如果不用,也不要倒扣。

5) 湿毛巾

湿毛巾的使用会比较有讲究,餐前的湿毛巾只能用于擦手或者擦脸,意为除去风尘之类的意思。擦完手后,应该放回盘子中,等待服务员取走。有时宴会结束后也会有一块湿毛巾,这时的湿毛巾就是用来擦嘴,这一点要注意,与前者不同,它不能用来擦手、抹汗。

6) 牙签

一般桌子上都会有牙签盒,但是不要当众剔牙。非剔不可时,要用纸巾或用另一只手掩住口部,不要当众观赏或随手乱弹、随口乱吐。不要一直叼着牙签,给人一种轻视的感觉,更不要用牙签去插取食物。

用餐时的得体表现

任何国家的餐饮,都有自己的传统习惯和寓意,中餐也不例外。比方说,过年少不了鱼,表示"年年有余";和渔家、海员吃鱼的时候,忌讳把鱼翻身,因为那有"翻船"的意思。

用餐的时候,不要吃得摇头摆脑,宽衣解带,满脸油汗,汁汤横流,响声大作。不但失态欠雅,而且还会败坏别人的食欲。可以劝别人多用一些,或是品尝某道菜肴,但不要不由分说,擅自作主,主动为别人夹菜、添饭。不说这样做是不是卫生,而且还会让人勉为其难。

第5章　商务宴请礼仪

取菜的时候，不要左顾右盼，翻来覆去，在公用的菜盘内挑挑拣拣。要是夹起来又放回去，就显得缺乏教养。多人一桌用餐，取菜要注意相互礼让，依次而行，取用适量。不要好吃多吃，争来抢去，而不考虑别人用过没有。够不到的菜，可以请人帮助，不要起身甚至离座去取。

用餐期间，不要敲敲打打，比比画画。还要自觉做到不吸烟。用餐时，如果需要有清嗓子、擤鼻涕、吐痰等举动，尽早去洗手间解决。

用餐的时候，不要当众修饰。比如，不要梳理头发、化妆补妆、宽衣解带、脱袜脱鞋等。如必要可以去化妆间或洗手间。用餐的时候不要离开座位四处走动。如果有事要离开，也要先和旁边的人打个招呼，可以说声"失陪了""我有事先行一步"等。

5.3.3　点菜礼仪

按照中国传统及饮食习惯，请人吃饭实际上不如说是"请人吃菜"。所以对菜单的安排马虎不得。它涉及的问题有餐品的选取与准备。

首先，点菜时要量力而行，做到吃好、吃饱就可以，不要为了面子，去点一些不切实际的大菜或名菜，既不实惠，又浪费钱；更不要随意点一通，不仅对自己没好处，还会落人笑柄。点菜时要做到心中有数，不超支，不浪费。如果餐厅有套餐时，可以选择这种，既可以省钱，又省力。因为套餐的费用固定，搭配也会比较合理，会符合大众的口味。

标准的中菜，上菜的顺序都差不多。最先是冷菜、冷盘，下面是热炒，随后是主菜，然后上一些点心和汤羹，最后上果盘。如果上咸点心的话，讲究上咸汤；如果上甜点心的话，就要上甜汤。对中餐上菜顺序的了解，更有利于在点菜时搭配菜品，更好地呈现。

在确定宴请菜单时，要事先核对，考虑到方方面面。重点考虑哪些菜可以选用，哪些菜不能选用，避免尴尬。

办事请客在中国是常事，但这种饭局也相对不好应付，有很多的潜规则，耐人寻味。为了不出丑，还是提早学习下为好。尤其需要注意细节。

在时间允许的情况下，可以等大多数客人到齐后，把菜单提供给客人传阅，并请他们点菜。若作为公务宴请，预算是需要重点考虑的问题，要控制预算，所以事先要做好充足的功课。正常情况下，如果是你请客，客人也不会主动点菜，都会让你来做主。若老板也在桌上，不要为了面子，或尊重他，认为他经验丰富，酒席吃得多，而让他/她来点菜，除非是他/她主动要求。否则，他会觉得不够体面。

若作为赴宴者，就应该心里清楚，点菜时不能太主动，不要出风头，抢着点菜，而应该让主人来点菜。若是主人强烈要求，无法推脱的，你可以点一个大众化且不贵的菜品。点菜前，记得征询一下其他人的意见或询问一下有没有什么忌口的，让大家感觉被照顾到了。点完菜之后，要礼貌地示意其他人，比如说："我点了一些菜，不知道合不合大家的口味"，等等。

5.3.4　中餐菜品选择

1. 三个规则

一看人员组成。一般来说，人均一菜是比较通用的规则。若是男士较多的情况下，需适当增加一些菜品。

二看菜肴组合。桌上的菜品最好是荤素搭配,有热菜有冷菜,种类、样数多,尽量全面一些。具体视情况而定,若男士多些,可以适当地多些荤菜,增加一些数量;若女士多些,清淡的菜品可以稍微多一点。

三看宴请的重要程度。普通宴请的话,正常一道菜品在40~80元左右。若是接待重量级人物,可以来几个有分量的菜品,如三文鱼、龙虾等。还需要一些有规格的,如鱼翅、鲍鱼、燕窝等。

值得注意的是,不要在点菜时去询问菜品价格或者是讨价还价,这会让人觉得你没见过世面,小家子气,也会让在场的人不自在。

1) 有中餐特色的菜肴

宴请外宾的时候,这一条更要重视。需要点一些具有中国特色的菜品,虽不是很惊艳的佳肴,但却是很受外国人推崇的,如红烧狮子头、酒酿元宵、炸春卷等。

2) 有本地特色的菜肴

比如北京烤鸭、西安羊肉泡馍、新疆大盘鸡、扬州炒饭,若在宴请时,上这些具有本地特色的菜给那些外地客人,绝对好评满满,让人印象深刻。

3) 本餐馆的特色菜

很多餐馆都有自己的特色菜。点本餐馆的特色菜更能体现宴请者的用心与对被宴请者的尊重。

4) 主人的拿手菜

若在家举办宴会,可以做自己的拿手菜,往往不会出错。其实,所谓的拿手菜不一定十全十美。但是自己亲自下厨,足以让对方觉得被重视。

2. 四条禁忌

1) 不同宗教的饮食禁忌

例如,伊斯兰教徒通常不吃猪肉,并且不喝酒。国内的佛教徒不吃刺激性气味的食物。一些信奉观音的佛教徒在饮食中大忌牛肉。

2) 健康原因的禁忌

比如,心脑血管疾病及高血压的人群不适合吃狗肉,患肝炎病的人不能吃羊肉,有胃肠炎、胃溃疡等消化系统疾病的人不合适吃甲鱼,等等。

3) 不同地区人们的饮食偏好

比如,湖南、重庆、四川等地的人普遍喜欢辛辣食物,上海人偏好甜食,西方国家通常不吃宠物、动物内脏等。需要注意的是,在宴请外国宾客时,尽量不要上难啃的东西,外国人在用餐时,不太习惯去吃复杂的食物。

4) 特殊职业的特殊禁忌

从事驾驶工作的人员,在工作期间不能饮酒;国家公务员在执行公务期间不准吃请,不准喝烈性酒等。

5.4 西餐礼仪

5.4.1 刀叉及餐巾的使用

在西方,去饭店吃饭一般都要事先预约,在预约时,有几点要特别注意说清楚,首先要说明人数和时间,其次要表明是否要吸烟区或视野良好的座位。如果是生日或其他特别的日子,可以告知宴会的目的和预算。在预定时间到达,是基本的礼貌。再昂贵的休闲服,也不能随意穿着。

1. Dessert Spoon 甜品勺;2. Cake Fork 甜品叉;3. Bread & Butter Plate 面包盘;4. Salad Knife 沙拉刀;5. Soup Spoon 汤勺;6. Fish Knife 鱼刀;7. Dinner Knife 主菜刀;8. Dinner Fork 主菜叉;9. Fish Fork 鱼叉;10. Salad Fork 沙拉叉;11. Butter Knife 黄油刀;12. Water Glass 水杯;13. Red Wine Glass 红葡萄酒杯;14. White Wine Glass 白葡萄酒杯

1. 刀叉的使用

刀叉是西餐餐具的主角。刀叉是能够分开使用的,同样也可以同时使用,因为在通常情况下,两者都是一起使用的,所以,一提到西餐餐具时,常常就把两者相提并论。要准确地使用刀叉,应做到下面几点。

1) 正确区别刀叉

在正规的西餐宴会上有吃一道菜换一副刀叉的讲究,每道菜都有专门的刀叉,不能乱用,也不可以同一副刀叉一直使用。

关于西餐的正餐,放在就餐者面前的刀叉不止一副,摆着吃各种东西的刀叉,造型各异,比如吃黄油的餐刀、吃鱼的刀叉,等等。每副刀叉放的地方也不同,吃黄油时用的餐刀一般在就餐者左手的正前方横放着,离主食面包比较近。纵放在就餐者面前餐盘两侧的分别是吃鱼和吃肉的刀叉,左侧放餐刀,右侧放餐叉。由于刀叉的数目同上菜的道数是相等的,所以在餐盘两侧的刀叉有三副之多是常见的。每上一道菜依次从两边由外侧往内侧用刀叉是用刀叉的基本原则。如果没有经验,不能把握,可以请教一下别人如何正确使用刀叉吃甜点和水果。

2) 正确使用刀叉

主要有两种使用刀叉的方法,分别是英式和美式的,英式要求在进餐时,右手持刀左手持叉的姿势要始终保持正确,一边切割,一边用叉吃东西,吃东西的时候要将叉背朝向嘴,除了显得高贵外,也会较为安全;而另一种美式的方法就比较方便,持刀叉的方式相同,但是可以一次性全部切完再食用。

刀可以用来切食物,也可以用来把食物拨到叉上;叉子的用处不止一个,除了吃东西,还可以在切割时固定住食物使其不容易掉。使用刀叉时要注意:动作幅度要轻,环境是大家的,声响太大会引起他人的用餐体验不适。食物也不必切得太大,刚好够嘴咽下去就行。切记不能将刀叉朝着他人或指着他人说话,这样是十分不尊重对方的表现。若刀叉掉在了地上脏了,需要找服务员进行换新,捡起来再用也是不被允许的。

 **知识链接**

刀叉的暗示

在与人交谈时,应该放下刀叉,遵循叉左刀右的原则摆放,如果食物还没吃完,叉子的叉齿应朝向桌面摆放在盘中,表示自己还未结束用餐。

当结束用餐时,需要将叉子的叉齿向上摆放,并按照叉左刀右的顺序放在桌上。这表示:我不想吃了,服务员可以收拾桌子了。

刀叉不能直接放于桌面,必须要放在盘子上,千万不能摆成"十"字形,因为对于西方人来说,"十"字形是一个大忌。

2. 餐巾的使用

餐巾在西餐中的用处比在中餐中的用处更加多,相比中餐,它的使用规则也更加严格和特别,故而值得重视。

1) 餐巾的铺放

折叠图案特殊是西餐餐巾的一大特色,有时会置于酒杯中叠放得像一朵花的形状,有时就铺于桌面或餐盘垫上,形状有长方形和正方形之分。

就餐时,会将餐巾摊开铺于大腿上,摊开也有讲究,正方形餐巾要对折成三角形,一角朝像膝盖方向,以示美观;长方形餐巾也需要对折,因为折不了三角形,所以对折后只需要将折扣朝向膝盖方向即可,这一系列过程不能在餐桌上进行,需要将餐巾拿到自己的腿上静静折叠,否则也会影响美观。

2) 餐巾的用途

餐巾在就餐过程中大致有三个用处:一是遮挡汤水油脂滴落把衣服弄脏;二是当嘴上沾到油渍时可以清洁嘴巴,清洁口部时记得要用毛巾内侧,除了擦嘴不要再去擦拭其他地方;三是在实在找不到牙签需要用手清洁牙齿时,它还可以充当遮挡物,以免失态。

3) 餐巾有暗示作用

在中餐中,一般是由男士作为一家之主,西餐中截然不同,它把女主人看作是第一位,开启用餐的信号是女主人打开餐巾并铺好时;结束用餐的信号是女主人将餐巾置于餐桌时。如若吃饭的人中途离开,一会还要回来继续吃,可将餐巾放在本人所坐的椅面上;如果放在桌面上,则暗示:我不再吃了,可以撤掉。

5.4.2 西餐吃法

西餐同中餐的吃法相比有很大的不同。吃西餐只有将吃的方法和规则研究透,才能真正体验到西餐的快乐。

1. 开胃菜

有时是水果或蔬菜沙拉,比较高级的会有一些海鲜拼盘,一般都是分好的,可以直接用叉子食用。

2. 面包

面包的摆放及吃法都有讲究。不可以随意摆,只能摆在左前侧,一般作为开餐第一菜来食用。吃面包的方式也很特别,不要直接啃着吃,要用左手小小撕下一块(刚好适口的大小即可),可以抹黄油或果酱,黄油需要用专门的黄油刀来取,然后直接放入口中。不需要再用叉子,也不要用刀叉去分割面包,泡在汤里吃更是不礼貌。

如果是烤面包片,则不要撕开。等到下一道餐上来时,一般就停止食用面包了。

3. 汤

拿汤勺不要整只手抓起,用右手的大拇指和食指去拿,才会显得优雅。盛汤的时候,只从偏向自己的这一侧盛,舀起来的时候从自己这一侧向外侧舀,一次不可以舀得太多,保持站姿或坐姿的端正,如果碗里的汤不多的话,可以将盘子稍微向外倾斜,方便盛汤。

喝汤有四大讲究:必须把汤盛到自己的碗里来喝;喝汤不能发出声音;保持坐姿端正,不能趴着喝汤;等热汤自然冷却,不能猛吹或不停地搅动。

4. 主菜

西餐中比较主要的主菜品大致分三类:冷菜、热菜和肉菜。冷菜主要是一些煮过了的肉和汤汁冷却制成,或者用一些动物内脏搭配鸡蛋和生菜等常吃的蔬菜配上一些酱料制成;而热菜中最常见的就是鱼肉和鸡肉。吃鱼时需要先把鱼肉切开,把刺都挑出来之后再切小食用,西餐中的鱼肉刺一般都不太多;吃鸡时要注意不能直接上手,只能用刀叉取食。西餐中的肉菜最常见的就是牛、羊肉,当然还有猪肉,肉菜占据了西餐主菜的大半部分,而在这里面牛排又占据了大部分,同样需要用刀叉食用。

5. 点心甜点

点心甜点一般可以直接用手吃,但是面条除外。西餐甜点中的面条就是通心粉,吃的时候右手握叉,左手握汤匙,两者互相辅助将面条送入嘴里。

6. 水果

西餐中常用的水果有很多,食用方法也不相同。

1) 苹果

苹果一般会切成4块食用,切开后把核去掉,皮也去掉,再使用刀叉食用,而现在一般都直接削皮就吃。

2) 香蕉

传统吃法会将香蕉皮纵向切开,再使用叉子将皮戳破,用刀切小后食用。现在一般直接剥皮就吃。

3) 草莓

草莓都直接吃,特殊的是,有的涂过酱的草莓就需要用勺子。

4) 葡萄

洗过之后一粒一粒地吃,将皮剥开后塞进嘴里,吃到核了要先往手里吐再从手里放入餐盘。而对于已经掉落的不成串的葡萄,则应放入餐盘中用刀叉叉来吃。

5) 菠萝

要切小块后再食用,而不是直接用手抓着吃。

5.4.3 西餐的酒水搭配

酒水要与菜品相搭配。最讲究的搭配,应该是每换一道菜就换一样酒水。在大型宴会或派对上,往往也会区分餐前、餐中(佐餐)、餐后三种酒,每一种酒又可以分为很多小类。

1) 餐前酒

餐前酒最大的作用就是开胃,常见的有茴香酒、白兰地、博若莱新酒等。

2) 佐餐酒

前餐吃完后一般会换上佐餐酒,这种酒一般都是葡萄酒,葡萄酒又分红葡萄酒和白葡萄酒,什么时候选择红葡萄酒、什么时候选择白葡萄酒往往取决于肉类的搭配。如果是将鱼肉或海鲜作为主食,那么一般选择白葡萄酒;如果选择牛肉、猪肉等肉类,一般选择红葡萄酒。

3) 餐后酒

吃得太饱了需要消化,餐后酒就有这样的效果。餐后酒的盛放及摆放都与其他酒类不相同。通常会有3~4种餐后酒可进行选择,一般第一个是香槟酒杯,接下去是白酒杯、红酒杯和水杯,除了可以采用从外向内的顺序外,也可根据女主人的选择紧随其后。

有时候宴会主人会为宾客们准备小礼品,聚会结束后宾客可以带走,但是记得要向主人表达谢意。除了礼物外,其余食品都不能带走。

出席私人宴会后的礼仪也十分重要,每位出席宴会的人在3日内都会专门向宴会主人致谢,一般采用写信函或递交名片的方式。

 **想想议议**

王小姐刚被聘用到一家外贸公司的财务部试用,日前为在中国的外国客户庆祝洋节,公司举办了大型的西餐自助餐会,邀请了许多外国客户和公司的员工。因为很少吃西餐,王小姐在餐会上出了不少"洋相"。餐会一开始,王小姐端起面前的盘子去取菜,之后却发现此盘子是装食物残渣用的。为节省取食物的路途,王小姐从离自己最近的水果沙拉开始吃,

而此时同事们都在吃冷菜,王小姐只得开玩笑地说自己减肥。又因为刀叉放置得不正确,她面前还没吃完的菜,就被服务员给收走了。一顿饭吃下来,王小姐浑身不自在。

想一想:王小姐为什么一顿西餐吃得浑身不自在?

议一议:吃西餐的礼仪。

5.5 饮茶礼仪

5.5.1 历史

茶起源于中国,历史悠久,在中国有着很多或大或小的敬茶礼仪,同时也存在无数流传至今的饮茶习俗。

"神农煮茶",是茶叶的起源,中国的茶文化迄今至少也有4 700多年了。茶礼有缘,古已有之。自汉朝起就有"客来敬茶"的习俗,这是中国最早的热情好客之道,充分彰显了中华民族的传统美德。有朋友来的时候,不沏上一壶茶,总显得过意不去。喜庆活动,也喜用茶点招待。不论对象是谁,举行一个茶话会,总归是优雅而不失体面的。

5.5.2 茶礼

汉族还有种种以茶代礼的风俗。茶礼是中国古代婚礼中一种隆重的礼节。明·许次纾在《茶疏考本》中说:"茶不移本,植必子生。"古人结婚以茶为识,认为茶树只能从种子萌芽成株,不能移植,否则就会枯死,因此把茶看作是一种至性不移的象征。所以,民间男女订婚以茶为礼,女方接受男方聘礼,叫"下茶"或"茶定",有的叫"受茶",并有"一家不吃两家茶"的谚语。同时,还把整个婚姻的礼仪总称为"三茶六礼"。"三茶",就是订婚时的"下茶",结婚的"定茶",同房时的"合茶"。"下茶"又有"男茶女酒"之称,即定婚时,男家除送如意压帖外,要回送几缸绍兴酒。婚礼时,还要行三道茶仪式。三道茶者,第一杯百果,第二杯莲子、枣子,第三杯方是茶。吃茶的方式是接杯之后,双手捧之,深深作揖,然后向嘴唇一触,即由家人收去。第二道亦如此。第三道,作揖后才可饮。这是最尊敬的礼仪。这些繁俗,当今没有了,但婚礼的敬茶之礼,仍沿用成习。

5.5.3 茶艺

茶叶的原产地在中国。中国的茶叶产量,堪称世界之最。在中国,饮茶不仅是一种博大精深的传统文化,也是一种源远流长的生活习惯。古人通常喜欢以茶会友,逐渐形成了自己独特的"饮茶文明"。比如,请宾客喝茶时,通常会请宾客先喝,自己后喝,以示尊重。茶杯应放在客人右手的前方。交谈的途中要时刻注意客人杯中的水量,保持客人杯中始终有茶水。日本有茶道,其实它起源于中国。

茶艺是中国文化不可或缺的重要一员。

1. 中国"功夫茶"操作规范

1) 嗅茶

大家都坐下以后,主人拿出茶叶,邀请大家一起对茶进行赏析。

2) 温壶

先在壶中倒入开水,让茶壶先热一下,再将水倒入紫砂茶盘中。

3) 装茶

向空壶中倒入茶叶,一般情况下装大半壶左右。装茶叶时要用专门的茶匙,不能用手抓,以免手中的杂质会影响口感。

4) 润茶

向壶中倒入开水,装满后,刮去表面的茶沫,然后倒入紫砂茶盘中。

5) 冲泡

至此,才可正式泡茶。要用开水,但不宜用沸水。

6) 浇壶

冲泡完成后,盖上盖子,用开水慢慢浇在壶身,使内外温度达到一致。

7) 温杯

在茶水冲泡的间隙,用温壶、润茶的水洗一下小茶杯。

8) 运壶

泡第一遍茶时,提壶沿茶盘边绕几周,目的是使壶底的水滴尽,以免滴到茶盅使茶变味。

9) 倒茶

将小茶盅依次排开,提壶冲茶。不可一杯一杯地倒,这会使茶的浓淡不均衡。

10) 敬茶

两只手端茶敬客人,以示尊重。若不止一位客人时,先敬长者、声望高、身份尊贵的人。

2. 倒水、续水的礼仪

倒水、续水似乎是比较容易的,但这却是衡量对宾客是否文明礼貌服务的一项重要内容,因此对倒水、续水有着其具体操作规范的要求。

服务员为宾客倒水、续水时,须先叩门,经同意后才能进入客房、会客室或会议室。一手拿着暖瓶,一手拿一块小毛巾。向杯中注水时,左手小拇指与无名指夹住杯盖,用大拇指、食指捏住杯环,中指抵住杯把,从桌上端起水杯,后撤一步,身子侧一些将水倒入杯中。

 礼仪佳话

凤凰三点头

乾隆皇帝微服私访下江南,来到淞江,带了两个太监,到一间茶馆店里喝茶。茶店老板

拎了一只长嘴茶吊来冲茶,端起茶杯,茶壶沓啦啦、沓啦啦、沓啦啦一连三洒,茶杯里正好浅浅一杯,茶杯外没有滴水溅出。乾隆皇帝不明其意,忙问:"掌柜的,你倒茶为何不多不少齐巧洒三下?"老板笑着回答:"客官,这是我们茶馆的行规,这叫'凤凰三点头'。"乾隆皇帝一听,夺过老板的水吊,端起一只茶杯,也要来学学这"凤凰三点头"。

这只杯子是太监的,皇帝向太监倒茶,这不是反礼了,在皇官里太监要跪下来三呼万岁、万岁、万万岁。可是在这三教九流罗杂的茶馆酒肆,暴露了身份,这是性命攸关的事啊!当太监的当然不是笨人,急中生智,忙用手指叩叩桌子表示以"叩手"来代替"叩首"。这样"以手代叩"的动作一直流传至今,表示对他人敬茶的谢意。

5.5.4 注意事项

(1) 不论是主还是客,饮茶时都不应该大口吞咽或发出声响,而应该小口小口地仔细品尝。若茶叶飘在上面,影响饮茶了,可以使用杯盖轻轻刮去或轻轻吹开,记住动作一定要轻。不要用手捞茶叶或者喝进嘴中后随地吐。

(2) 茶会作为西方最常见的一种会客的方式,一般安排在下午四点左右,地点安排在宴会厅或客厅。形式简单,不需要安排座次,只需备几张桌椅、茶几就可。除了一些茶水外,还可备一些下午茶,如一些小饼干、蛋糕等风味小吃。

(3) 再三请茶在我国古代有清客的意思,即提醒客人应当告辞的意思。这一点要特别注意,尤其在招待长者或者老一辈的人,不要一而再再而三地劝其饮茶。

(4) 主人在设茶宴时,应该先拿出一些名茶摆在茶盘中以供客人选择。这可以表示对客人的尊重。

(5) 取放茶叶时,应当使用专用的竹制或木制的茶匙摄取,忌用手抓。在没有茶匙的情况下,也可将茶筒对准杯壶口轻轻晃动,抖入适量的茶叶至壶中,这也是对客人的尊重,讲卫生的表现。

(6) 茶泡好后,使用托盘端给客人,若没有托盘,直接端给客人时注意不要将手接触杯沿。递给客人时,身体略倾,说"请用茶"。也可伸手示意,同时说"请"。

(7) 客人在主人敬茶或主人请自己赏茶、选茶时,应在座位上略欠身道谢。如遇环境嘈杂时,也可行叩指礼以示感谢。品茗完毕,应对主人的茶叶、泡茶技艺和精美的茶具表示赞赏。告辞时要再一次感谢主人的热情款待。

想想议议

细节体现教养,细节决定成败

A有事相求于B,听说B酷爱喝茶,于是A立即着手买了上好的茶具与上乘的茶叶,便邀请B一同喝茶商议。B应邀而至,A热情招待其入座,便从茶盒中抓取些许茶叶放入壶中,倒入开水,片刻后A把泡好的茶满满倒入杯中,恭敬地手拿杯把端给了B。B笑而不语,不多时便借口辞去。A的事也不了了之。

想一想:A违背了哪些饮茶礼仪?

议一议:邀人品茶时要注重的礼仪规范。

5.6 咖啡礼仪

5.6.1 咖啡礼仪

1. 杯的持握

拇指和食指轻轻捏着杯耳将杯子轻轻端起,慢慢品尝。不要用两个手握住杯子,也不要远距离去吸杯子里的咖啡,以免发出声响。不要用手抓着杯耳,托住杯底,或用手指穿过杯耳。

2. 碟的使用

碟是用来放置咖啡勺同时盛溢出的咖啡的。若在喝咖啡时,离桌子较近,只需端起杯子,不需要连碟子端起;如果是离桌子较远或者站立、走动的情况下,就需要将杯、碟一起端起,至齐胸高。

3. 匙的使用

咖啡匙的作用是搅拌、融合和融化牛奶和糖的。若咖啡很烫时,也可以用咖啡匙轻轻搅动,使咖啡冷却。除此之外,不要作其他使用。在使用咖啡匙时特别注意两点:第一点,咖啡匙不同于普通勺子,饮用时不能用于舀咖啡;第二点,咖啡匙不能一直放在咖啡杯中,在搅拌完咖啡后,不用时,应将其放在咖啡碟中。

4. 饮用的数量

饮用咖啡的数量并不是多多益善的,一般情况下一杯就可以,最多不可以超过三杯。咖啡是一小口一小口细细品尝,才能显示出品位和高雅的。正常情况下,一杯咖啡喝 10 分钟左右,禁忌一饮而尽或大口吞咽。

5. 配料的添加

饮用咖啡时,可以根据自己的喜好加入方糖、牛奶之类的配料。在加方糖时,要用专门的糖夹或者公共的用具取用,不可用自己的咖啡匙,更不要用手直接拿取。加牛奶或伴侣时需适量添加,注意不能弄得满桌都是。

6. 取食甜点的要求

一般喝咖啡时,也会备小甜点。取食甜点时,不可将咖啡杯拿在手中。同理,在饮用咖啡时,手中也不能拿着甜点品尝。边吃甜点边喝咖啡,左右手交替进行是非常不雅的。

5.6.2 注意事项

(1)当遇到坐的位子离桌子较远时,或饮用咖啡时不便使用双手端着的情况,此时可以稍做一些改变。可以连同咖啡杯端起咖啡碟,左手将咖啡碟端至与胸齐平的位置,用右手端着咖啡杯饮用,饮用完后,将咖啡杯放在碟中,不要让二者分家。

(2) 在需要继续加咖啡时,直接将咖啡杯子放在咖啡碟中即可,不要把它拿起来。

(3) 有时饮咖啡可以吃一些点心。切忌吃一口、喝一口地左右手交替进行。喝咖啡时不吃点心,吃点心不喝咖啡。在咖啡馆等公共场所,要注意举止文明。交谈时不要高谈阔论,声音轻一些。

(4) 咖啡宴作为外交场合中较为常见的形式之一,它可以作为人们认识彼此的一种非常有效的方式,常常为女宾举办。

(5) 若请人来家中喝咖啡,时间一般定在下午4时以前,一般不用速溶咖啡。同时应准备一些小点心,女主人负责给客人们倒咖啡。

本章小结

宴请是商务交往中常见的活动,无论是新客户还是老朋友,都可以在轻松和谐的宴会中,交流信息,增进了解,加深感情。宴会是按照一定规格和程序隆重招待宾客的一种社交应酬活动。宴会可以划分为中餐宴会、西餐宴会、中西合餐宴会。

宴会是一种非常重要的社交活动,对宾客来说是一种礼遇,宴请者务必根据宴会的规和礼仪要求认真组织好。为使宴请活动取得圆满成功,宴会前要做好如下准备工作:确定宴请目的、名义、对象、范围与形式;确定宴会的时间、地点;发出宴请;确定宴请规格;安排席位;布置宴会现场;安排宴请的程序及服务;等等。

宴请礼仪包括坐席礼仪、上菜礼仪、喝酒礼仪等。赴宴礼仪包括认真准备、按时抵达、礼貌入座、文雅进餐、注意交谈、学会祝酒、告辞致谢等。

在西方,去饭店吃饭一般都要事先预约,说明人数和时间,表明是否要吸烟区或视野良好的座位。在预定时间到达,是基本的礼貌。再昂贵的休闲服,也不能随意穿着。

西餐同中餐的吃法相比有很大的不同。享用西餐,只有掌握正确的吃法,才能既吃好,又吃出品位。在正式的西餐宴会上,酒水是主角,十分讲究与菜肴的搭配。一般来讲,每吃一道菜便要换上一种酒水。宴会上所用的酒水可以分为餐前酒、佐餐酒和餐后酒三种。

茶起源于中国,历史悠久,在中国有着很多敬茶礼仪,同时也存在无数流传至今的饮茶习俗。在中国,饮茶不仅是一种博大精深的传统文化,也是一种源远流长的生活习惯。古人通常喜欢以茶会友,逐渐形成了自己独特的"饮茶文明"。比如,请宾客喝茶时,通常会请宾客先喝,自己后喝,以示尊重。茶杯应放在客人右手的前方。交谈的途中要时刻注意客人杯中的水量,保持客人杯中始终有茶水。

喝咖啡是西方人的生活习惯,也逐渐形成了一定礼仪。咖啡礼仪包括杯的持握、碟的使用、匙的使用、配料的添加、饮用的数量、取食甜点的要求等。

案例分析

案例一:

刘平是一位外贸公司的业务经理,一次因为工作需要,刘平在国内设宴招待一位来自英国的生意伙伴。有意思的是,那一顿饭吃下来,令对方最为欣赏的倒不是刘平专门为其所准备的丰盛佳肴,而是刘平在陪同对方用餐时的细节表现,那位英国客人说:"刘先生,你在用餐时一点响声都没有,使我感到你的确具有良好的教养。"

分析： 西方人在进食西餐的时候用餐具是不出声的，这样才显示出一个用餐者的修养。细节体现素质和教养，英国客人从刘平的举止表现感受到了其良好的教养，因此也促成了彼此的商务合作。

案例二：

某公司几位客人在××酒店就餐，餐厅服务员正在为客人服务。宴请快要结束时，服务员为客人上汤，恰巧主人张先生准备敬酒，突然一回身，将汤碰洒，把张先生的西服弄脏了。张先生非常生气，质问怎么把汤往身上洒，服务员没有争辩，连声道歉："实在对不起，先生，是我不小心把汤洒在您身上，把您的西服弄脏了，请您脱下衣服我去给您干洗，另外我再重新给您换一份汤。耽误各位用餐了，请原谅。"随后服务员将西服送洗衣房干洗，而后对几位先生的服务更加周到。当客人用餐完毕后，服务员将洗得干干净净、叠得整整齐齐的衣服，双手捧到张先生面前，张先生十分满意。张先生也诚恳道歉："是我不小心碰洒了汤，你的服务非常好。"并主动付了两份汤钱。

分析： 在宴请中，由于种种原因有时会洒汤、洒酒弄脏主人或客人的衣服，要求我们从礼仪和职业道德的角度处理好这些事情。本例中张先生在服务人员热情周到的服务中认识到了自己的过失，并主动道歉。这样做既体现出张先生个人较好的职业道德修养，也给客人留下了良好的印象。

 角色扮演

1. 某家电商场准备在 5 月 18 日举行开业典礼，届时会有区政府领导、商务局等有关部门领导、社会名流及新闻媒体等各界人士参加。活动中，公司将举办大型的参观活动、丰富的娱乐活动，并请嘉宾共进晚餐。请分别扮演不同角色，按照商务宴请礼仪的要求模拟这一过程。

2. 宏达公司举办年会，会后安排了自助餐。你作为合作单位代表受邀参会，你该怎么做？

第6章 商务活动礼仪

学习目标

知识目标：掌握会议、商务谈判、商务活动仪式（开业典礼、剪彩、签字等）的礼仪规范的基本内容。

能力目标：掌握商务活动礼仪的方法和技巧，具有按照商务活动礼仪的基本要求组织商务仪式（活动）的能力。

素质目标：具有比较完整的会议、谈判和商务活动仪式方面的礼仪知识，能够在商务活动中树立个人和组织的良好形象。

 导课案例

香港迪士尼乐园的开幕庆典活动

2005年9月10日至12日，香港迪士尼安排了为期三天的开幕庆典活动。有近1 000名世界各国及各地的嘉宾和900多名中外传媒人士参加了乐园的开幕典礼。乐园向各嘉宾发出了"童话式"请柬，由一个金色大礼盒装载，内有请柬、立体式设计的乐园简介以及一个开幕纪念章。

作为中国首个迪士尼乐园，乐园特别将开幕庆典定在9月10、11及12日举行，并为3日定下不同的主题，分别为：9月10日的"Welcome the Magic——欢迎神奇"；9月11日的"Experience the Magic——感受神奇"；9月12日的"Celebrate the Magic——庆祝神奇"。

9月10日11时30分，位于香港大屿山的迪士尼乐园举行了盛大的开幕仪式。国家副主席曾庆红、香港特别行政区行政长官曾荫权亲临开幕现场并致辞。

随后，4名主礼嘉宾为舞狮队举行了点睛仪式。来自美国加利福尼亚、佛罗里达、日本东京、法国巴黎四个迪士尼主题乐园的小朋友表达了对香港迪士尼加入大家庭的美好祝愿。

12时20分，"名誉大使"张学友和"亲善大使"杜苡乐分别出现在睡公主城堡前面。在米老鼠的见证下，4位主礼嘉宾为香港迪士尼剪彩，全球最小的米老鼠家园开业迎宾了。

9月11日上午9时，随着"轰，轰，轰"三声巨响，五彩缤纷的礼花在香港迪士尼乐园上空冲天怒放。喇叭里一声"奇妙世界开始了"，宣告乐园里最受欢迎的游乐项目"飞越太空山"正式启动。以此为标志，香港迪士尼乐园所有游乐设施全面启动，开始迎接游客的到来。

12日中午11时45分，第一个位于中国的迪士尼乐园正式揭幕。乐园在下午1时正式对外开放。

第6章 商务活动礼仪

分析提示：

香港迪士尼乐园的开业典礼举办了三天，很隆重，也很得体，是开业典礼仪式的一个典范。从 10 日的红地毯入场仪式，到 11 日的贵宾体验活动，都体现了开业典礼中要把单位最具特色的一面展现给来宾的要求。

举办开业典礼，既是本单位工作的一个良好开端，也能引起社会对本单位的普遍重视，提高单位的知名度。迪士尼乐园正是通过这样的开业典礼扩大了影响，为以后的工作奠定了基础。

6.1 商务会议礼仪

据载，会议起源于原始社会晚期的部落民主议事制度。古希腊、古罗马时期，会议已有了较大的发展，并且形式繁多，百人团会议、元老院会议、平民会议、法庭论辩会议、胜利庆功会议、体育竞赛会议，等等。近代以来，还有各种类型的纪念性会议、新闻发布会、记者招待会、产品博览会、订货会以及座谈会、茶话会、报告会、联欢会，等等。

会议，通常是指将特定范围的人员召集在一起，对某些专门问题进行研究、讨论，有时还需做出决定的一种社会活动的形式。会议属于工作性群体聚会，它是为实现一定的组织目标，由会议组织者召集一定规模的公众共同参与的一项事务性活动。

会议礼仪是指组织、召开、参加会议应遵守的礼仪规范，包括召开会议前的准备工作、会议中和会议后及参会人应注意的事项，以及各种会议约定俗成的程序和仪式等多项内容。要保证会议顺利召开，成功达到既定目标，无论是组织者还是参加者都必须遵守会议特有的礼仪规范。商务活动中，各种商务会议随着商务往来、业务发展而频繁地开展，重视会议礼仪已日益重要。

6.1.1 会议筹备礼仪

会议的前期筹备工作是为会议取得预期效果，能够顺利召开、进行、闭幕而做的准备工作，是会议能否成功的首要条件。要遵守常规，讲究礼仪，做好详尽、细致的准备工作。

1. 确定会议主题与目标

开会之前，首先要明确会议的主题是什么？所谓主题就是本次会议的核心议题。主题应鲜明、具体，避免造成任何歧义或误解。

任何会议都有一定的目标，或是就某个主题征求各方意见，或是寻求一个统一的解决方案，也有的是通过会议形成或落实某个决策方案。会议主持者应牢牢把握这目标，使会议能有序进行。

2. 确定会议时间和地点

应按照主题及会议目的要求确定会期(开始时间、结束时间)，有些综合性并带有休闲性质的会议则须充分考虑休闲的时间要求。

根据会议性质和规模确定会议地点和场所。小型意见碰头会、讨论会可以座谈的方式展开，场所应选在比较安静、空间不是很大的会议室等地；大型会议则要有场地较大的会场，场面热烈、宏大些为佳。如果在异地开会,则应兼顾会议主题、与会者交通便利程度及休闲要求三个方面。

3. 确定参会人员

与会人员的确定应与会议主题密切相关,或者是会议主题的解答者,或者是会议主题的接受者,或者是会议主题的相关感兴趣者。

与会人员的确定应与会议目的密切相关。开放性议题的会议可以邀请一些持不同政见者,以达到集思广益的效果;需形成决议的会议则只能限制权力级别。

与会人员的确定与会议内容的机密等级要求相关。例如,董事会就只能董事会成员参加,涉及企业重大决策的则应以核心层人员参与为宜。

与会人员的确定与会议成本预算相关。尽量精简与会人员,降低会议成本。

科学地确定参会人员,才能产生理想的会议效果。避免出现该邀请的没邀请,不该出席的多余出席的尴尬局面,这种局面对于双方都是失礼的。

4. 确定会议议程

会议议程是整个会议议题性活动顺序的总体安排,不包括会议期间的仪式性、辅助性的活动。会议议程对于提高会议效率有着重要的作用。制定会议议程是主席的职责,要求在会议举行前就要将讨论的事务内容和顺序做出安排决定。

会议议程上应标明:会议的时间和地点;会议的目的;会议议题的顺序。

相关案例

第十三届全国人民代表大会第二次会议议程

(2019年3月4日第十三届全国人民代表大会第二次会议预备会议通过)

一、审议政府工作报告

二、审查2018年国民经济和社会发展计划执行情况与2019年国民经济和社会发展计划草案的报告

三、审查2018年中央和地方预算执行情况与2019年中央和地方预算草案的报告

四、审议全国人民代表大会常务委员会关于提请审议《中华人民共和国外商投资法(草案)》的议案

五、审议全国人民代表大会常务委员会工作报告

六、审议最高人民法院工作报告

七、审议最高人民检察院工作报告

八、其他

新华社北京3月4日电

美国通用汽车公司前总裁托马斯·墨菲是一位成功的公司领导人,他说:"会议的议程必须事先准备妥当,并分发给与会者,这样可以使他们心中有数,做好倾听、发言的准备。必要时还可以向与讨论议题有关的部门收集信息,以便会上提出准确的数据和资料。"

会议日程是将各项会议活动(包括仪式性、辅助性活动)落实到单位时间,凡会期满1天(即两个单位时间)的会议都应当制订会议日程。

5. 确定会议主持人

主持人一般由具有一定职位的人担任。主持人的关键职责是执行会议议程,调节会议气氛并使会议始终不偏离主题,掌控会议进度及时间。

会议结束时,主持人应请指定发言人做总结性发言,或者主持人自己做概略性总结发言。

6. 拟发会议通知

会议通知是指主办单位发给所有参会单位或全体参会者的书面文件,以及向有关单位或嘉宾发出的邀请函件。举办正式会议均应提前向参会者发放会议通知,大型会议一般应至少提前一周发出会议通知并设法保证及时送达,以便参会者及早安排和准备。

会议通知一般应由标题、主题、会期、出席对象、报到时间、报到地点以及与会要求等七项要点组成。拟写会议通知或邀请函时,应保证其完整而规范。会议通知上,还可增加会议回执、会议主办者的联络电话和会议场所位置导航图等。

张贴通知或黑板通知要讲究称呼的准确性。在通知上可用"请"等礼貌用语。口头通知(含电话通知)更要礼貌称呼,"请"字当先。通知时要做到"充分",一是与会人员都要通知到,否则会使漏掉的人产生被轻慢的感觉;二是开会内容、时间、地点告知齐全。

7. 成立会务组

成立会务组,明确分工,将各项工作责任到人。指定会务组总负责人,全面主持工作,联络各责任人,协调各方面关系等。

8. 准备会议有关资料

会议有关资料包括会议手册(含会议议程,会议具体时间、地点及食宿安排,会议注意事项等);重要会议应有领导讲话的相关文字资料;需要与会者讨论、学习的有关资料;等等。一般应在参会者报到时发放。

9. 编制会议费用预算

对于所需的总费用有一个大致的估算,并有计划地分配会议的各项费用,防止超支和浪费。商务会议的费用通常包括场地租金、工作人员费用、联络及交际费用、差旅费、住宿费、宣传费、礼品(纪念品)费、器材租金等,要根据会议所要达到的效果来考虑这些费用的标准。

10. 其他准备工作

(1)后勤、会务、保安、服务礼仪人员准备;
(2)根据会议的规定,与外界搞好沟通,比如向有关新闻部门、公安保卫部门进行通报;
(3)礼品、赠品准备;
(4)会场的音响、照明、投影、摄像、空调等设备提前进行调试检查;
(5)标语、横幅等制作;
(6)桌椅、席卡、签到簿、茶水(矿泉水)等会议用品准备。

签到簿的作用是帮助了解到会人员的情况,一方面使会议组织者能够查明是否有人缺席,另一方面能够使会议组织者根据签到簿安排下一步的工作,比如就餐、住宿等。

如果会议属于业务汇报或者产品介绍,那么有关的资料和样品也必不可少。

6.1.2 会场布置

会场布置一方面可以直观传达会议的主题、主办方对本次会议的重要程度;另一方面形成一定的会议氛围,督促与会者集中精神参加好会议。因此,会场布置工作也是会议礼仪的重要内容。

1. 标记布置

主题横幅应悬挂在主席台正上方。会标应在主席台正背上方,按照要求可在两侧或四周布置一些带有鼓动性、号召性的口号标语(横幅)。

大型会议可在会场外架起拱门,悬挂彩球、直幅,以示隆重。

2. 座位布置

会场座位布置最好能适合会议的主题风格和气氛,主要有以下几种方式。

1) 剧场式

这种方式因酷似剧场而得名,即设一个主席台,少数人在主席台上,绝大多数人在台下,类似观众。这种方式适合于与会人数较多的正式会议。

2) 教室式

这种方式类似于学校的教室,适合于讲解、说明的场合,也便于与会者做记录。

3) 讨论式

比较适用于商谈和讨论问题,也便于看清投影或录像片。它可分为设主席台的或不设主席台的,有反"U"形、"V"形等多种形式。

3. 座次安排

1) 环绕式

不设立主席台,把座椅、沙发、茶几摆放在会场的四周,不明确座次的具体尊卑,而听任与会者在入场后自由就座。这一安排座次的方式,与茶话会的主题最相符,也最流行。

2) 散座式

散座式排位,常见于在室外举行的茶话会。它的座椅、沙发、茶几四处自由地组合,甚至可由与会者根据个人要求而随意安置。这样就容易创造出一种宽松、惬意的社交环境。

3) 圆桌式

圆桌式排位,指的是在会场上摆放圆桌,请与会者在周围自由就座。圆桌式排位又分下面两种形式:一是适合人数较少的,仅在会场中央安放一张大型的椭圆形会议桌,而请全体与会者在周围就座。二是在会场上安放数张圆桌,请与会者自由组合。

4) 主席式

这种排位是指在会场上,主持人、主人和主宾被有意识地安排在一起就座。座次的排列包括主席台座次和其他与会者座次。主席台座次,以上主席台人员的职务(或社会地位、声望等)高低排列。座位上要摆放姓名牌,座次须报领导审定。其他与会者面向主席台,座次排列既要服从会议目的,又要体现平等精神。

知识拓展

圆桌会议

圆桌会议指围绕圆桌举行的会议。圆桌没有主席位置,亦没有随从位置,人人平等。据说,这种会议形式来源于英国亚瑟王的传说。5世纪,英国国王亚瑟在与他的骑士们共商国是时,大家围坐在一张圆形的桌子周围,骑士和君主之间不排位次。圆桌会议由此得名。至今,在英国的温切斯特堡还保留着一张这样的圆桌。关于亚瑟王和圆桌骑士的传说虽然有着各种各样的版本,但圆桌会议的精神则延续下来。第一次世界大战之后,这种形式被国际会议广泛采用。

圆桌会议是指一种平等、对话的协商会议形式,是一个与会者围圆桌而坐的会议。在举行国际或国内政治谈判时,为避免席次争执,更好地体现各国平等原则和协商精神,参加各方围圆桌而坐,或用方桌但仍摆成圆形。

今天"圆桌会议"已成为平等交流、意见开放的代名词,也是国家之间以及国家内部,一种重要的协商和讨论形式。

6.1.3 主持人礼仪

主持人是整个会议的中心,其礼仪表现对会议能否圆满成功有着重要的影响。他(她)应像宴会中的主人一样,很好地控制会议的气氛和进程,并促使会议达到预期的目标。

1. 主持人的基本礼仪

主持人的服饰、仪态、发言等,都应符合身份,端庄大方。

主持人一般应着正装,男士可着西装、中山装、衬衫、长裤与皮鞋,女士以套裙、套装为主;颜色、式样要搭配得体,让人感觉稳重、沉着,不浮夸;男士理发剃须,女士化淡妆,切忌不修边幅,邋里邋遢。

主持人走向主持位置时,应表现出沉稳、自信的风度,步伐稳健有力,视会议性质决定步伐的缓急、步幅的大小,如紧急会议可加快、加大步伐;而纪念、悼念类会议,则应步幅略小、节奏放慢。这样做的目的并不是因为时间的缘故,而是主持人营造会场气氛的一种方式。

重要会议开始前,主持人步入主持位置过程中不要与熟人打招呼,更不能寒暄闲谈,一般工作会议例外。会议开始前,或会议休息时间可点头、微笑致意。

主持人一般应在会议开始前5分钟左右抵达会场,如果因故来迟,不要匆忙小跑、大喘粗气,应推门快步入位,落座后首先向等候者致歉并说明原因,然后立即开始会议。

会议主持人由于其特定的身份,他(她)的仪态将直接影响着与会者对会议的看法。因此,主持人在整个会议中的坐姿、站姿和谈吐,必须表现得令人信服。入席后,如果是站立主持,应双腿并拢,腰背挺直,身体不可晃动。若是持稿主持,以右手或双手持搞,与胸等高,在读讲稿的同时,目光应间隔性地扫视与会者;坐姿主持时,应保持上身端正,腰部挺直。双腿自然下垂,不要跷腿或抖动。双手在会议桌上对称平摆呈"八"字形。主持过程中,精神饱满,面部表情从容冷静,目视前方,余光兼顾全场。切忌出现搔头、揉眼等不雅动作。

主持人讲话时一般不要有手势,即使有,动作也不可过大。讲话应口齿清晰,简明扼要。主持人应思维敏捷,善于引导和把握会议节奏,根据会议性质调节会议气氛,或庄重,或幽默,或沉稳,或活泼,使会议不冷场。

2. 主持人的主持技巧

1) 事先宣布会议的起始和结束时间

开会之初宣布会议的起始和结束时间,让所有与会者在出席会议之初就心中有数,有利于专心、安心开会,提高会议效率。

2) 遵守会议的时间规定

准时开会,按时结束。如有人迟到应明确地告诉他"你迟到了",如迟到者的议程已过就直接留到最后,看是否有时间让其补充发言。迟到者看到即使他们不来,会议依然准时开始,就会让他们汲取教训。相反,如果因为有人晚到,会议就推迟开始,原先准时的人下次也会让人等。

3) 采取措施尽可能减少干扰

告诉所在部门的员工,在会议进行过程中不要打扰。把会议举行的场所选定在一间远离办公室穿梭的人群的房间里。如果房间中装有电话,在会议期间可以切断。

4) 按照主次先后安排会议议程

先讨论紧急的事项,后讨论较为次要的议题。这样可保证优先处理紧急事项,次要问题如果时间不够的话,可留在以后再说。同时,还应在每一次会议上限定讨论的时间,因为每一个议题讨论的时间总是比你预想的长。

5) 事先分发会议议程表

在会议开始前分发会议议程表,及早地让会议出席者明白会议的议题,做好倾听、发言准备。临时召集的重要会议,也应尽可能做些准备,以提高会议效果。

6) 设定每一个议程的时间

估计每一个议题所需要的时间,掌控整个会议的进度,适当地引导与会者,避免无休止的讨论,适时地归纳、总结并做出会议决议,提高会议效率。

7) 不偏离议题

不偏离议题,保证会议各项议题按议程循序渐进。在有人提出一些非会议议程中的议题时,礼貌而又坚决地把与会者的讨论引回主题。比如,你可以说:"那确实是一个重要问题,可以放在以后的会议上讨论。现在让我们接着进行刚才议题的讨论。"

8) 掌控会场气氛

主持人的言谈要根据不同的会议气氛或庄或谐。要处处尊重他人的发言和提问,不以动作、表情或语言对不同意见者表示不满。思维敏捷,善于调节、控制会议气氛和议题,会议出现僵局冷场后要及时引导。

9）鼓励与会者积极参与

主持人要像催化剂那样使会议活跃起来,鼓励每一个与会者积极参与,踊跃发言,尤其应该鼓动那些腼腆的参会人员谈谈他们对一些问题的看法。主持人自己的发言时间不要超过整个会议时间的25%。

10）安排好会议记录的任务

主持人应安排专人做好会议记录。会议记录必须明确讨论的要点、已经达成的决议、将要采取的行动及定下的最后期限。会后组织人员将会议记录整理编写成会议简报分发给每个与会者。

6.1.4 与会者礼仪

1. 与会者一般礼仪

商务会议要取得良好的效果,不仅会议组织者要讲究会务礼仪,会议的参与者也要符合相应的礼仪规范。

（1）携带通知或邀请函准时入场,不迟到,不早退。进出有序,遵守会议各项准则和要求。

（2）服饰得体,注意仪容仪表仪态,坐姿端正,举止大方自然,待人彬彬有礼。

（3）虚心听取别人发言,不随便打断别人的谈话,万不得已要插话,应使用礼貌用语。

（4）讲话应顾及全体在场人员,力求突出重点,简洁明了。不能偏离主题乱发议论,或喋喋不休耽误别人时间。

（5）会议期间,将手机调成静音,并尽量避免接听和通话。如实在需要接打电话应离开会场。

（6）不能在会议进行过程中间频繁进出会场,或在场内来回走动。当会议进行过程中有来访者和电话时,应先与会议主持人打招呼,然后再轻手轻脚离开会议室。打招呼可用耳语或便条等形式,以不引起大家的注意、不影响会议进行为原则。离开会议室后,应尽快简单地处理完事务,然后及时返回参加会议。

（7）集中精神,注视台上的发言人,认真听讲,做好记录。不私下小声说话或交头接耳,不打瞌睡,不做其他与会议无关的事情。要和发言人及时交流互动,该鼓掌时给予热烈掌声。

（8）有序就座。大型会议应按照会场的指定座位或区域就座。不要抢占前排,或退居后排使座席留出大片空白,让会议组织者难堪。小型会议,一般都有组织者座位和其他与会者座位,这种座位不一定是刻意安排的(正式会议除外),通常是自然形成的。例如,组织者若干人自然地坐在了一起,以后经常按此做法,那么这几个位置就习惯上成了相对的组织者座位,即通常所说的"主席台",其他的座位就成了一般与会者的座位了。一旦形成了相对的座位,就应约定俗成,各自坐开,不要乱坐。打乱秩序,反而会使人心理上不习惯,把组织者挤在某个角落是不得体的,分散组织者的座位,也不利于会议的组织工作。

（9）积极发言。如果有讨论最好不要保持沉默,这会让人感到你对事件漠不关心;想反驳别人时不要打断对方,应待对方讲完再阐述自己的见解,别人反驳自己时要虚心听取,不要急于争辩。不要在别人发言时说话、随意走动、打哈欠等,这是失礼的行为。表决性质的会议,要求与会人员对议题发表赞成或反对的意见时,态度要明确,不能含糊,不能给别人留下无主见、无魄力的印象。

如果在大会上，应在主持人给予的发言时间内或所有正常议题结束后，争取发言机会。发言要先举手，以引起主持人的注意，经主持人示意后再站起来说。

（10）自觉服从会议组织者的安排。在会场，与会者应该听从主持人的安排，并对主持人的提议做出积极的回应；报告结束，与会者应报以热烈的掌声，以此对演讲人表示赞赏和感谢。

2. 与会者应注意的两个问题

1）切忌缺席和迟到

会议成员时常缺席会影响会议效果，不得不缺席时应尽早打电话通知会议组织者，以免拖延会议时间。

在没有事先通知会议主持人的情况下，迟到是不允许的。迟到就像缺席一样，通常意味着对抗。从表面上看，迟到是对组织的工作和与会成员缺乏尊重，但事实上，这种现象通常反映出迟到者本身存在着个人的更深层的意识冲突。

2）将会议视为一次难得的自我展示机会

要重视参会机会，借此提出有用或具创意的建议，展示自己的专业才能，让上级领导和同事知道你的才能，对你刮目相看。

知识链接

会议发言礼仪

会议发言有正式发言和自由发言两种，前者一般是领导报告或经验介绍，后者一般是讨论发言。

正式发言者，应衣冠整齐，走上主席台时应步态自然、刚劲有力，体现一种成竹在胸、自信自强的风度与气质。发言时应口齿清晰，讲究逻辑，简明扼要。如果是书面发言，要时常抬头扫视一下会场，不能始终埋头读稿，旁若无人。发言完毕，应对听众的倾听表示感谢。

自由发言则较随意，但要注意，发言应讲究顺序和秩序，不能争抢发言；发言应简短，观点应明确；与他人有分歧，应态度平和、以理服人。要听从主持人的指挥，不能自说自话。

如果有会议参加者对发言人提问，应礼貌作答。对不能回答的问题，应机智而礼貌地说明理由。对提问人的批评和意见应认真听取，即使提问者的批评是错误的，也不应辩论、争论，言行失态。

6.2 商务谈判礼仪

6.2.1 商务谈判及其原则

1. 商务谈判的概念

谈判又称为会谈，是比较正规的工作洽谈协商。谈判所涉及的领域十分广泛，在政治、经济、军事、外交领域乃至人们的日常生活中都广泛存在。谈判是处于各个立场的人,为了自身的利益,在有准备、有组织的情况下,进行正式的讨论和协商,以此让不同立场的人能够相互体谅、求同存异,并最终达到某种共识的整个过程。

商务谈判就是商务领域内的谈判,是商务交往各方为了促成交易或是为了解决争端,为了寻求和达到各自的经济利益目标,就各种提议和承诺进行洽谈协商的过程。与其他谈判相比较,商务谈判具有以获得经济利益为目的、以价值谈判为核心、注重合同的严密性与准确性等特征。商务谈判是商务活动必不可少的组成部分,没有商务谈判,经济活动便无法进行。

2. 商务谈判的原则

商务谈判是一门学问、一门艺术,成功的谈判是商务活动顺利开展的前提。谈判的成功与否不仅与谈判个人的综合水平与技巧有关,还与谈判者是否遵守谈判原则有关。要使谈判顺利进行并取得成功,就必须掌握和遵守谈判的原则。否则,就乱了章法,使谈判偏离预期方向。一般来说,商务谈判应遵循以下原则。

1) 诚实守信的原则

真正决定谈判收获的是谈判双方的信任感,没有真诚就没有信任,诚信是谈判双方交往的感情基础。要以事实为基础,不欺蒙对方;以信誉为重,恪守信用、实事求是能给人安全感,有利于洽谈生意,促进成交,建立较长期的商务合作关系。在商务谈判中,协议的达成与履行是公平的,在考虑自身利益的同时也应站在对方的角度上思考。谈判双方一旦达成协议或做出承诺,就必须严格履行,信守诺言,真正做到"言必信,行必果"。

2) 平等互利的原则

谈判双方是平等的,没有高低主次之分。大企业千万不能凭着实力强,轻视与自己进行谈判的小企业,这是成功谈判的一个前提条件。任何凭借自己或他人的权势,在谈判桌上压制对方的做法都是不可取的。商务谈判以获得经济利益为目的,人们通常以获取经济效益的好坏来评价一项商务谈判的成功与否。成功的谈判是建立在双方需求和利益都得到最大限度的满足的基础上的,双方都具有公平的义务和责任。一个优秀的谈判者要想方设法寻找到双方比较满意、互利共赢的解决方案。

3) 求同存异的原则

参与商务谈判的双方既存在着共同利益,也存在着商业利益上的矛盾和冲突。谈判是一种为谋求双方之"同",化解双方之"异"而进行的协商活动,谈判的目的不是扩大矛盾,而是弥合分歧,使双方建立起谋求共同利益、解决分歧的合作关系。因此,谈判者对于意见相同之处,即可达成共同协议;对于不同之处,可采取适当让步或暂时搁置,以后再谈,以保证双方当前基本要求得到实现。在商务谈判中,一方面要以价格为中心,坚持自己的利益;另一方面又不能仅仅局限于价格,应该拓宽思路,设法从其他利益因素上争取应得的利益。与其在价格上与对手争执不休,还不如在其他利益因素上使对方在不知不觉中让步。

4) 遵纪守法的原则

市场经济是法制经济,商务活动在越来越广的范围内受到法律的保护和约束。偏离经济法规,任何商务谈判将寸步难行。在拟订合同条款时,要注意合同条款的严密、准确、合法性,任何与国家法律、政策有抵触的商务谈判,即使双方自愿并达成一致协议,也都是无效的。

6.2.2 商务谈判的礼仪

商务谈判的主体是人,人与人的交往必然要符合一定的礼仪规范。商场上的较量是文明地进行的,即使双方有争议,相持不下,一切言行也必须是彬彬有礼的。

1. 谈判的准备

1) 选择谈判地点

心理学研究表明,人有一种环境领域感,在选择谈判地点时,需要考虑到谈判时的环境心理因素,合适的谈判场地将有利于提高自己的谈判力量及谈判地位。选择谈判地点很有讲究,因为它不单单涉及最终的谈判结果,还与礼仪的应用有关。根据不同的谈判地点可以将谈判分为以下四种类型:

(1) 主座谈判,即谈判在我方所在单位或部门(主场)进行。一般情况下,这样的谈判会将谈判时较大的主动性偏向我方。谈判地点首选熟悉的地点主场。

(2) 客座谈判,即谈判在对方所在的单位或部门(客场)进行。通常来看,这样的谈判会将谈判时较大的主动性偏向谈判对象一方。

(3) 主客座谈判,即谈判的地点在谈判双方的单位转换。这是一种对谈判双方都比较公正的选择地点方式。

(4) 第三地谈判,即谈判地点选择在不属于谈判双方任何一方的地点。这是一种比主客座谈判更加公平的谈判。

对参加谈判的每一方来说,确定谈判的具体地点事关重大。所以,参与谈判的各方都会积极争取对自己这一方较为有利的地点。从礼仪上来讲,具体确定谈判地点时,有两个方面的问题必须为各方所重视:一是商定谈判地点。在谈论、选择谈判地点时,既不应该对对手听之任之,也不应当固执己见。正确的做法,是应由各方各抒己见,最后再由大家协商确定。二是做好现场布置。身为东道主时,应按照分工自觉地做好谈判现场的布置工作,以尽地主之责。

2) 布置谈判环境

商务谈判环境布置很重要。心理学家 N.L.明茨在 20 世纪 50 年代做过一个实验:他把实验对象分别安排到两个房间里:一间窗明几净,典雅庄重;而另一间粗俗龌龊,凌乱不堪。他要求每人必须对 10 张相片上的人做出判断,说出他(或她)是"精力旺盛的"还是"疲乏无力的",是"满足的"还是"不满足的"。结果在洁净典雅房间里的实验对象倾向于把相片上的人看成"精力旺盛的"和"满足的";在龌龊凌乱房间里的实验对象则倾向于把相片上的人看成疲乏无力的和"不满足的"。这个实验表明环境是会影响人的感知的。

从礼仪要求讲,一般合作式谈判应安排布置好谈判环境,使之有利于双方谈判的顺利进行。

(1) 光线明亮、色调柔和。可利用自然光源,也可使用人造光源,使室内光线明亮柔和。这样既可以方便谈判双方看清谈判资料、书写笔记,还可以清楚地感知到谈判双方之间的行为语言。

(2) 温度适宜、空气清新。室内最好使用空调机和加湿器,使空气的温度与湿度保持在适宜的水平上。温度在 20 ℃,相对湿度在 40%~60%之间是最合适的。同时保证空气的清新和流通。

(3) 装饰高雅、陈设美观。室内的家具、门窗、墙壁的色彩要和谐一致,墙壁和茶几上可以装点一些艺术品,以显整体环境的高雅大方并给人以空间宽阔之感。室内陈设应简洁、实用、美观,如宽大整洁的桌子、简单舒适的座椅(沙发)等。谈判时应根据谈判地点的环境以及谈判相应的级别来安设与之对应的台桌和椅子,即谈判的级别越高或者是谈判所使用的会议厅越大,相应的台桌和椅子也应该越宽绰、越大。

知识链接

英国谈判学家比尔·斯科特指出台桌和椅子的大小会给谈判中被动的一方造成心理压力。经理前面的写字台越大越强调着他的处境和权力的优越感。而被动的一方坐在远离那张大写字台的一条小凳子上,则越感受到自己的不利。

(4) 环境幽雅、肃穆宁静。周围的环境幽雅,房间不临街临马路,不靠近施工场地,周围没有喧哗、吵闹的噪音干扰。门窗应能隔音,保持室内宁静,使人心情舒畅以使谈判顺利进行。

礼仪佳话

良好的开局

1972 年 2 月,美国总统尼克松访华,中美双方将要展开一场具有重大历史意义的国际谈判。为了创造一种融洽和谐的谈判环境和气氛,中国方面在周恩来总理的亲自领导下,对谈判过程中的各种环境都做了精心而又周密的准备和安排,甚至对宴会上要演奏的中美两国民间乐曲都做了精心地挑选。在欢迎尼克松一行的国宴上,当军乐队熟练地演奏由周总理亲自选定的《美丽的亚美利加》时,尼克松总统简直听呆了,他绝没有想到能在中国的北京听到他如此熟悉的乐曲。因为,这是他平生最喜爱的并且指定在他的就职典礼上演奏的家乡乐曲。敬酒时,他特地到乐队前表示感谢。此时,国宴达到了高潮,而一种融洽热烈的气氛也同时感染了美国客人。

3) 确定谈判人员

商务谈判的首要工作是要确保双方谈判代表的身份、职务相当。根据谈判内容的要求,确定谈判的主谈人,并挑选能言善辩、熟悉业务和技术、反应灵敏、有良好的综合素质、有谈判经验的人组成谈判队伍。谈判前应了解对手和我方的优势劣势,做到"知己知彼,百战不殆",对谈判主题、内容做好充分准备,制定好计划、目标及谈判策略。谈判前要整理好自己的仪容仪表,穿着要整洁、正式、庄重。参与谈判的人员往往智慧过人,有极高的洞察力,容易通过衣着来判断对方的性格,从而达到控制对方的目的。因此,参加谈判的人员,不可以穿"摩登前卫"、标新立异、个性化的服装。男士应理发、剃须、穿深色西装、打领带,女士应化

第6章 商务活动礼仪

淡妆,发型雅致,穿着端庄文雅。参加谈判时,基层公务员一定要讲究自己的穿着打扮,此举并非是为了招摇过市,而是为了表示自己对于谈判的高度重视。

 **想想议议**

中国某企业与德国某公司洽谈某种产品的出口业务。按照礼节,中方提前10分钟到达会议室。德国客人到达后,中方人员全体起立,鼓掌欢迎。德方谈判人员男士个个西装革履,女士个个都身穿职业装;反观中方人员,只有经理和翻译身穿西装,其他人员有穿夹克衫的,有穿牛仔服的,更有甚者穿着工作服。现场没有见到德方人员脸上出现期待的笑容,反而显示出一丝的不快。更令人不解的是,预定一上午的谈判日程,在半个小时内就草草结束,德方人员匆匆而去。

想一想:本案例中中方谈判代表存在什么问题?
议一议:本案例对你有哪些启示?

4) 约定谈判时间

(1) 避免在中午经过长途跋涉后身心处于疲惫时期进行谈判。
(2) 避免在心理未进入工作状态的周一上午进行谈判。
(3) 避免在思绪较为凌乱或在连续紧张的工作后进行谈判。
(4) 避免在身体不适导致自己无法专心时进行谈判。
(5) 急需某种商品或者想要很快出售产品的时候最好不要急于谈判,先要准备好一个恰当的提前量,掌握好一个最佳时机。

5) 安排谈判座次

谈判各方在谈判时的就座位次非常重要,必须遵守严格的礼仪规范。

(1) 双边谈判。

双边谈判指的是参与谈判的有两个方面的人,这是最常见的一种谈判形式,其座次安排主要有两种方式:

① 横桌式。把谈判桌横放在谈判室内,面对门坐的一方是客方人员,主方人员则与之相反背对门而坐。关于主谈者和各方其他人士的位置,应该从中间开始以先右后左的方式,根据职位和谈判的需求自高而低地坐在己方这一边。另外,在进行一些涉外交流时可以将翻译员放在主谈者的右侧之位。

② 竖桌式。把谈判桌竖放在谈判室内,具体的座位应该是客方人员在进门时的右侧,主方人员与之相反落座在左侧。关于主谈者和各方其他人士的位置,与横桌式相同。

(2) 多边谈判。

多边谈判指的是参与谈判的有三个方面或者三个方面以上的人。其座次安排主要也有两种方式:

① 自由式。即不事先安排正式的座位,具体的座次由各方的参谈人员在谈判时自由落座而定。

② 主席式。即在谈判室面对正门的方向设有一个可供谈判时各方代表发言的主席位。

各方的其他人员则背靠门分别就座,另外需要注意的是各方代表在发言后,仍然需要在台下就座。

2. 谈判中的礼仪

在商务谈判中明确基本的礼仪要点,将是你取得商务谈判成功的关键。如果你懂得双方都应该遵循相同的原则来取得交换条件,那么你就会在满足双方最大利益的基础上做到站在对方的立场着想,从而帮助扫清达成协议的一切障碍。

1) 营造氛围

一般情况下,谈判应是互惠互利的,双方都会努力谋求一致。为达到这一目的,谈判的气氛应是诚挚、友好、合作和认真的。为创造和谐的氛围,要合理地运用影响开局气氛的各种因素。诸如大方得体的介绍与自我介绍、轻松自如的谈吐、整洁优雅的仪表、文雅适度的举止等。谈判之初,双方接触的第一印象十分重要,言谈举止要尽可能创造出轻松、友好的谈判气氛。做自我介绍时要自然大方,不卑不亢;被介绍时应起立一下微笑示意,同时礼貌地说"幸会""请多关照"等客套话;询问对方要客气,如"请问尊姓大名"等;交换名片要双手接递;注视对方时,目光应停留在对方双眼至前额的三角区域,让对方觉得你诚恳严肃;手势自然,不乱打手势,以免有轻浮之感;不能双臂在胸前交叉,显得傲慢无礼。谈判之初的重要任务是摸清对方的底细,因此要认真听对方的谈话,细心观察对方的举止表情,并适当地给予回应,这样既可以了解对方意图,又可以表现出尊重与礼貌。

2) 保持风度

正式谈判时,谈判者尤其是主谈者的临场表现,往往直接影响到谈判的现场气氛和谈判结果。一般认为,每一位谈判者在谈判时都要注意保持风度。

(1) 心平气和。在谈判中始终心平气和,以理服人,是高明的谈判者应保持的风度。应做到处变不惊,不急不躁,冷静处事,发言措辞文明礼貌,求大同,存小异,绝不能因情急而失礼。

(2) 双赢最佳。谈判从根本来说就是一场利益的相争,因而谈判各方都期望在谈判中为己方争得最大的利益。但是,从谈判的本质上来看,成功的谈判不是争得"你死我活"就是胜者,谈判的目的是让各方互惠互利,均有所得,最终实现共赢。面对谈判时,只知道争夺自己的利益却不能够适当地让利他方,期望对方一无所获,是既没有格局,也是不能够赢得谈判最终的胜利的。

3) 礼待对手

谈判过程中要特别注意下面两个方面:

(1) 对人对事要分清。在谈判中,与对手的关系就是"两国交锋,各为其主",期望对手下留情是不可能的。因此,要正确地处理与谈判对手的关系,做到人与事分别而论。即朋友归朋友,谈判归谈判。在谈判之外,对手可以成为朋友;在谈判之中,朋友就是对手,原则性问题应当力争不让,要就事论事,人和事不能混为一谈。

(2) 讲礼有分寸。不管在谈判过程中遇到怎样的情况,都要保持耐心、冷静,不可因发生矛盾就怒气冲冲,或者通过肢体表达自己的不满。对谈判对手保持应有的风度,是对谈判对方最基本的尊重。即使利益冲突明显或矛盾一时无法解决,也不能失去应有的礼仪,言辞过激甚至出言不逊,进行人身攻击或侮辱对方,这只会令谈判不欢而散、无果而终。

4) 友好磋商

在商务谈判中,特别是进入报价阶段后,出现分歧和交锋在所难免。双方或据理力争或直言反驳,都希望争取己方最大的利益。但不管分歧和冲突有多大,大家都应该互相尊重、互相理解,开诚布公地进行友好的磋商,通过自己的谈判技巧化解矛盾,以达成共识并争取双赢的局面。坦诚相见、心平气和及规范而灵活地使用语言是友好磋商的三要素。好的谈判者并不一味地固守立场、寸步不让,而是要与对方充分交流,从双方的最大利益出发,创造各自所需的解决方案,用相对较小的让步来换得最大的利益,并最终达成一致。

6.2.3 商务谈判的禁忌

1. 忌欺诈隐骗

有些人把商务谈判视为对立性的你死我活的竞争,在具体洽谈时,不顾客观事实,欺、诈、隐、骗,依靠谎言或"大话"求得自身的谈判优势。例如,一位业务员同一家商店进行推销洽谈,业务员为了促销,在介绍产品质量时声称已经获得"省优"和"部优",商店看样后认为有一定市场,于是双方达成买卖意向。商店后来了解到这种商品既非"省优"也不是"部优",产品虽适销,但商店也怕上当受骗,于是未予签订合同,一桩生意告吹。可见,欺骗性的语言一旦被对方识破,不仅会破坏谈判双方的友好关系,使谈判蒙上阴影或导致谈判破裂,而且也会给企业的信誉带来极大损失。

2. 忌盛气凌人

有的谈判者由于自身地位、资历"高人一等",或者谈判实力"强人一等",在谈判中往往盛气凌人。居高临下、盛气凌人的行为易伤对方感情,使对方产生对抗或报复心理。所以,参加商务谈判的人员,不管自身的行政级别多高、资历多老、所代表的企业实力多强,只要和对方坐在谈判桌前,就应坚持平等原则,平等相待,平等协商,等价交换。

3. 忌道听途说

有的谈判者由于社会接触面大,外界联系多,各种信息来源渠道广,在谈判时往往把一些未经证实的信息作为向对方讨价还价的依据,缺乏确凿证据的实际材料,其结果很容易使对方抓住你的谈话漏洞或把柄向你进攻。就个人形象来讲,也会使对方感觉到你不认真、不严谨、不严肃,不值得信赖。因此,在商务谈判中,应避免用"据说"之类的字眼。

4. 忌攻势过猛

某些谈判者在谈判桌上争强好胜,一切从"能压住对方"出发,说话锋利刻薄,频繁地向对方发动攻势,在一些细枝末节上也不甘示弱,甚至有些人还以揭人隐私为快事。在谈判中攻势过猛的做法是极不可取的,极容易伤害对方自尊心。遇到生性懦弱的人可能一时得逞;遇到涵养较深的人,可能暂时忍让,让你尽情表演,但他欲擒故纵,到关键时刻迫使你付出代价;遇到强硬、进攻性很强的对手,小的进攻就会惹起更大的反击,反而对自己不利。因此,在谈判中说话应该委婉,尊重对方的意见和隐私,不要过早地锋芒毕露,避免言语过急过猛,伤害对方。

5. 忌含糊不清

有的谈判者由于事前缺乏对双方谈判条件的具体分析,加之自身不善表达,当阐述自身立场、观点或回答对方提出的某些问题时,或者语塞,或者含含糊糊、模棱两可,或者前言不搭后语、相互矛盾。模棱两可的语言容易让对方钻空子,使自己陷入被动挨打的境地。所以,谈判者事前应做好充分的思想准备和语言准备,对谈判条件进行认真分析,把握住自身的优势和劣势,对谈判的最终目标和重要交易条件做到心中有数。同时做一些必要的假设,把对方可能提出的问题和可能出现的争议想在前面,这样,在谈判中不管出现何种复杂局面,都能随机应变,清楚地说明自己的观点,准确明了地回答对方的提问。尤其是在签订谈判协议时,能够把握关键,使合同条款订得具体、完善、明确、严谨。特别是有关承担义务和责任的关键部分,一字一句必须含义明确、概念清楚,绝不可词语模糊、模棱两可,否则极易引起争议,后果是难以预料的。

6. 忌以我为主

在商务谈判中,有些人随意打断别人的话;有些人在别人说话时不够专注;有些人自己说个滔滔不绝、没完没了,而不考虑对方的反应和感受;尤其当洽谈某些交易条件时,只站在自己的立场上,过分强调自身的需要,不为对方着想,这种做法是很不礼貌的,极容易引起对方的反感。所以,谈判者应学会倾听别人说话的艺术,多听少说、边听、边想、边分析,并不断提出问题,与对方互动交流,以便更好地了解对方,摸清对方的底细和意图。

7. 忌枯燥呆板

某些人在谈判时非常紧张,如临大战,说起话来表情呆板,过分地讲究针对性和逻辑性,这对谈判也是很不利的。商务谈判不同于某些对抗性很强的政治谈判,它是一种合作性的交往,应该在一种积极、友好、轻松、融洽的气氛中进行。因此,谈判者在正式谈判开始前应善于建立一种良好的谈判气氛,在正式谈判过程中也应恰当地运用一些比喻,善于开一些小玩笑,使说话生动、形象、诙谐、幽默,有感染力。通过活泼的语言创造并维持一种良好的谈判气氛,对整个谈判格局及前景会起到重要的促进作用。

知识拓展

谈判技巧

1. 确定谈判态度

在商业活动中面对的谈判对象多种多样,我们不能拿出同样的态度对待所有谈判。我们需要根据谈判对象与谈判结果的重要程度来决定谈判时所要采取的态度。

如果谈判对象对企业很重要,比如长期合作的大客户,而此次谈判的内容与结果对公司并非很重要,那么就可以抱有让步的心态进行谈判,即在企业没有太大损失与影响的情况下满足对方,这样对于以后的合作会更加有力。

如果谈判对象对企业很重要,而谈判的结果对企业同样重要,那么就抱持一种友好合作的心态,尽可能达到双赢,将双方的矛盾转向第三方,比如市场区域的划分出现矛盾,那么可以建议双方一起或协助对方去开发新的市场,扩大区域面积,将谈判的对立竞争转化为携手竞合。

如果谈判对象对企业不重要,谈判结果对企业也是无足轻重,可有可无,那么就可以轻

第6章 商务活动礼仪

松上阵,不要把太多精力消耗在这样的谈判上,甚至可以取消这样的谈判。

如果谈判对象对企业不重要,但谈判结果对企业非常重要,那么就以积极竞争的态度参与谈判,不用考虑谈判对手,完全以最佳谈判结果为导向。

2. 充分了解谈判对手

正所谓"知己知彼,百战不殆",在商务谈判中这一点尤为重要,对对手的了解越多,越能把握谈判的主动权,就好像我们预先知道了招标的底价一样,自然成本最低,成功的概率最高。

了解对手时不仅要了解对方的谈判目的、心里底线等,还要了解对方公司经营情况、行业情况、谈判人员的性格、对方公司的文化、谈判对手的习惯与禁忌等。这样便可以避免很多因文化、生活习惯等方面的矛盾,对谈判产生额外的障碍。还有一个非常重要的因素需要了解并掌握,那就是其他竞争对手的情况。比如,一场采购谈判,我们作为供货商,要了解其他可能和我们谈判的采购商进行合作的供货商的情况,还有其他可能和自己合作的其他采购商的情况,这样就可以适时给出相较其他供货商略微优惠一点的合作方式,那么将很容易达成协议。如果对手提出更加苛刻的要求,我们也就可以把其他采购商的信息拿出来,让对手知道,我们是知道底细的,同时暗示,我们有很多合作的选择。反之,我们作为采购商,也可以采用同样的反向策略。

3. 准备多套谈判方案

谈判双方最初各自拿出的方案都是对自己非常有利的,而双方又都希望通过谈判获得更多的利益,因此,谈判结果肯定不会是双方最初拿出的那套方案,而是经过双方协商、妥协、变通后的结果。

在双方你推我拉的过程中常常容易迷失最初的意愿,或被对方带入误区,此时最好的办法就是多准备几套谈判方案,先拿出最有利的方案,没达成协议就拿出其次的方案,还没有达成协议就拿出再次一等的方案,即使我们不主动拿出这些方案,但是心中可以做到有数,知道向对方的妥协是否偏移最初自己设定的框架,这样就不会出现谈判结束后,仔细思考才发现,自己的让步已经超过了预计承受的范围。

4. 建立融洽的谈判气氛

在谈判之初,最好先找到一些双方观点一致的地方并表述出来,给对方留下一种彼此更像合作伙伴的潜意识。这样接下来的谈判就容易朝着一个达成共识的方向进展,而不是剑拔弩张的对抗。当遇到僵持时也可以拿出双方的共识来增强彼此的信心,化解分歧。

也可以向对方提供一些其感兴趣的商业信息,或对一些不是很重要的问题进行简单的探讨,达成共识后双方的心里就会发生奇妙的改变。

5. 设定好谈判的禁区

谈判是一种很敏感的交流,所以,语言要简练,避免出现不该说的话,但是在艰难的长时间谈判过程中也难免出错,最好的方法就是提前设定好哪些是谈判中的禁语,哪些话题是危险的,哪些行为是不能做的,以及谈判的心里底线等。这样就可以最大限度地避免在谈判中落入对方设下的陷阱或误区中。

6. 语言表述简练

在商务谈判中忌讳语言松散或像拉家常一样的语言方式,尽可能让自己的语言变得简练，否则，你的关键词语很可能会被淹没在拖拉繁长、毫无意义的语言中。一颗珍珠放在地上，我们可以轻松地发现它，但是如果倒一袋碎石子在上面，再找起珍珠就会很费劲。同样的道理，我们人类接收外来声音或视觉信息的特点是：一开始专注，注意力随着接收信息的增加，会越来越分散，如果是一些无关痛痒的信息，更将被忽略。

因此，谈判时要做到语言简练，针对性强，争取让对方的大脑处在最佳接收信息状态时表述清楚自己的信息。如果要表达的是内容很多的信息，比如合同书、计划书等，那么适合在讲述或者诵读时在语气上进行高、低、轻、重的变化，比如，重要的地方提高声音、放慢速度，也可以穿插一些问句，引起对方的主动思考，增加注意力。在重要的谈判前，应该进行一下模拟演练，训练语言的表述、突发问题的应对等。在谈判中切忌模糊、啰唆的语言，这样不仅无法有效表达自己的意图，更可能使对方产生疑惑、反感情绪。在这里要区分清楚沉稳与拖沓的区别，前者是语言表述虽然缓慢，但字字经过推敲，没有废话，而这样的语速也有利于对方理解与消化信息内容。在谈判中想靠伶牙俐齿、咄咄逼人的气势压住对方，往往事与愿违，多数结果不会很理想。

7. 做一颗柔软的钉子

商务谈判虽然不比政治与军事谈判，但是谈判的本质就是一种博弈，一种对抗，充满了火药味。这个时候双方都很敏感，如果语言过于直率或强势，很容易引起对方的本能对抗意识或招致反感。因此，商务谈判时要在双方遇到分歧时面带笑容，语言委婉地与对手针锋相对，这样对方就不会启动头脑中本能的敌意，从而不会使接下来的谈判陷入僵局。

商务谈判中并非张牙舞爪、气势夺人就会占据主动，反倒是喜怒不形于色、情绪不被对方所引导、心思不被对方所洞悉的方式更能克制对手。至柔者长存，至刚者易损，想成为商务谈判的高手，就要做一颗柔软的钉子。

8. 曲线进攻

孙子曰："以迂为直"，克劳塞维茨将军也说过："到达目标的捷径就是那条最曲折的路"，由此可以看出，想达到目的就要迂回前行，否则直接奔向目标，只会引起对方的警觉与对抗。应该通过引导对方的思想，把对方的思维引导到自己的包围圈中，比如，通过提问的方式，让对方主动替你说出你想听到的答案。反之，越是急切地想达到目的，越可能暴露自己的意图，被对方所利用。

9. 谈判是用耳朵取胜，而不是嘴巴

在谈判中，我们往往容易陷入一个误区，那就是一种主动进攻的思维意识，总是在不停地说，总想把对方的话压下去，总想多灌输给对方一些自己的思想，以为这样可以占据谈判主动。其实不然，在这种竞争性环境中，你说的话越多，对方会越排斥，能入耳的很少，能入心的更少，而且，你的话多了就挤占了总的谈话时间，对方也有一肚子话想说，被压抑下的结果则是很难妥协或达成协议。反之，让对方把想说的都说出来，当其把压抑心底的话都说出来后，就会像一个泄了气的皮球一样，锐气会减退，接下来你再反击，对手已经没有后招了。更为关键的是，善于倾听可以从对方的话语中发现对方的真正意图，甚至是破绽。

10. 控制谈判局势

谈判活动表面看来没有主持人，实则有一个隐形的主持人存在着，不是你就是你的对

手。因此,要主动争取把握谈判节奏、方向,甚至是趋势。主持人所应该具备的特质是:语言虽不多,但是招招中的,直击要害;气势虽不凌人,但运筹帷幄,从容不迫;不是用语言把对手逼到悬崖边,而是用语言把对手指引到崖边。并且,想做谈判桌上的主持人就要体现出你的公平,即客观地面对问题,尤其在谈判开始时尤为重要,慢慢地对手会本能地被你潜移默化地引导,局势将向对你有利的一边倾斜。

春秋时期,宋国有一个饲养猴子的高手,他养了一大群猴子,他能理解猴子所表达的思想,猴子也懂得他的心意。这个人家境越来越贫困,已经买不起那么多的食物给猴子吃,于是,打算减少猴子每餐橡子的数量,但又怕猴子不顺从自己,就先欺骗猴子说:"给你们早上三个橡子晚上四个橡子,够吃了吗?"猴子一听,大声地叫嚷,以示反对。过了一会儿,他又说:"唉,没办法,早上给你们四个橡子,晚上三个橡子,这该够吃了吧?"猴子们一听,个个手舞足蹈,非常高兴。

这个小故事大家应该非常熟悉,就是成语"朝三暮四"中的典故。这个故事看似荒唐可笑,其实,在谈判中却真实地存在着"朝三暮四"的现象。通常体现在双方在某个重要问题上僵持的时候,一方退后一步,抛出其他小利,作为补偿,把僵局打破,并用小利换来大利,或把整个方案调换一下顺序,蒙蔽了我们的思维。乍听起来觉得不可思议,但在实际谈判中经常会出现这样的情况,所以,首先要能跳出像脑筋急转弯一样的思维陷阱,而后要善于施小利、博大利,学会以退为进。在谈判中一个最大的学问就是学会适时地让步,只有这样才可能使谈判顺利进行,毕竟谈判的结果是以双赢为最终目的。

11. 让步式进攻

在谈判中可以适时提出一两个很高的要求,对方必然无法同意,我们在经历一番讨价还价后可以进行让步,把要求降低或改为其他要求。这些高要求我们本来就没打算会达成协议,即使让步也没损失,但是却可以让对方有一种成就感,觉得自己占得了便宜。这时我们其他的,相较起这种高要求较低的要求就很容易被对方接受。但切忌提出太离谱、过分的要求,否则对方可能觉得我们没有诚意,甚至会激怒对方。先抛出高要求也可以有效降低对手对于谈判利益的预期,挫伤对手的锐气。

其实,谈判的关键就是如何达成谈判双方的心理平衡,达成协议的时候就是双方心理都达到平衡点的时候。也就是认为,自己在谈判中取得了满意或基本满意的结果,这种满意包括预期的达到、自己获得的利益、谈判对手的让步、自己获得了主动权、谈判时融洽的气氛等。有时谈判中的这种平衡和利益关系并不大,所以,在谈判中可以输掉谈判,只要赢得利益。也就是表面上做出让步,失掉一些利益,给对手一种攻城略地的快感,实则是洒了遍地的芝麻让对手乐颠颠地去捡,自己偷偷抱走对手的西瓜。

6.3 商务活动仪式礼仪

礼仪就是礼节和仪式,"礼仪"这个词汇刚出现时多用于仪式,可见,仪式在礼仪中的重要地位。在商务活动中,经常会举行各种专题活动和商业仪式,如开业典礼、剪彩仪式和签字仪式等。做好这些仪式活动有助于商务活动的顺利开展。

6.3.1 开业典礼

开业典礼是指各类企业(公司、商场、酒店等)在成立或开张营业时,为表示庆贺或纪念,按照一定程序隆重举行的专门仪式。它是企业向社会公众的第一次"亮相",借此可树立形象、扩大影响,提高知名度,招徕顾客,增强企业员工的自豪感。因此,开业典礼是主办单位非常重视的一项活动,要精心计划、周密安排,以保证典礼的顺利进行。

开业典礼的礼仪一般指在开业典礼的准备与运作具体过程中应当遵从的礼仪惯例,通常包括开业典礼的准备和开业典礼的运行。

1. 开业典礼的准备

开业典礼的基本要求是热烈、欢快、隆重,其准备工作主要包括时间选择、舆论宣传、来宾邀请、现场布置、接待服务等方面内容。开业典礼的准备要遵循"热烈、节俭、缜密"三条原则。

1) 选择时间

首先,要关注天气预报,提前向气象部门咨询近期天气情况。最好选择阳光明媚的良辰吉日。天气晴好,更多的人才会走出家门,走上街头。天气良好是典礼活动能够顺利进行的因素之一。

其次,选择主要嘉宾、重要领导和大多数目标公众能够参加的时间,以保证参加人员的规模。同时,要考虑周围居民生活习惯,避免因过早或过晚而扰民,一般安排在上午9:00至10:00之间最恰当。

再次,考虑心理和习惯。我国比较看好数字6、8、9,如果外宾为本次活动的主要参与者,则应注意各国不同节日的不同风俗习惯、民族审美趋向,切不可在外宾忌讳的日子里举办开业典礼。若来宾是印度或伊斯兰教国家的人则要更加留心,他们认为3和13是忌数,当遇到13时要说12加1,所以开业日期和时间不能选择3或13两个数字。

2) 邀请宾客

首先要确定邀请对象。开业典礼影响的大小,往往取决于来宾身份的高低与其数量的多少。邀请对象要尽量全面,并考虑到今后单位的发展。邀请对象一般应包括上级领导、社会名流、新闻界人士、同行业代表、社区负责人等。邀请上级领导以提升档次和可信度;邀请工商、税务等直接管辖部门,以便今后取得支持;邀请潜在的、预期的未来客户是企业经营的基础;邀请同行业人员,以便相互沟通合作。

其次要做好邀请工作。为了体现对来宾的尊重,请柬应认真书写,派人提前送达,给有名望的人士或主要领导的请柬可由企业主要负责人登门邀请,以示诚恳和尊重。邀请工作应该提前一周完成,以便于被邀者及早安排和准备。

3) 舆论宣传

举办开业典礼的主旨在于塑造企业的良好形象,因此,就要借开业良机对企业进行舆论宣传,以引起社会公众注意和争取公众认可。企业可运用报纸、杂志、电台、电视台等大众传播媒介进行集中性的广告宣传,以吸引社会各界对企业的关注,提高典礼的知名度;或自制广告,向公众散页传播;或在企业建筑物周围设置醒目的条幅、广告、宣传画进行宣传。

广告或告示的内容一般包括开业典礼举行的日期、地点、企业的经营范围及特色、开业的优惠情况等。开业广告或告示一般宜在开业前的3~5天内发布。企业还可邀请一些传媒界人士,在开业典礼举行之时到现场采访、报道,予以正面宣传。

4) 布置现场

开业典礼场地多在开业现场正门外的广场或是正门内的大厅。根据惯例,举行开业典礼时宾主一律站立,故一般不设主席台或座椅,为显示隆重与敬客,可在来宾尤其贵宾站立之处铺设红色地毯。

开业典礼的场地环境要精心布置,仪式现场四周悬挂横幅、标语、气球、彩带等,在醒目处设置拱门、摆放来宾赠送的花篮、牌匾,在适当位置放好签到簿、本企业的宣传材料、待客的饮料等,音响、照明设备也应一一认真调试。例如,在大门两侧各置中式花篮20个,花篮飘带上的一条写上"热烈庆祝××开业典礼"字样,另一条写上庆贺方的名称。在正门外两侧,设充气动画人物、吉祥动物等造型,营造喜庆热烈气氛。

5) 接待准备

人员准备:要有专人负责来宾的接待服务工作,年轻、精干、身材和相貌较好的男女青年负责一般来宾的迎送、引导、陪同、招待等,企业的主要负责人亲自接待来访贵宾。

礼品准备:举行开业典礼赠予来宾的礼品,一般属于宣传性纪念品,主要有宣传性、荣誉性、价值性和实用性的特点。可选用本企业产品,或带有企业标志、广告用语、产品图案及开业日期的文具和其他日常用品。与众不同、具有本企业鲜明特色并体现对来宾的尊重和关心的纪念品会受到人们的青睐。

设备准备:音响、录音录像、照明设备以及开业典礼所需的各种用具、设备,由技术部门进行检查、调试,以防在使用时出现差错。

交通工具准备:接送重要宾客、运送货物等。

就餐准备:人数、座次、食物、就餐用具等。

庆典活动所需用品的准备:如剪裁仪式所需的彩带、剪刀、托盘等;工作人员服装的统一定做;留作纪念或用以宣传的礼品、画册、优惠卡、贵宾卡的定做。

2. 开业典礼的程序

开业典礼活动所用的时间不长,但事关重大,所以对典礼活动的程序安排要求很严格。开业典礼的程序一般由以下几项组成。

1) 迎宾

迎宾接待人员在会场门口恭候来宾,来宾到来时,应微笑、亲切相迎,请其签到,引导来宾入场。来访贵宾则由企业的主要负责人亲自出面迎接。

2) 典礼开始

主持人宣布开业典礼正式开始。全体起立(不设座位站立时,应立正),奏乐,宣读重要嘉宾名单。

3) 致辞

由企业负责人致辞,向来宾及祝贺单位表示感谢,并简要介绍本单位的经营特色和经营目标等。

4) 致贺词

由上级领导和来宾代表致祝贺词,表达对开业企业的祝贺,并寄予厚望。对外来的贺电、贺信等不必一一宣读,但对署名的单位或个人应予以公布。

5) 揭牌

由上级领导或嘉宾代表和本单位负责人揭去盖在牌匾上的红布,宣告企业的正式成立。在场全体人员在音乐声中热烈鼓掌祝贺。在不限制燃放鞭炮的地区可燃放鞭炮庆贺。

6) 参观

引导来宾参观,介绍本单位的主要设施、特色商品及经营策略等。

7) 迎客

揭牌后,商品零售企业会有大批顾客随主人及来宾一同进入店内。为此,应有企业领导人、部或柜组负责人和营业员一起,恭敬地站在门口,欢迎顾客的光临。对于首批顾客,营业员更应注意服务礼仪,要主动征求顾客意见,热情介绍商品,感谢顾客惠顾,欢迎顾客经常光顾。可采取让利销售或赠送纪念品的方式吸引顾客,还可以准备一些印有开业典礼、经营范围、地址、电话等字样的特别的购物袋赠送给顾客作为纪念。

8) 结束

如有必要,可安排来宾就餐、看文艺表演等。

总之,开业典礼的整个过程要紧凑、简洁,避免时间过长、内容杂乱。

3. 开业典礼的礼仪

开业是企业的大喜事,无论是举办方还是来宾都应注意遵循相应的礼仪规范。开业典礼的礼仪要求是指在典礼仪式过程中举办方和宾客方应该遵循的礼仪规范。

1) 举办方礼仪

对典礼的举办方来说,整个仪式过程都是礼待宾客的过程,企业每个人的仪容仪表、言谈举止都关系到企业的形象。为此,作为开业典礼的举办方,应注意如下礼仪:

(1) 保持良好的个人形象。

① 仪表整洁。举办方参加人员,事前应适当修饰仪容仪表。女士化淡妆,男士应理发剃须。

② 服饰规范。有条件的企业最好统一着装,显示企业特色和实力。否则,男女都应穿颜色庄重的套装,配饰和谐。

③ 举止文明。典礼过程中,举办方人员要注意言行举止,不得嬉笑打闹或精神不振、垂头丧气,要热情饱满、精力集中,不得心不在焉,做与典礼无关的事。

(2) 准备周全。

做好各项准备工作,如及时发放请柬,不得遗漏;按礼宾次序(一般按来宾的身份与职务确定)接待来宾;迎宾车辆物资备足等。

(3) 遵时守约。

典礼要严格按规定的仪式起止时间进行,以向社会证明企业言而有信。举办方每个人员都要准时出席,不得迟到,不得无故缺席或中途退场。

(4) 礼遇宾客。

遇到来宾要主动热情地问好,对来宾提出的问题予以友善的答复。当来宾发表贺词后,应主动鼓掌感谢,不随意打断来宾讲话。

2) 宾客礼仪

(1) 准时到场。一般应提前15分钟左右,为主办方捧场。如有特殊情况不能到场,应尽早通知主办方,并表示歉意。

(2) 赠送贺礼。宾客参加开业典礼,一般需送些贺礼,如花篮、镜匾、楹联等,以表示对开业方的祝贺,并在贺礼上写明庆贺对象、庆贺缘由、贺词及祝贺单位。

(3) 热情道贺。见到主人应主动向其表示祝贺,多说顺利、发财、兴旺等吉利话。应礼貌地与相邻的宾客打招呼,通过自我介绍、互换名片等方式结识更多的朋友。

(4) 贺词到位。致贺词时,感情真挚、态度诚恳。贺词应简短精练,不随意发挥、拖延时间。

(5) 认真听讲。主人讲话时,应认真听讲,表示赞同、点头或鼓掌。不可自顾自地只和左右宾客讲话,或闭目养神,更不可剔牙、搓手、长时间地接打手机或发短信等。

(6) 礼貌告别。典礼结束离去时,应与主办方领导、接待人员等握手告别,并致谢意。不可迫不及待地匆匆告辞,或悄悄地不辞而别。

4. 开业典礼的注意事项

1) 发放请柬的注意事项

(1) 提前一周发出请柬。

(2) 请柬的印制要精美,内容要完整,文字要简洁,措辞要热情,被邀请者姓名书写正确。

(3) 请柬一般应派专人送达,以表示诚恳和尊重。

(4) 发放请柬后,在仪式举行的前一两天还应打电话确认宾客是否参加仪式。

2) 礼品的挑选要点

(1) 宣传性。可选用本单位的产品,也可以在礼品的包装上印有本单位的企业标志、广告用语、产品图案、开业日期等。

(2) 荣誉性。礼品要具有一定的纪念意义,使拥有者对其珍惜、尊重,并为之感到光荣和自豪。

(3) 独特性。礼品应与众不同,具有本单位的鲜明特色,使人一目了然或过目不忘。

开业典礼是一个统称。在不同场合,往往会采用其他一些名称,如开幕式、开工庆典、奠基仪式、竣工仪式、通车仪式,等等。它们的共性是热烈而隆重,个性则表现在仪式的具体运作上存在些许差异,需要区别对待。

同向思政

开国大典

1949年10月1日,庆祝中华人民共和国中央人民政府成立典礼在首都北京隆重举行,史称"开国大典"。

10月1日下午,参加开国大典的北京30万军民早已齐聚天安门广场,翘首期待着伟大历史时刻的到来。下午3时,中央人民政府委员会秘书长林伯渠宣布典礼开始。毛泽东主席在天安门城楼上向全世界庄严宣告:"中华人民共和国中央人民政府今天成立了!"顿时,广场上欢声雷动,群情激昂。在《义勇军进行曲》的雄壮旋律中,毛主席亲手按动电钮,新中国第一面鲜艳的五星红旗在天安门广场上冉冉升起。全场肃立,向国旗行注目礼。与此同时,广场上代表参加中国人民政治协商会议第一届全体会议的共54个单位的54门礼炮齐鸣28响。54门礼炮齐鸣28响,象征着中国共产党领导全国人民艰苦奋斗28年的光辉历程。

随后,毛主席向全世界宣读中央人民政府第一号公告,接着举行了盛大阅兵仪式。朱德总司令在阅兵总指挥聂荣臻的陪同下,乘敞篷汽车检阅受阅部队。在全场经久不息的掌声和欢呼声中,中国人民解放军三军受阅部队的步兵、骑兵、坦克、大炮、汽车等,以连为单位,列成方阵,迈着威武雄壮的胜利之师的步伐,由东向西分列式通过天安门广场。与此同时,新组建的人民空军飞行编队矫健地飞越首都上空。

阅兵式持续近3小时,此时天色已晚,长安街华灯齐放,群众游行开始了。一队队游行群众高举红旗和红灯,纵情欢呼,"中华人民共和国万岁!""毛主席万岁!"的口号声响彻云霄。天安门城楼上,毛主席探身栏杆外,不停地向广场上的群众挥手致意,情不自禁地在扩音机前大声高呼:"同志们万岁!"广场上,人们热情洋溢,载歌载舞,万众欢腾,尽情地欢度新中国的第一个夜晚,节日的首都沉浸在幸福、喜悦和欢欣鼓舞中,庆祝活动到当天晚上9点多钟结束。当日,全国已经解放的各大城市都举行了隆重热烈的庆祝活动。

中华人民共和国的成立,是中国有史以来最伟大的事件,也是20世纪世界最伟大的事件之一,中国人民从此站起来了,成为国家的主人,中华民族的发展开启了新的历史纪元。

1949年10月1日被确定为中华人民共和国宣告成立的日子,每年的10月1日为中华人民共和国国庆日。

6.3.2 剪彩仪式

剪彩仪式通常是指为庆贺公司的设立、商店的开张、银行的开业、宾馆的落成、大型建筑物的启用、道路或航线的开通、展销会或博览会的开幕等而隆重举行的一种礼仪性活动。因其主要活动内容,是约请专人使用剪刀剪断被称之为"彩"的红色缎带,故被人们称为剪彩。

一般情况下,在各式各样的开业仪式上,剪彩都是一项极其重要的、不可或缺的程序。尽管它往往也可以被单独地分离出来,独立成项,但是在更多的时候,它是附属于开业仪式的。这是剪彩仪式的重要特征之一。

剪彩仪式上有众多的惯例、规则必须遵守,其具体的程序亦有一定的要求。剪彩的礼仪,就是对此所进行的基本规范。

1. 剪彩的准备

剪彩仪式的准备工作和开业典礼的准备工作大同小异。剪彩的目的也是为了引起众多社会人士的注意,扩大宣传效果,提高企业的知名度。

1) 确定剪彩助剪人员

(1) 确定剪彩人员。

剪彩者是剪彩仪式的关键,其身份地位与剪彩仪式的档次高低有着密切的关系。剪彩者一般由上级领导、主管部门负责人、社会名流、合作伙伴或单位负责人来担任。因此,应由举办剪彩活动单位的领导亲自出面或委派代表专程邀请。若要邀请几位剪彩者一同剪彩(一般最多不超过5人),应事先征求每位剪彩者的意见,得到同意后才能正式确定下来。

(2) 确定助剪人员。

助剪人员指的是在剪彩仪式中为剪彩者提供帮助和服务的工作人员,多由东道主一方的年轻女职员担任,也可以到专业组织聘请专业礼仪小姐。礼仪小姐一般要求相貌甜美、身材颀长、气质优雅、反应敏捷,穿着打扮整齐划一。礼仪小姐确定好并做好分工后,要进行必要的培训和演练,让她们熟悉礼节,保证剪彩仪式的顺利进行。

知识链接

剪彩仪式上礼仪小姐的分工

迎宾,任务是在活动现场负责迎来送往;
引导,任务是在进行剪彩时负责带领剪彩者登台或退场;
服务,任务是为来宾尤其是剪彩者提供饮料等生活关照;
拉彩,任务是在剪彩时展开、拉直红色缎带;
捧花,任务是在剪彩时手托花团;
托盘,任务是为剪彩者提供剪刀、手套等剪彩用品。

2) 准备剪彩用品

剪彩仪式上需要一些特殊的用品,如红色缎带、新剪刀、白色薄纱手套、托盘以及红色地毯等。

(1) 红色缎带,即剪彩仪式中的"彩"。按照传统做法,它应当由一整匹未曾使用过的红色绸缎,在中间结上数朵花团而成。现在为了节约,通常使用长 2 米左右的红色缎带。一般来说,红色缎带上所结的花团,不仅要醒目硕大,而且具体数目往往同现场剪彩者的人数相关。通常,红色缎带上所结的花团数目较现场剪彩者的人数多一个,使每位剪彩者总是处于两朵花之间,尤显正式。

(2) 新剪刀,专供剪彩者在剪彩仪式上正式剪彩时使用。它必须是剪彩者人手一把,而且是崭新锋利的,避免因剪刀不好用而让剪彩者尴尬。因此,剪彩仪式前,要逐一检查,确保剪彩者"一剪破的",切忌一再补剪。在剪彩仪式结束后,举办方可以将每位剪彩者所使用的剪刀包装好,送给对方作为纪念。

(3) 白色薄纱手套,专供剪彩者在剪彩仪式上正式剪彩时使用。在准备白色薄纱手套时,除要确保人手一副外,还需使之大小适度,确保手套洁白无瑕,以示郑重和尊敬。

(4) 托盘,专供盛放剪刀、白色薄纱手套使用。最好是崭新洁净的,通常为银色的不锈钢制品,为了显示正规,还可以在使用时铺上红色绒布或绸布。在剪彩时,礼仪小姐可以用一只托盘依次为各位剪彩者提供剪刀和手套,也可以为每一位剪彩者各提供一只托盘,后一种方法尤显正式。

(5) 红色地毯,主要用于铺设在剪彩者正式剪彩时站立之处,其长度可视剪彩者的人数多少而定,宽度应在 1 米以上。在剪彩现场铺设红色地毯,主要是为了提升仪式的档次,营造一种喜庆的气氛。

2. 剪彩的一般程序

剪彩仪式通常应包含以下 5 项基本程序:

(1) 请来宾就位。在剪彩仪式开始时,应敬请大家在已经排好顺序的座位上就座。一般情况下,剪彩者应就坐于前排,若数人剪彩则应按照剪彩时的具体顺序就座。

(2) 宣布仪式开始。主持人宣布仪式开始,随之奏乐、现场燃放鞭炮,全体到场者热烈鼓掌。随后,主持人向全体人员介绍到场的重要来宾。

(3) 简短发言。东道主单位的代表、上级主管部门的代表、地方政府的代表、合作单位的代表等依次发言。这种发言应充满热情、言简意赅,一般不超过 3 分钟。

(4) 进行剪彩。在剪彩前,主持人须向全体到场人员介绍剪彩者。主持人宣布剪彩后,礼仪小姐在欢乐的乐曲声中率先登场。拉彩者拉起红色缎带及彩球,托盘者站在拉彩者身后 1 米左右处,然后在礼仪小姐引导下剪彩者上台剪彩,剪断红绸、彩球落盘时,全体人员报以热烈掌声，必要时还可奏乐或燃放鞭炮。

（5）参观现场。剪彩后，主人应陪同来宾参观现场，即参观剪彩的项目，仪式至此宣告结束。随后东道主单位可向来宾赠送纪念性礼品，或设宴款待来宾。

3. 剪彩的礼仪

1) 举办方的礼仪

（1）布置好会场。可用会标、彩旗、气球、拱门、花篮、花盆、红地毯等布置会场。

（2）做好来宾和剪彩者的引导工作。剪彩者到达后可先安排在休息室休息，等主要人员到齐后再由工作人员引导剪彩者和主要来宾到达剪彩现场。

（3）主办方发言要顾及来参加剪彩仪式的每一位剪彩者，同时要对来宾致以谢意。

（4）助剪人员即礼仪小姐要落落大方，举止优雅，步调一致，体现出良好的素质和风度。

（5）剪彩仪式结束后，举办方应组织参观或聚会，并向来宾赠送纪念品，以尽主人之谊。

2) 剪彩者的礼仪

剪彩者是剪彩仪式的主角，其举止直接关系到剪彩仪式的效果和企业形象。因此，作为剪彩者既要有荣誉感，又要有责任感。剪彩者应注意以下几点礼仪要求：

（1）仪表整洁庄重。着正装、西装、中山装或职业制服都可以；容貌适当修饰，头发整洁、颜面洁净，女性要化淡妆，给人以容光焕发、精干而有修养的好印象。

（2）举止大方文雅。当宣布剪彩开始时，剪彩者要面带微笑，步履稳健地走向待剪的彩带。当礼仪小姐用托盘呈上剪刀、手套时，应微笑致意。剪彩时，要聚精会神、庄重认真地一刀剪断。如果多名剪彩者共同剪彩，应协调一致，力争同时剪断彩带。还应与礼仪小姐配合，让彩球落于托盘内。剪彩完毕，将剪刀放回托盘，举手向四周的人们鼓掌致意。所有来宾、与会人员也应鼓掌响应。

（3）谈笑节制有度。剪彩仪式开始后，剪彩者应全神贯注地听别人发言，关注仪式进展程序，不宜喋喋不休地与人交谈。剪彩完毕，应先和主办单位的代表握手致贺，礼节性地交谈几句，或与其他剪彩者简短交流。

不管是剪彩者还是助剪者在上下场时，都要注意井然有序、步履稳健、神态自然。在剪彩过程中，更是要表现得端庄大方。

 **知识链接**

剪彩的来历

剪彩的来历有两种传说。

一种传说，剪彩起源于西欧。古代，西欧造船业比较发达，新船下水往往吸引成千上万的观众。为了防止人群拥向新船而发生意外事故，主持人在新船下水前，在离船体较远的地方，用绳索设置一道"防线"。等新船下水典礼就绪后，主持人就剪断绳索让观众参观。后来绳索改为彩带。人们就给它起了"剪彩"的名称。

另一种传说，剪彩起源于美国。1912年，美国一家大百货商店将要开业，店主为了阻止闻讯之后蜂拥而至的顾客在正式营业前耐不住性子，争先恐后地闯入店内，将用以优惠顾客的便宜货争购一空,而使守时而来的人们得不到公平的待遇,便随便找来一条布带子拴在门框上。谁曾料到这项临时性的措施竟然更加激发起了挤在店门之外的人们的好奇心。也凑巧,正当店门之外的人们的好奇心上升到极点,显得有些迫不及待的时候,店主的小女儿牵着一条小狗突然从店里跑了出来,将拴在店门上的布带子撞断了。店外不明真相的人们误以为这是该店为了开张志喜所搞的"新把戏",于是立即一拥而入,大肆抢购,小店在开业之日的生意居然红火得令人难以设想。不久,老板又开了一家新店,迷信的他又让其女儿有意把布带碰断,果然又财源广进。于是,人们认为小女孩碰断布带的做法是一个好兆头,群起仿效。后来,人们用彩带代替布带,用剪刀剪断彩带来代替小孩碰断布带,沿袭下来,就成了今天盛行的"剪彩"仪式。

6.3.3 签字仪式

签字仪式是商务活动中,合作双方或多方经过业务谈判、协商,就某项重要交易或合作项目达成协议订立合同后,由双方代表正式在有关协议或合同上签字,并互换正式文本的一种仪式。签字仪式同时也是公开谈判结果的过程,是商务活动中常见的比较隆重的活动,是签署合同的高潮。没有签字仪式的合同订立是不完整的,通常需要签订方和相关人员都到场后在多人见证下举行,这样显得较为正式。随着时代的推移,签字仪式也成了谈判过程中的一种常规仪式,默认谈判成功后举行。签字仪式时间虽短,但程序严格,必须依照礼仪规范来进行,庄严而隆重是签字仪式商务礼仪的总体要求。

1. 签字仪式的准备

1) 准备签字文本

谈判、协商结束后,双方(或多方)应指定专人按谈判、协商达成的协议做好待签文本的准备。经双方签字的合同即具有法律效力,因此,在准备合同文本过程中,应对条款内容进行认真细致的核对,注意遵守相关法律、法规,符合商务交往中的惯例及常识。签署涉外合同时,依照国际惯例,待签文本应同时使用有关各方的官方语言,或使用国际上通用的英文。

按惯例,应由举行签字仪式的主方负责准备待签合同的正式文本。主方会同有关各方一道指定专人,共同负责合同的定稿、校对、印刷与装订。

待签的合同文本,通常按大八开的规格、用高档白纸印制、装订成册,封面一般选择真皮、金属、软木等高档材质印制,以示郑重。

2) 布置签字现场

签字现场布置的总体要求为整洁、庄严。签字仪式一般选在宽敞的会议室,室内一般铺红地毯,设有一张长桌,横放于室内,桌上铺设深绿色绒毯。签署双边合同时,桌后并排放置两张座椅;签署多边合同时,桌后仅放一张座椅,供各方签字人签字时轮流就座;也可为每位签字人各自提供一张座椅。签字人一般是面对正门就座(按照国际惯例主方在左,客方在右)。

在签字桌上,应事先放好待签的合同文本、签字笔等签字所用的文具。桌子正中摆放鲜花。如果是涉外签约,还需在签字桌的中间插放有关各方的国旗,其位置与顺序应符合礼宾序列。

签字桌后应有一定的空间供参加仪式的双方人员站立,背墙上可挂上"××××(项目)签字仪式"字样的横幅。

2. 签字仪式的座次安排

签字仪式一般分为双边签字仪式和多边签字仪式两大类。双边签字仪式通常是指参加签字仪式的主体是甲乙双方,参加多边签字仪式通常有两个以上的组织。

1) 签订双边性合同的座次安排

请客方签字人在签字桌右侧就座,主方签字人坐于签字桌的左侧。

双方各自的助签人分别站立于己方签字人的外后侧一步,以便随时向签字人提供帮助。

双方其他随员,可以按照一定的顺序在己方签字人的正对面就座,也可以按照职位的高低,依次自左向右(客方)或自右向左(主方)列成一列,站与己方签字人的身后。当一行站不完时,可按照以上顺序遵照"前高后低"的惯例,排成两行或三行。原则上,双方人员数量应大体一致。

2) 签订多边性合同的座次安排

一般仅设一把签字椅。签字时,按各方事先同意的先后顺序依次上前签字。助签人站立于签字人的左侧。

3. 签字人员的礼仪要求

(1) 服装要求:在出席签字仪式时,按照规定,签字人、助签人员以及随员应当穿着具有礼服性质的深色西装套装、中山装套装或西装套裙,并配以白色衬衫及深色皮鞋。男士还必须系上单色领带,以示正规。在签字仪式上服务的礼仪人员、接待人员,可以穿自己的工作制服,或者旗袍一类的礼仪服装。

(2) 行为举止要求:签字人员、助签人员都要落落大方、举止庄重。签字人员要郑重地签字,助签人员要在旁边提供必要的帮助,体现双方人员良好的精神风貌。

4. 签字仪式的程序

签字仪式的时间虽然不长,但其程序必须十分规范、庄重而又热烈。

1) 仪式开始

参加签字仪式的有关人员进入签字现场,按既定的位次各就各位。

2) 正式签字

助签人员协助签字人员打开文本,用手指明签字位置。主签人开始在合同、协议或条约的正式文本上签字。签字时,应按国际惯例,遵守"轮换制",即主签人首先在己方保存的合同文本的首位上签字,然后由助签人员互相交换,再接着签署他方保存的合同文本,使各方均有机会居于首位一次,以示机会均等、各方平等。

3) 交换文本

签字完毕,文本即已生效。双方应同时起立,交换文本,彼此热烈握手(拥抱),互致祝贺。其他随行人员则应该以热烈的掌声表示喜悦和祝贺。

4) 饮酒庆贺

交换已签的合同文本后,服务人员递上香槟,有关人员,尤其是签字人应当场干一杯香槟酒祝贺,这是国际上通行的旨在增添签字仪式喜庆色彩的一种常规性做法。

5) 有序退场

退场时,先请双方最高领导者退场,然后请客方退场,主方最后退场。整个仪式以半小时为宜。

本章小结

会议是为实现一定的组织目标,由会议组织者召集一定范围的公众共同参与的一项事务性活动,它是一种特殊的群体性活动方式,也有其相应的礼仪规范。

会议礼仪是指组织、召开、参加会议应遵守的礼仪规范。要保证会议成功召开,顺利达到既定目标,无论是组织者还是参加者都必须遵守会议特有的礼仪规范。

会议的前期会务工作是会议能否达成预期目标的首要条件,要从确定会议主题与目标、时间和地点、参会人员、会议议程、会议主持人、准备会议有关资料、会场布置等方面做好缜密而细致的准备组织工作。

参加会议应遵守必要的礼仪,应将会议视为一次难得的自我展示机会。

开业是企业的大喜事,无论是组织者还是来宾都应注意遵循相应的礼仪规范。开业典礼的礼仪要求即指在典礼仪式过程中举办方和宾客方应该遵循的礼仪规范。开业典礼的基本要求是热烈、欢快、隆重。其准备要遵循"热烈、节俭、缜密"三条原则。

剪彩仪式,通常是指商界的有关单位,为了庆贺公司的设立、企业的开工、商店的开张、银行的开业、宾馆的落成、大型建筑物的启用、道路或航线的开通、展销会或博览会的开幕等而隆重举行的一种礼仪性活动。在一般情况下,在各式各样的开业仪式上,剪彩都是一项极其重要的、不可或缺的程序。

剪彩仪式上有众多的惯例、规则必须遵守,其具体的程序亦有一定的要求。剪彩的礼仪,就是对此所进行的基本规范。

签字仪式是商务活动中,合作双方或多方经过业务谈判、协商,就某项重要交易或合作项目达成协议订立合同后,由双方代表正式在有关协议或合同上签字,并互换正式文本的一种仪式。签字仪式的时间虽然不长,但其程序必须十分规范、庄重而又热烈。

案例分析

案例一:

某企业在新商场布置完毕,定于周日举行开业仪式,开业仪式的组织者派发了请柬,来宾到了现场,根据名签找到了自己的座位就座。大会仪式开始了,主持人宣布开业庆典开始。奏国歌,然后企业领导致辞,上级主管领导致辞,开业仪式结束了,也没有对重要的嘉宾做介绍,连主席台上的嘉宾也未做介绍,开业仪式一结束,嘉宾们都很不高兴地离开了,甚至还有的边走边议论这是什么开业,连开业的规矩都不懂。

分析: 开业典礼是企业向社会公众的第一次"亮相",借此可树立形象、扩大影响,提高知名度,招徕顾客。主办单位要高度重视开业典礼,要精心计划、周密安排,以保证典礼的顺利进行。

第6章 商务活动礼仪

案例二：
某商场正在举行开业仪式,甲、乙两位中年妇女刚好路过,就在旁边看热闹。
甲:"商场看起来挺寒酸的。"
乙:"怎么了？外表看起来规模还挺大的,说是好多著名人士都来了呢!"
甲:(不以为然,指指台上的礼仪小姐)"你看看这些礼仪小姐,怎么看起来都那么不好看啊,上次我在东边的那家商场看到,人家那礼仪小姐长得个又高,模样又周正,跟这儿简直就是一个天上,一个地下。你想想看,这礼仪小姐可是脸面啊,这都弄得不好,这商场肯定也高档不到哪去。"
乙:(又仔细看了看,点头称是)"可不是,看那衣服,还不一个色,可真够马虎的。"
甲:(撇撇嘴)"这家商场肯定没什么实力,反正我以后是不会在这买东西的。"
分析: 剪彩仪式是宣传企业的喜庆活动,一些看似不起眼的事如果没有考虑周全,就会因小失大。

角色扮演

甲公司与乙公司经过几次协商,达成了一个项目的合作意向。后天在甲公司举行签约仪式。请全班同学分别扮演甲公司与乙公司人员,策划并模拟表演两公司的签约仪式。

第7章 涉外商务礼仪

学习目标

知识目标:掌握涉外商务礼仪的基本原则,通晓一些国家的商务礼俗与禁忌。

能力目标:具有根据不同国家的商务礼俗灵活开展商务活动,维护自身形象和国家尊严的能力。

素质目标:具有较丰富的宗教和民俗礼仪知识,在国际交往中能够入乡随俗。

导课案例

法国一家公司的经理邀请日本商人到自己家做客。在宴席上,主妇端上洗手指用的水,日本商人一时大意,竟然把碗中的水喝下去了,主人看到后,马上向同坐的孩子们示意,两个孩子也就一声不吭地跟着喝下了洗手指碗中的水,顾全了对方的面子。此后,双方不仅在生意往来上有很好的合作,私下还成为关系不错的朋友。

分析提示:在国际交往中,由于各个国家的文化背景、风俗习惯、宗教信仰等不同,因此要预先了解相关的礼仪,要注意顾全各方的面子,有利于加深友谊和加强合作。

随着中国改革开放的全面深入及中国加入WTO,中国与世界上其他国家和地区的贸易往来、文化交流愈发频繁。作为一名商务人员,掌握涉外商务活动的礼仪规范,熟悉交往国家的商务礼俗与禁忌,对于顺利开展国际商务交流与合作是极其重要且必要的。

7.1 涉外商务礼仪概述

7.1.1 涉外商务礼仪的概念与特征

涉外礼仪是涉外交际礼仪的简称。涉外礼仪是指在长期的国际交往中,逐步形成的外事礼仪规范,也就是人们参与国际交往所要遵守的惯例和约定俗成的做法。涉外礼仪包括外交礼仪、商务礼仪、宗教礼仪等。

涉外商务礼仪是指在对外商务活动中,在维护国家及个人形象的前提下,向交往国或外宾表示尊重、友好的各种礼节规范。涉外商务礼仪具有以下特征。

1. 规范性

规范就是标准。涉外礼仪的规范性与其他礼仪相比是最强的，一般各国政府都有明文规定。涉外商务礼仪是国际商务交往中要遵守的国际惯例，其规范性和通用性是不同国家和地区开展商务交往的"通行证"。例如，国际礼仪强调关心有度，换而言之，就是不得打探或者涉及个人隐私问题。涉外礼仪的规范性要求我们，在国际交往中不宜随便探讨、询问对方的问题有五个，即涉外交往五不问：一不问收入，二不问年龄，三不问婚姻，四不问健康，五不问个人经历。

2. 对象性

涉外商务礼仪的对象性是指对不同的人有不同的要求，内外有别。自己人你该问还是问，但是外人你还是不问比较好。比如在国际交往中，个人的健康被视为私人的资本，你身体不好，人家做生意会跟你合作？在对外交往中，或者跟陌生、不太熟悉的人打交道时，还是不要多问别人健康状况，那容易引起歧义、误会。

3. 严肃性

严肃性是涉外礼仪最重要的特征之一。外事无小事，事事要重视。外事活动事关国家尊严和形象，涉外商务礼仪具体操作运用时，无论是内容还是具体形式，都表现得庄重而严肃。要严格遵守外事纪律，坚决维护国家主权和民族尊严，不背着组织与外国机构及个人私下交往，不泄露组织与国家秘密。

同向思政

习近平关于弘扬爱国主义精神的重要论述

历史深刻表明，爱国主义自古以来就流淌在中华民族血脉之中，去不掉，打不破，灭不了，是中国人民和中华民族维护民族独立和民族尊严的强大精神动力，只要高举爱国主义的伟大旗帜，中国人民和中华民族就能在改造中国、改造世界的拼搏中迸发出排山倒海的历史伟力！

实现中国梦必须弘扬中国精神。这就是以爱国主义为核心的民族精神，以改革创新为核心的时代精神。这种精神是凝心聚力的兴国之魂、强国之魂。爱国主义始终是把中华民族坚强团结在一起的精神力量，改革创新始终是鞭策我们在改革开放中与时俱进的精神力量。全国各族人民一定要弘扬伟大的民族精神和时代精神，不断增强团结一心的精神纽带、自强不息的精神动力，永远朝气蓬勃迈向未来。

4. 限定性

限定性是指涉外商务礼仪仅适用于商务人员从事涉外活动、涉外往来时必须恪守的人际交往的行为规范，涉外商务礼仪的基本规则与主要内容在世界各国通常是普遍通行的，但其普遍通行性与广泛的适用性实际上是相对而言的，严格地讲，它只是通行、适用于涉外商务活动中。

5. 效益性

效益性主要是指涉外商务礼仪不仅主要适用于涉外商务活动场合，而且其本身在涉外商务活动中也发挥着一定的作用与效益。涉外活动中,自始至终礼待宾客,可树立国家和企业的良好形象,促进合作共赢。

 **想想议议**

我是来这儿旅游的

英国某啤酒公司的副总裁在去南美做商务旅行时,接到总部的传真,要他在归途中顺便去牙买加和当地一家甜酒出口公司的经理谈生意。但问题是他没有去牙买加做公务旅行的签证,想临时办一个,时间又来不及。

于是,他只好以旅游者的身份来到诺尔曼雷机场。在检查护照的关口,移民官从他皮包的工作日志及来往信函中判明他是在做公务旅行,所以不许他入境。他反复向移民官声明,自己不过是在返回伦敦前来这儿做短暂的休整,这才勉强被允许入境。他在旅馆打电话和那位甜酒出口商联系,刚打完电话,就来了位移民局的官员,说他是怀着商务目的来到此地,而没有取得应有的签证,将受到有关方面的严密监视,一旦发现从事商务活动,便将立即驱逐出境,并处以高额罚款。

足足两天,他身边总有一位警察,像个影子似的,使他不得不像个旅游者一样打发时光。看来此行只能白费时间和金钱了。

但是,在他离开之前,却在警察的眼皮底下与那位出口商谈成了生意。旅馆设有游泳池,池旁有个酒吧供客人喝喝饮料,稍事休息。监视的警察只见他与一位身着比基尼泳装的妙龄女郎坐在酒吧前喝酒,还有一搭没一搭地和酒吧服务员聊天。警察不知道那位服务员竟是出口商装扮的,而那位妙龄女郎则是他的女秘书。

想一想:你从中明白了什么?

议一议:这位啤酒公司的副总裁的行为符合涉外礼仪的规范性吗?如何评价?

7.1.2 涉外商务礼仪的基本原则

涉外商务礼仪遵循涉外礼仪通则。所谓涉外礼仪通则,是指中国人在接触外国人时,应当遵守并应用的有关国际交往惯例的基本原则。它是对国际交往惯例的高度概括,对于参与涉外交际的人员具有普遍的指导意义。

1. 维护形象原则

在国际交往中,人们对交往对象的个人形象(包括仪容仪表、言谈举止、服饰等)十分关注,并非常重视遵照规范、得体的方式塑造和维护个人形象。个人形象在国际交往中之所以深受人们的重视,主要是基于五个方面的原因:一是个人形象真实地体现着个人的教养和品位;二是个人形象客观地反映了个人的精神风貌和生活态度;三是个人形象如实地表达出他对交往对象的重视程度;四是个人形象是其所在单位的整体形象的有机组成部分;五是个人形象在国际交往中还代表着其所属国家、民族的形象。因此,在涉外活动中,每个人都必须时刻注意维护好自身形象,特别是要注意给外国友人留下美好的第一印象。

第7章 涉外商务礼仪

2. 不卑不亢原则

不卑不亢是涉外礼仪的一项基本原则,每一名涉外人员都必须给予高度重视。在参与涉外交往活动时,应时刻意识到自己在外国人眼里,代表着自己的国家、民族和单位,事关国格、人格的大是大非的问题。国际交往中人与人、国与国之间应是平等的关系,应该互相尊重。因此,在对外交往中,要以自尊、自重、自爱和自信为基础,言行要端庄得体、堂堂正正、落落大方、从容不迫、不卑不亢。既不妄自菲薄、低三下四,也不狂傲自大、放肆嚣张。同时,还应注意对任何交往对象都要给予同等的尊重与友好,不要对大国小国、强国弱国、富国穷国亲疏有别,或是对大人物和普通人有厚薄之分。

礼仪佳话

晏子使楚

晏子是春秋时期齐国的相国。他不仅聪明,口才也特别好。

一次,齐王派晏子出使楚国。楚国的国君听说晏子的身材非常矮小,就下令让部下把城门关了,在大门的旁边开一个五尺高的小洞请晏子进去。晏子不进去,说:"出使到狗国的人从狗洞进去,今天我出使到楚国来,不应该从这个洞进去。"迎接宾客的人只能带晏子改从大门进去。

晏子来到大殿上拜见楚王。楚王说:"齐国没有人了吗?竟派你做使臣。"晏子回答说:"齐国首都临淄有7 000多户人家,展开衣袖可以遮天蔽日,挥洒汗水就像天下雨一样,人挨着人,肩并着肩,脚尖碰着脚跟,怎么能说齐国没有人呢?"楚王说:"既然这样,为什么派你这样一个人来做使臣呢?"晏子回答说:"齐国派遣使臣,各有各的出使对象,贤明的使者被派遣出使贤明的君主那儿,不肖的使者被派遣出使不肖的君主那儿,我是最无能的人,所以就只好委屈下出使楚国了。"

晏子的话让楚王无地自容,他终于明白晏子实在聪明过人,就不敢再轻视他了。

3. 求同存异原则

世界各国的礼仪习俗存在着差异,在涉外交往中,对于我国与交往对象所在国之间的礼仪习俗的差异,重要的是要了解,遵守求同存异原则,而不是要评判是非、鉴定优劣。礼仪的"共性"寓于礼仪的"个性"之中,礼仪的"个性"是礼仪的"共性"存在的基础,礼仪的"共性"不但来自礼仪的"个性",而且也是对其所进行的概括与升华,所以其适用范围更为广阔。在涉外交往中,在对对方国家的礼俗有所了解并予以尊重的基础上,礼仪上"求同",遵守礼仪的"共性",也就是在礼仪的应用上认真遵守国际通行的礼仪惯例更为重要。

4. 入乡随俗原则

世界上各个国家、地区、民族在其历史发展中形成各自的宗教、文化、风俗习惯等,这种"十风不同风,百里不同俗"的局面,是不以人的意志为转移的,也是难以强求统一的。在涉外交往中,要真正做到尊重交往对象,首先就必须了解交往对象衣食住行、言谈举止、待人接物等方面所特有的讲究与禁忌,尊重交往对象所特有的种种习俗,既不能少见多怪,妄加非议,也不能以我为尊,我行我素。入乡随俗是国际交往中的一条很重要的礼仪原则。

5. 信守约定原则

"言必信,行必果"是做人应有的基本教养。西方人常常把信誉、商誉和荣誉连在一起,在一切涉外交往中,小到约会的时间,大到生意往来,都必须认真而严格地信守自己的所有承诺,说话务必要算数,许诺一定要兑现,约会必须要如约而至,这是国际交往中极为重要的礼貌,也唯有如此,才会赢得交往对象的好感与信任,巩固双方的友谊。在一切有关时间方面的正式约定之中,尤其需要恪守不怠。与人约会不能失约、不能迟到。失约和迟到是很不礼貌的行为。承诺别人的事情不能遗忘,必须讲信用,按时做好。参加各种活动,应按约定时间到达,因故迟到,要向主人和其他客人表示歉意。万一因故不能应邀赴约,要有礼貌地尽早通知主人,并以适当方式表示歉意。

6. 热情适度原则

在涉外交往中,待人既要热情友好,又要以尊重对方的个性独立为限,要热情适度,把握好分寸,否则就会过犹不及、事与愿违,使人厌烦或怀疑你别有用心。要把握好下列四个方面的"度":一是"关心有度"。不宜对外国友人过于关心,拉家常套近乎。二是"批评有度"。对待外国友人的所作所为,只要其不触犯我国法律,不有悖于伦理道德,没有侮辱我方的国格人格,不宜当面批评指正或是加以干预。三是"距离有度"。与外国人交往应酬时,应视双方关系的不同,而与对方保持适当的空间距离。四是"举止有度"。与外国人相处之际,务必要检点自己的举止,切勿举止动作过分随意,从而引起误会,或是失敬于人。

7. 谦虚适当原则

在一般情况下,中国人待人接物讲究含蓄和委婉,在对自己的所作所为进行评价时,中国人大都主张自谦,不多作自我肯定,尤其是反对自我张扬。涉外交往是面对全球的跨文化双向互动交流活,中国传统文化形成的热情好客、宾至如归以及谦逊谨慎等美德,在国际交往中必须适度,热情有度、谦虚适当尤为必要。在外国人来看,做人首先需要自信。对于个人能力、自我评价,既要实事求是,也要勇于大胆肯定。不敢承认个人能力,随意进行自我贬低的人,要么事实上的确如此,要么便是虚伪做作,别有用心。所以,在与外国朋友打交道时,千万不要过分谦虚,特别是不要自我贬低,以免被人误会。得体的做法是:不自吹自擂、自我标榜、一味地抬高自己,也不自轻自贱、过于谦虚客套。在实事求是的前提下,要敢于并且善于对自己进行正面的评价或肯定。

8. 不宜先为原则

在涉外交往中,面对自己一时举棋不定或是不知道怎样做为宜的情况时,最明智的做法是按兵不动,静观周围人的所作所为,并与之采取一致的行动。尽量不要急于采取行动,尤其是不宜急于抢先、冒昧行事,以免弄巧成拙。不宜先为原则也被称作"不为先"原则或"紧跟"原则、"模仿"原则。

9. 尊重隐私原则

个人隐私指的是个人不愿意公开,不希望外人了解或打听的个人秘密、私人事宜。在国际交往中,人们普遍讲究尊重个人隐私,并且将是否尊重个人隐私视作一个人在待人接物方面有没有教养,能不能尊重和体谅交往对象的重要标志之一。即使是家人、亲戚、朋友之间,也必须相互尊重个人隐私。所以,与外国友人相处时,应当自觉回避对对方个人隐私的任何形式的涉及。不要主动打听外国朋友的收入支出、年龄、婚恋、健康、家庭住址、个人经历以及宗教信仰、政治见解等个人隐私问题。

10. 女士优先原则

"女士优先"是国际社会公认的一条重要的礼仪原则。"女士优先"的含义是：在一切社交场合，每一名成年男子，都有义务主动自觉地以自己的举止言行去尊重妇女、照顾妇女、关心妇女、保护妇女，并且时时处处努力为妇女排忧解难。唯有如此，男子才会被视为具有绅士风度。男女同行时，男子应走靠外的一侧；在门口、电梯口及通道走廊等处遇到女士，男士应侧身站立一旁，让其先行；在需要开门的场合，男士应为女士开门；当客人见到男女主人时，应先与女主人打招呼；等等。倘若因为男士的不慎，而使妇女陷于尴尬、困难的处境，便意味着男士的失职。"女士优先"原则还要求在尊重、照顾、体谅、关心、保护妇女方面，男士们对所有的妇女都要一视同仁。

11. 爱护环境原则

世界各国人民均是地球村的村民，每个人都有义务对人类赖以生存的环境自觉地加以爱惜和保护。在国际交往中，不可毁损自然环境，不可虐待动物，不可损坏公物，不可乱挂私人物品，不可乱扔废弃物品，不可随地吐痰，不可随意吸烟（向外宾敬烟，不仅毫无必要，而且还是失礼的），不可任意制造噪声（噪声对于环境也是一种污染破坏。所以，与人交谈时要轻声细语，在公共场合勿大声喧哗，勿让自己的手机响铃不止），等等。

12. 以右为尊原则

在各种类型的国际交往中，大到政治磋商、商务往来、文化交流，小到私人接触、社交应酬，凡是需要确定高低位次时，"以右为尊"是普遍适用的国际惯例，并排站立、行走、就座、会谈、宴请、乘车、挂国旗等都应遵循这一原则。按照惯例，在并排站立、行走、就座的时候，为了表示礼貌，主人应主动居左，而请客人居右；职位、身份较低者应当主动居左，而请职位、身份较高者居右；男士应当主动居左，而请女士居右；晚辈应当主动居左，而请长辈居右。

知识拓展

国旗悬挂礼仪

国旗是一个主权国家的标志，是国家的象征，代表着一国的地位和尊严。世界上各国国旗的颜色主要有红、白、绿、蓝、黄、黑等，这些颜色各有一定的含义：红色象征国家为独立和解放而斗争的精神，绿色是吉祥的标志，蓝色代表海洋、河流、天空，这三种颜色在各国国旗中出现得最为频繁。

人们往往通过悬挂国旗，表示对本国的热爱或对他国的尊重。但是，在一个主权国家领土上，一般不得随意悬挂他国国旗。不少国家对悬挂外国国旗都有专门的规定。在国际交往中，还形成了悬挂国旗的一些惯例。

悬挂国旗视不同的场合有不同的规范。在室外的旗杆或建筑物上挂旗，一般是日出升旗，日落降旗，司职人员表情应庄严、肃穆。升旗的时候，护旗人要托起国旗的一角，国旗触地是极不严肃的。在重要的场合，如一国政府所在地，升旗需有专职人员严格按升旗规范行事。重要的时刻，譬如外宾来访、国际体育比赛、国庆庆典，升旗时需以国歌相伴奏。遇到一国元首来访时,外宾通过的主要街道应悬挂两国国旗,在其住所及交通工具上也应悬挂国旗。

在外宾所在的重要场所挂旗,升旗时应有专职仪仗兵负责,并要向其他国国旗行军礼。举行国际会议、展览会、体育比赛,应悬挂所有参加国的国旗;即使没有外交关系的国家,只要它是所举办活动的组织成员东道主都应悬挂该国国旗。悬挂的次序是从左至右,以英文国名的第一个字母为序。国旗不能够倒悬,一些国旗因字母和图案原因,不能竖挂。有的国旗竖挂则另外制旗。

各国国旗的颜色、长宽比例均由本国宪法明文规定,国旗图案不能在商品广告、产品宣传等非正规场合乱用。另外,撕扯、践踏、焚烧国旗的行为都是不允许的。

当某领导人逝世,为表示哀思,国旗要下半旗。下半旗时要首先把旗升至杆顶,再下降至离杆顶1/3处。

按照国际关系准则,在官方的迎宾仪式中,在举行国际会议、博览会、体育比赛等活动时,应悬挂所有参加国的国旗。国旗悬挂的礼仪应特别注意两点。

1. 方式

悬挂双方国旗,一般有并挂(见图7-1)、竖挂(见图7-2)、交叉挂(见图7-3)三种。

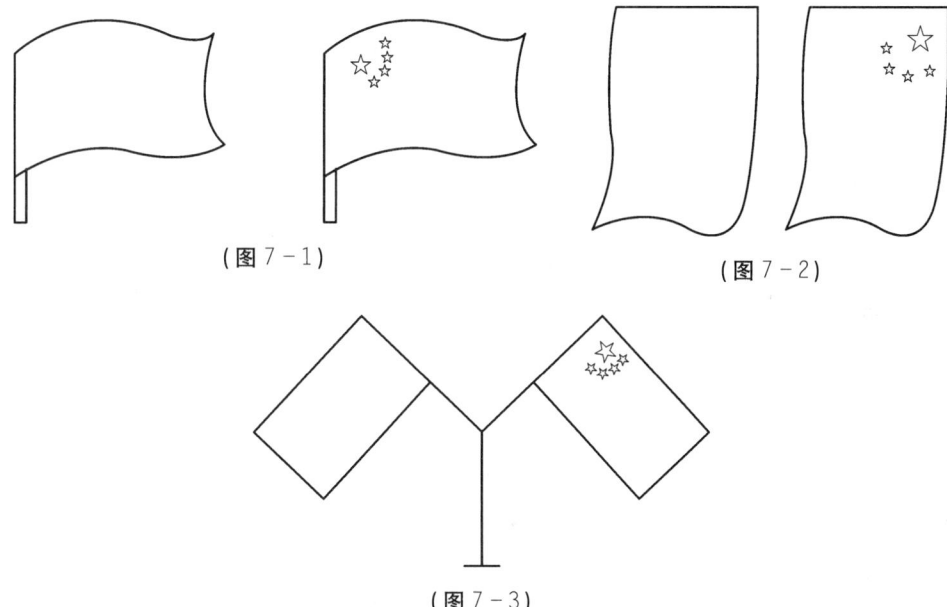

(图7-1)　　　　　　　　　(图7-2)

(图7-3)

并排悬挂两面国旗时,其规格、尺寸应大致相等。国旗挂在墙壁上时应挂其正面,而不能用反面。由于有些国家国旗上文字、图案的原因,一般不选择竖挂。在墙壁上悬挂国旗也不能竖挂或交叉挂。

2. 位次

并排悬挂国旗应以右为上,以左为下,即客方在右,主方在左。如果迎宾汽车上悬挂国旗,以汽车行进方向为准,驾驶员左手为主方,右手为客方。

7.2 商务礼俗与禁忌

礼俗即礼仪和习俗,是一个国家或地区、民族长期形成的,具有相对稳定性的礼节、人情、风尚、行为习惯、心理倾向等的总和。商务礼俗是不同国家或地区在商务交往中所独有的礼仪和习俗。

7.2.1 亚洲主要国家的商务礼俗与禁忌

1. 日本

日本(Japan)位于亚洲的东部,是太平洋西北部的一个岛国,面积37.77万平方千米。日本主要民族为大和族,主要宗教有佛教、神道教、基督教,有许多人兼信两种以上宗教。日本人主要信仰佛教和神道教,崇尚武士道精神。

日本首都是东京(Tokyo),是世界上人口最多的城市之一。日语为官方语言,大部分商人会英语。国鸟是绿雉。

日本有"第三经济大国""樱花之国""造船王国""贸易之国""钢铁王国"等美称。日本与中国一水之隔,日本人的许多风俗习惯都可以从中国找到根,日本人对中国的文化表现出一种特有的尊重。

"爱面子"是日本人的共性,情面会强烈地影响日本人的一切,一句有伤面子的话,一个有碍荣誉的动作,都会使事情陷入僵局。"面子"是日本人最重视的东西。因此,与日本人相处,应时时记住给对方面子。日本人讲道义,重恩情,知恩图报对他们而言是普通而又相当重要的事情。

1) 礼俗

日本人性格内向,好胜心强,勤劳刻苦,守信遵时,生活节奏快,工作效率高,民族自尊心强,注重礼节。

(1) 见面礼仪。初次见面要行鞠躬礼。但在国际交往中,初次见面一般使用握手礼,特别是男士。日本人很重视名片,见面时首先交换名片,常说"拜托您了""请多关照"等话。

(2) 称谓礼仪。在日本,"先生"的称呼,只被用来称呼教师、医生、年长者、上级或有特殊贡献的人。如果对一般人称"先生",会让人感到难堪。

(3) 接访礼仪。拜访日本人,最好在上午的9~11时,下午的2~5时,若没有非常紧急的事,不要在吃饭时和休息时间去拜访。拜访时一切听从主人安排。日本人一般不用香烟待客,如客人要吸烟,应先征得主人的同意,以示尊重。"不给别人添麻烦"是日本人的生活准则。

(4) 服饰礼仪。日本人注意穿着打扮,平时穿着大方、整洁。一般在本民族庄重的节日或婚庆嘉喜、出席茶道等活动时穿和服。在商务活动和外事活动中都穿传统西服,一般都是黑色或深蓝色。应邀参加正式的宴会,要郑重其事,梳妆打扮,西装革履。但如果是参加郊游,或其他的文娱、体育活动,即使是首次见面,只要轻装打扮,或者是适合的装束,力求自然,更能显示出你的热情大方、潇洒自如。在一般场合只穿背心或赤脚被认为是失礼的行为。

（5）送礼礼仪。日本人最喜欢送礼,在商务接触中会首先给对方送礼,而且注重实惠,讲究礼品的颜色。赠送礼品时,非常注重阶层或等级。给日本客人送一件礼物,即使是小小的纪念品,他都会铭记心中,因为它不但表明你的诚意,而且也表明彼此之间的交往已超出了商务的界限,说明你对他的友情,重视了他的面子。

（6）饮食礼仪。四面环海,特殊的地理环境决定了日本人的饮食习惯。日本人喜欢吃鱼类食品,对各种海味格外青睐,尤其是生蛎肉、生鱼片。日本人喜欢吃泡菜及用酱、蔬菜、豆腐、香菇、紫菜等海味菜制成的"大酱汤",这种"大酱汤"被称为"母亲的手艺"。"便当"和"寿司"是受欢迎的两种传统方便食品（"便当"就是盒饭,"寿司"就是人们在逢年过节时才吃的"四喜饭"）。日本人多食清淡、新鲜、带甜味的食物,很爱吃瓜果食品,尤其喜欢瓜类。日本人也爱喝酒,对中国的茅台情有独钟。日本人注重茶道、茶礼。茶道仪式十分烦琐。在日本精于茶道,被认为是身份、修养的绝好表现。

2) 主要禁忌

（1）颜色忌。忌紫色和绿色。紫色是悲伤的色调,绿色是不吉利的象征。

（2）数字忌。日本人普遍对奇数有好感而不喜欢偶数。忌讳"4"和"9",因为日语里"4"字发音和"死"相同,而"9"的发音则和"苦"相同,送礼及对日本人安排食宿、用具等要尽量回避。

（3）送礼忌。日本人爱送小礼物,但不要送梳子,因为梳子的日语发音近似"苦死"。圆珠笔、T恤衫、广告帽作为礼物送人也不成敬意。日本人不喜欢在礼品包装上系蝴蝶结,用红色的彩带包扎礼品象征身体健康。不要给日本人送有动物形象的礼品。

（4）鲜花忌。日本人对樱花无比厚爱,但不喜欢荷花,认为它是不吉祥之花,是祭奠死人用的花。而对于菊花,认为它是一种高贵的花,16瓣的菊花是皇室专用花饰,虽然深受普通民众喜爱,却不能作为礼品随意送人。探望病人时,如果送山茶花、仙客来花、白色的花和淡黄色的花,将是不受欢迎的。

（5）动物忌。日本人喜欢乌龟和鹤类动物,讨厌金色的猫,对狐狸和獾极为反感,认为它们是"晦气""贪婪"和"狡诈"的化身。

（6）筷子忌。日本人很讲究餐桌礼仪,单是在使用筷子时就有八种忌讳:一忌舔筷;二忌迷筷;三忌移筷;四忌扭筷;五忌插筷;六忌掏筷;七忌跨筷;八忌剔筷。除此之外,还忌用同一双筷子给席上所有的人夹取食物。

（7）其他禁忌。如果要与日本友人合影,忌三人一排,因为他们认为被夹在中间的人将会有厄运;当你在招待日本人时,即使他吸烟,你也千万不要给他敬烟,因为日本人不喜欢别人给自己敬烟,也绝不会给别人敬烟。请记住,在给日本朋友寄信时,千万别把信封上的邮票倒贴,因为倒贴邮票在日本是绝交的表示。

2. 韩国

大韩民国(The Republic of Korea)位于亚洲东北部的朝鲜半岛南部,面积9.96万平方千米,人口为单一的朝鲜民族,50%左右的人口信奉佛教、基督教等宗教。韩国首都是首尔(Seoul)。通用韩国语。国花是木槿花。国鸟是喜鹊。崇拜熊,认为熊是其民族的祖先。

韩国人以其文化悠久为荣,他们讲究礼貌,待客热情,普通民众都有很好的礼仪素养,敬老爱幼,热情待客,重视礼尚往来。韩国人对交往对象的第一印象非常看重,在与人建立密切的工作关系之前,他们认为举止合乎礼仪是至关重要的。倘若在从事商业谈判的时候能遵守他们的生活方式,他们会对你的好感倍增。

1) 礼俗

(1) 见面礼仪。韩国人在社交场合与客人见面时,习惯以鞠躬并握手为礼。握手时,或双手或用右手,可女人一般不与男人握手,只是鞠躬致意。韩国人对长者特别尊敬,不论在什么地方见到长者都要鞠躬问候。一般起床后,子女须向父母问安,远行归来须向父母施跪拜礼;父母外出、回归,子女须迎、送并施礼。在韩国,女士们十分尊重男士,男女相见时,总是女士先向男士鞠躬、致意问候。

(2) 举止礼仪。韩国人不轻易流露自己的感情,公共场所不大声说笑。特别是女士,在笑的时候常用手帕捂住自己的嘴巴。在公共场所或在有别人的地方不能出现有碍观瞻的举动,如吐痰、抠鼻子、抓痒痒等都被视为不讲礼仪的行为。韩国人对日常的礼节相当重视。当几个人在一起时,要根据身份和年龄来排定座次。身份、地位、年龄都高的人排在上座,其他的人就在低一层的地方斜着坐下。男女同坐的时候,一定是男士在上,女士在下。要抽烟的时候,他们总是问上座的人:"可不可以抽烟?"

(3) 做客礼仪。如果应邀去韩国人家里做客,按习惯要带一束鲜花或一些小礼物,用双手捧上递给主人,主人不当着客人的面打开礼物。进入室内时,要将鞋子脱掉留在门口,这是最普通的礼仪。面对矮桌要盘腿席地而坐,双腿不能叉开或伸直,否则就失礼。若想抽烟,须征求在场的长辈同意。

(4) 饮食礼仪。韩国人口味偏清淡,不喜油腻,但喜欢辛辣食物,特别喜欢中国菜中的川菜。他们通常吃烤、蒸、煎、炸、炒、汤类菜。辣泡菜和汤这两种食品是每餐必不可少的。酱是韩国各种菜汤的基本佐料。韩国人喜欢日常以米饭、冷面为主食,爱吃泡菜、烤牛肉、烧狗肉、人参鸡等。餐具使用汤匙和筷子。韩国人很重视业务交往中的接待,宴请一般在饭馆或酒吧间举行,他们的夫人很少在场。进餐时,要等全部菜肴一次上齐后,所有进餐者一起上桌开饭,席间不能边吃饭边谈话。

2) 主要禁忌

(1) 数字忌。韩国人喜欢单数,忌讳双数,对"4"非常反感(因在韩语中"4"的发音、拼音都与"死"完全相同)。许多楼房的编号严禁出现"4"字;军队、医院、餐馆等也不用"4"编号,吃东西不吃4盘4碗;受西方文化的影响,许多韩国年轻人不喜欢"13"这个数;韩国人喜欢单数不喜欢双数,主人总是以1、3、5、7的数字来敬酒、敬茶、布菜,力避2、4、6、8的数字单位。

(2) 送礼忌。送礼时,不要送日本出产的物品;接受礼品时用双手,一般不习惯当面打开礼品盒。

(3) 交谈忌。与韩国人交往,不宜谈政治腐败、经济危机、南北分裂、韩美关系、韩日关系等话题。无论在什么场合都不大声说笑。交谈时,发音和"死"相似的"私""师""事"等几个词最好不要使用。在韩国,姓"李"的人很多,但绝不能将"李"姓解释为"十八子李",因为在朝鲜语中"十八子"与一个淫荡词相近。绝不能在女子面前说此话,否则会被认为有意侮辱人。在与韩国人共进工作餐时,不可边吃边谈,因为他们认为吃饭的时候不能随便出声。

3. 新加坡

新加坡全称新加坡共和国(The Republic of Singapore),位于东南亚马来半岛的南端,是个集国家、首都、城市、岛屿为一体的城市型岛国,是世界最著名的城市花园之国。马来语"新加坡"的意思是"狮城"。新加坡虽然国土面积不大,但它却是一个多民族的国家,所以不同民族的新加坡人信奉的宗教不同,主要有佛教、伊斯兰教、印度教、基督教等。

新加坡首都是新加坡市。马来语为国语,英语、汉语、马来语、泰米尔语四种语言同为官方语言,英语则为行政用语。国花是卓锦·万代兰(兰花的一种),又名胡姬花,有卓越锦绣、万代不朽之意。新加坡人人爱花,家家养花,所以,新加坡还有"花园之国""花园之都""公园国家"的美誉。

新加坡人口中有四分之三以上是华人,是中国以外世界上唯一以华人为主的国家。新加坡华人的乡土意识强,一向有勤奋、谦虚、可靠的美德。新加坡人的时间观念强、讲究卫生。

1) 礼俗

(1) 见面礼仪。新加坡已经西方化。但当地人仍然保留了许多民族的传统习惯,所以,打招呼的方式各有不同,最通常的是人们见面时握手;华人见面鞠躬、作揖、微笑或握手;马来人见面时先互相接触双手再把手收到自己的胸前;印度人见面先合十放胸前,微微闭目、欠身。商务活动一般穿白衬衫、着长裤、打领带即可。访问政府办公厅仍应着西装、穿外套。

(2) 言行礼仪。与新加坡人攀谈必须多使用谦辞、敬语。新加坡人普遍讲究社会公德,公共场合不许吐痰,不许乱丢纸屑、烟头,不准抽烟。如果有违规者,不仅要重罚,还要鞭打。在公共场合不准拥抱和亲吻。进清真寺要脱鞋。在一些人家里,进屋也要脱鞋。

(3) 做客礼仪。若登门拜访,须事先有约,不要贸然而行;若有宴请,最好晚半小时到达,如请柬上写着7时,应在7时半到达,否则被认为贪嘴好吃。新加坡人接待客人一般是请客人吃午饭或晚饭。和新加坡的印度人或马来人吃饭时,注意不要用左手。到新加坡人家里吃饭,可以带一束鲜花或一盒巧克力作为礼物。

(4) 饮食礼仪。新加坡多为华人,喜欢米饭,不喜面食。口味清淡,喜甜味,偏爱中国广东菜、闽菜、上海菜也很受欢迎。信奉伊斯兰教的人喜欢吃咖喱牛肉。华人大都喜欢品茶。

2) 主要禁忌

(1) 颜色忌。红、绿、蓝色受到新加坡人的欢迎;而黑色和紫色被视为倒霉色,是新加坡人禁忌的颜色。新加坡人也不喜欢白色、黄色。

(2) 数字忌。数字上忌讳4、7、13、37和69等,在华语中"4"发音与"死"相同,"7"则被视为一个消极的数。

(3) 交谈忌。在与新加坡人交谈时,要避免谈论政治、种族、宗教、配偶等话题。在恭贺新加坡人时,忌说"恭喜发财"之类的话,因为他们认为"发财"两字,有"横财"之嫌,而"横财"就是不义之财。因此,祝愿对方"发财",无异于挑逗、煽动他人去损人利己、损公肥私,新加坡人鄙视和抵制所有这些对社会有害的行为。

(4) 筷子忌。忌把筷子放在碗和盘子上,不用时也不能叉开摆放,而应放在托架上。

(5) 宗教忌。伊斯兰教是新加坡的主要宗教,进清真寺的人必须要脱鞋,伊斯兰教徒禁食猪肉。新加坡的印度人、马来人忌用左手给人递东西。如果你是商人,要想把商品出口到新加坡,千万记住:在商标上禁止使用宗教词句和象征性标志。

(6) 其他禁忌。在新加坡旅游观光或公干的人要特别注意遵守各种规章制度,讲究清洁卫生,保护环境。新加坡人非常讨厌男子留长发,对蓄胡子者也不喜欢,在一些公共场所,常常竖有一个标语牌:"长发男子不受欢迎"。

虽然中国人喜欢乌龟,视它为长寿及懂得自我保护的代表,但新加坡人却不喜欢乌龟,把它喻为不够光明磊落、遇事不敢承担责任的人。

4. 印度

印度共和国(The Republic of India)是世界四大文明古国之一,是南亚次大陆最大的国家,面积约298万平方千米,居世界第七位。印度是世界第二人口大国,有十个大民族和几十个小民族。居民中约有80.5%的人信奉印度教,少部分人信奉伊斯兰教、基督教、锡克教、佛教等。

印度首都是新德里。官方语言为英语和印地语。国花是荷花。国鸟是蓝孔雀。

印度人在社交场合讲究等级,重视身份有别。印度人特别讲究卫生,每天都洗澡且只洗淋浴,因为他们认为澡盆里的水是死水,不洁净。

1) 礼俗

(1) 见面礼仪。常用的见面礼有三种:一是贴面礼,二是摸脚礼,三是合十礼,其中合十礼用得最为普遍。当他们迎接贵宾时,双手合十于胸前,然后主人要向客人敬献花环,并亲手将花环套在客人的脖颈上。晚辈为表示对长辈的尊敬,常在行礼时弯腰摸长辈的脚。由于英语是印度的商业语言,故印度人相见应递英文名片。在印度,赞成或同意别人的意见,既不是点头,也不是摇头,而是左右晃头。

(2) 做客礼仪。到印度人家庭做客,进门一定要先脱鞋,再鞠躬,最后行合十礼;做客时,可带水果和糖果作为礼物,或给主人、孩子们送点礼品。

(3) 饮食礼仪。印度人以米饭为主食,油炸薄饼和烙的薄饼也很流行。口味喜甜、偏辣、爱吃咖喱及油爆、烤、炸的食物,尤其对中国川菜感兴趣。咖喱粉是饭菜离不开的调料。不吃菇类、笋类及木耳。喜欢喝白开水和红茶。印度人吃素食者较多,且等级越高食荤者越少,印度教上层人士食素戒荤,连用素食制成的仿荤食品也忌食。反感喝酒,他们认为喝酒是违反宗教习惯的。印度教徒最忌讳众人在同一盘中取食,也不吃别人接触过的食物。在印度的中产阶级家庭,主妇做饭前要沐浴更衣,因为厨房被他们认为是神圣的地方,任何外人和未沐浴的家人都不能进去。印度人在饭前要洗手,不吃剩下的食物。

2) 主要禁忌

(1) 动物忌。大多数信奉印度教的印度人把牛视为神圣之物(圣兽),禁食牛肉,忌用牛皮制品。他们把许多动物(如牛、孔雀、蛇)人化、神化,但与中国人相反,他们不喜欢龟、鹤及其图案,也忌讳弯月的图案。

(2) 颜色忌。印度人喜爱红色、蓝色、紫色、绿色、金黄色,忌白色,认为白色表示悲哀。不喜欢黑色、灰色,认为黑色、灰色表示消极。

(3) 数字忌。印度人视1、3、7三个数字为不吉利数字。

(4) 交谈忌。与印度人交谈,不要主动涉及宗教与民族矛盾、印巴冲突、核武器、两性关系等。

(5) 交往忌。男子不能和妇女握手,更不能在公共场合与单身女子说话。

(6) 用手忌。忌用左手接触别人,或是传递东西和食物,认为左手是不洁净的。

(7) 其他禁忌。切莫抚摸小孩的头。忌用澡盆给小孩洗澡。

 相关链接

我吃饭,你付钱

在印度的一些地区,如果同商业谈判对象或朋友共进晚餐,他们会自自然然地说"你的资本比我的多,所以这笔餐费应该由你付。"不熟悉情况或初来乍到的客人,常常会被这种场面闹得啼笑皆非。钱多的人或是受欢迎的人应该付钱——他们认为这是对你的尊重,与抠门或挨宰不能相提并论。

5. 泰国

泰国正式名称是泰王国(The Kingdom of Thailand),位于亚洲东南部。泰国首都是曼谷(Bangkok)。泰语为国语。睡莲为国花。白象为国兽。

泰国素有"千佛之国"之称,94%的居民信仰佛教,全国佛寺多达3万多座。佛教为国教,佛教对泰国的政治生活、文化艺术以及生活都有重要的影响,男子一般20岁左右,必须去寺庙当3个月的和尚,学习佛经,即使王公贵族也不例外,只有当过和尚,才能还俗。

深受佛教影响的泰国人很有涵养,在待人接物中,讲究微笑、礼让,在世界享有"微笑之国"的美誉。

1) 礼俗

(1) 见面礼仪。普通泰国人见面通常施"合十礼",手举得越高,对人越尊重,依次的高度为过头顶、前额处、鼻子以下处、胸前。晚辈向长辈行礼时,双手合十要举过前额,长辈合十回礼时双手不必高过前胸等。泰国的官员、学者和知识分子见面时握手问候,但男女之间不握手。平民拜见国王、高僧施跪拜礼,国王拜见高僧时也须下跪,儿子出家为僧,父母也要对其行跪拜礼。

(2) 饮食礼仪。泰国人以大米为主食,喜欢吃民族风味的"咖喱饭",喜食辣椒、鱼露,青睐中国菜中的广东菜和四川菜。不爱吃过咸或过甜的,也不吃红烧的菜肴。饭后有吃水果的习惯,但不爱吃香蕉,吃水果不仅放冰,也放盐末和辣椒末。不喝热茶,喜欢冷饮,喜欢在茶里加上冰块,喝橘子汁或橙汁时喜加盐末。一般情况下,不喝开水,而惯于直接喝冷水。僧人每日两餐(早、午),过午只能喝水和饮料,但僧人可吃肉。

(3) 其他礼仪。泰国人习惯用颜色表示星期,如红色是星期日、紫红色是星期六、淡蓝色为星期五、橙色是星期四、绿色为星期三、粉红色是星期二、黄色是星期一。

2) 主要禁忌

(1) 动作忌。泰国人认为头颅是智慧所在,是神圣不可侵犯的,如果用手触摸泰国人的头部,则认为是一种极大的侮辱;如果用手打小孩的头部,则认为小孩一定会生病;长辈在座,晚辈必须坐在地下,或者蹲跪,以免高于长辈头部;忌他人拿着东西从头上掠过;睡觉时忌头向西方,因为日落西方象征死亡;忌踩踏房子的门槛,认为门槛下住着善神。

(2) 举止忌。泰国人进寺庙烧香拜佛或参观时,不得袒胸露臂,衣帽不整洁,这会被认为玷污了圣地,对神佛失敬。进庙时,每个人须脱下鞋子,并且不得踩寺庙的门槛,他们认为门槛下住着神灵。泰国的寺庙很多,但忌讳参观寺庙的人随意给佛像拍照或抚摸佛像。就座时,最忌讳跷腿,把鞋底对着别人,认为这是一种侮辱性的举止;妇女就座时,双腿要靠拢,否则会被认为没教养。

(3) 颜色忌。忌讳褐色,忌讳用红色的笔签字,或是用红色刻字。当你与泰国人谈好一笔生意,需要对方签名时,请勿准备红笔。因为在泰国有一个习俗,即人死后用红笔将死者姓名写在棺材上。如果对此不了解,不仅会让生意泡汤,还会失去友谊,招来愤恨。

(4) 交谈忌。交谈时忌用手指指点点,忌戴着墨镜与人谈话。

(5) 用手忌。泰国人在接受礼物或递送东西时用双手,忌用一只手,特别是左手。跟泰国人接触时,千万不要动手拍打对方,忌用左手接触对方或传递物品。

(6) 动物忌。在泰国民间,人们忌讳狗、鹤和龟的图案,送给泰国人的礼物要避开这三种动物。

7.2.2 欧洲、美洲主要国家的商务礼俗与禁忌

1. 英国

英国全称为大不列颠及北爱尔兰联合王国(The United Kingdom of Great Britain and Northern Ireland),是欧洲西部的群岛国家,居民中英格兰人占83%,主要宗教是基督教新教和罗马天主教。

英国首都为伦敦,被称为"世界雾都"。官方语言为英国。国花是玫瑰。国鸟是知更鸟。

英国是世界上工业化最早的国家,有"世界工场"之称。目前,英国是世界第四贸易大国。

1) 礼俗

英国人矜持含蓄,谨慎保守,彬彬有礼,崇尚"绅士风度"和"淑女风范"。商务交往中,他们重交情,不刻意追求物质,不斤斤计较,一副大家的作风。

(1) 服饰礼仪。英国人注重仪表,讲究穿着,好讲派头,往往以貌取人。只要一出家门,就得衣冠楚楚。在会客、拜访或参加酒会、宴会、晚会时仍要穿西服打领带。在夏天,可以不穿西服,只穿短袖衬衫,但也得打领带。男士每天都要刮脸,外出参加社交活动时,着深色西服,但忌戴条纹领带;女士则穿西式套裙或连衣裙。出席宴会或晚会时,习惯穿黑色礼服,衣裤须烫得笔挺。英国人最喜欢的颜色是红色。

(2) 举止礼仪。英国人见面很少握手,只有初次见面或在特殊场合,或者是表示赞同与祝贺时,才相互握手。彼此第一次认识时,一般都以握手为礼,不像东欧人那样常常拥抱。女子一般施屈膝礼。英国男子戴帽子遇见朋友,有微微把帽子揭起"点首为礼"的习惯。随便拍打客人被认为是非礼的行为。英国人比较尊重妇女,"女士优先"的社会风气很浓。例如,乘电梯让妇女先进,乘车时要让女子先上,斟酒要给女宾或女主人先斟。在街头行走,男的应走外侧,以免发生危险时,保护妇女免受伤害。丈夫通常要偕同妻子参加各种社交活动,而且总是习惯先将妻子介绍给贵宾认识。

(3) 交谈礼仪。对英国人称呼"英国人"他们是不愿意接受的。因为"英国人"原意是

"英格兰人",而你所接待的宾客,可能是英格兰人、威尔士人或北爱尔兰人,而"不列颠"这个称呼则是所有的英国人都能感到满意的称呼。英国人待人彬彬有礼,讲话十分客气,"谢谢""请"字不离口。对英国人讲话也要客气,不论他们是服务员还是司机,都要以礼相待,请他办事时说话要委婉,不要使人感到有命令的口吻,否则,可能会使你遭到冷遇。同英国人谈话,最保险的话题是从天气或足球开始,忌谈个人私事、家事、婚丧、年龄、职业、收入、宗教问题。交谈时不喜欢距离过近,认为在众人面前相互耳语是失礼之举。他们把夸夸其谈视为缺乏教养,把自吹自擂视为低级趣味。在谈判中比较稳重,不轻易表态。

(4) 饮食礼仪。在英国,不流行邀对方早餐谈生意。一般说来,他们的午餐比较简单,对晚餐比较重视,视为正餐。因此,重大的宴请活动,大家都放在晚餐时进行。在正式的宴会上,一般不准吸烟。进餐期间吸烟,被视为失礼。英国人讲究饮食质量,却具有"轻食重饮"的特点,尤其是喜欢红茶与威士忌,大多数英国人嗜茶如命,有喝"被窝茶"(早晨)"过午茶"(午后)的习惯。他们在饮食上不愿意吃带黏汁和过辣的菜肴,忌用味精调味,也不吃狗肉。他们平时主要吃英式西餐或法式西餐,对中餐也极为赞赏并乐于品尝。在英国国内所有的市镇都有一家以上的中餐馆。

(5) 送礼礼仪。去英国人家里做客,最好带点价值较低的礼品,因为花费不多就不会有行贿之嫌。礼品一般有高级巧克力、名酒、鲜花,特别是我国具有民族特色的民间工艺美术品,他们格外欣赏,但对有客人公司标记的纪念品不感兴趣。在英国,服饰、香皂之类的物品因太涉及个人的私生活,故一般不用来送人。英国人送礼时十分看重礼品的包装,收礼时常常当着客人的面打开礼品,无论礼品价值如何,或是否有用,主人都会给以热情的赞扬表示谢意。苏格兰威士忌是很通行的礼品,但烈性威士忌则不然。圣诞节、新年和对方的生日,寄上一张贺卡也将会加强双方的友好合作关系,可以促成生意。

2) 主要禁忌

(1) 数字忌。忌讳"13"和"星期五"这些数字与日期,一般都视其为"厄运"和"凶兆"。日常生活中尽量避免"13"这个数字,用餐时,不准13个人同桌,如果13日又是星期五的话,则认为这是双倍的不吉利。这个时候,许多人宁愿待在家里不出门。他们还忌讳"3",尤其在点烟的时候,不论用火柴还是打火机,只能点到第2个人,然后要把火熄后,再给第3个人点。他们认为一次火点3个人的烟是不吉利的。

(2) 鲜花忌。菊花在任何欧洲国家都只用于万圣节或葬礼,一般不宜送人;忌讳百合花,并把百合花看作是死亡的象征。

(3) 交谈忌。忌谈个人私事、家事、婚丧、年龄、职业、收入、宗教问题,忌讳别人过问他们的活动去向、政治倾向,他们认为这是个人的秘密,不需要别人干涉和了解。还忌讳以王室的家事作为谈笑的话题。

(4) 动物忌。忌用大象、孔雀图案,认为大象是蠢笨的象征,孔雀是淫鸟、祸鸟;忌讳黑猫,尤其是黑猫,若从面前穿过,更会使人恶心,认为这将预示这个人要遭到不幸。

(5) 举止忌。忌讳当众打喷嚏,英国人一向将流感视为一种大病;忌讳把食盐碰撒,认为这是引发口角或与朋友断交的一种预兆;忌讳有人打碎玻璃,认为打碎玻璃就预示着家中要死人或起码要有7年的不幸;忌讳在众人面前相互耳语,认为这是一种失礼的行为;忌讳有人用手捂着嘴看着他们笑,认为这是嘲笑人的举止。不能手背朝外,用手指表示"二",这种"V"形手势,是蔑视别人的一种敌意做法。

此外,英国人很讨厌墨绿色,认为墨绿色会给人带来懊丧;不从梯子下走过,在屋里不撑伞,从不把鞋子放在桌子上,忌用人像做装潢等。英国现代教育中,教儿童要敬月,而不可用手去指;要敬星而不可数它;流星被认为是报丧的。

2. 德国

德国全称德意志联邦共和国(The Federal Republic of Germany),位于欧洲的中部。第二次世界大战后,德国分裂为东德、西德两个国家,1990年10月3日,东西德宣布统一,定国名为德国。德国人口主要是德意志人,主要信奉基督教。

德国首都是柏林。通用德语。国花是矢车菊。国鸟是白鹳。

德国经济实力雄厚,对外贸易发达,有"经济人""酒花之国""酒王国""运河之国"等美称。

1) 礼俗

德国人勤勉矜持,讲究效率,崇尚理性思维,时间观念强,有朝气、好清洁、爱音乐,对工作一丝不苟,属于极端遵守法律和纪律的民族。

(1) 交往礼仪。德国人在社交场合举止庄重,讲究风度。德国人的时间观念很强,迟到或过早到达都被视为不懂礼貌。在社交场合与他人见面时,一般行握手礼。与熟人、朋友或亲人相见时,通常行拥抱礼。和客人交流的时候,更喜欢称呼对方的头衔,但是大多数德国人不喜欢别人的恭维。对刚相识者不宜直呼其名。与德国人相处时,几乎看不到他们皱眉头等漫不经心的动作,因为德国人对自己的小动作很克制,认为这些动作是对客人的不尊重,也是自身缺乏友善和教养的表现。应邀到德国人家中做客,通常宜带鲜花去,鲜花是送女主人的最好礼物,但必须要单数,5朵或7朵均可。千万别带葡萄酒去,因为此举显示你认为主人选酒品位不够好。威士忌酒可以作礼物。德国人对礼品的包装纸很讲究,但忌用白色、黑色或咖啡色的包装纸包装礼品,更不要使用丝带作为外包装。

(2) 服饰礼仪。德国人在穿着打扮上的总体风格是庄重、朴素、简洁。不大接受过分鲜艳花哨的服装,且对衣冠不整、服饰不洁者难以容忍。一般情况下,男士大多爱穿西装(一定要系领带)、夹克,并喜欢戴呢帽。妇女们则大多爱穿色彩、图案淡雅的长裙。德国人在正式场合露面时,必须要穿戴得整整齐齐,衣着一般多为深色。在商务交往中,他们讲究男士穿三件套西装,女士穿裙式西装。

(3) 饮食礼仪。德国人喝酒世界有名,平时最喜欢喝啤酒,几乎人人都是海量。他们有个规矩,吃饭时应先喝啤酒,再喝葡萄酒,要是反过来就认为是有损健康的。世界上喝酒最多的是欧洲人,而在欧洲人中又首推德国人。德国人的口味较重,偏油,主食以肉类为主,忌食核桃。德国人在用餐的时候多注意两个礼节,分别是以右为上和女士优先。德国人在举办宴会的时候,通常在两个星期之前就把请帖发出去。宴请宾客时,桌子上摆满了各种的酒杯盘子。在刀叉的使用上有个很特别的地方,那就是吃鱼的刀叉是不可以用来吃别的食物的。

2) 主要禁忌

(1) 颜色忌。德国人对于红色、深蓝色和茶色比较忌讳,对黑色、灰色比较喜欢。

(2) 交谈忌。与德国人交谈,不要涉及纳粹、宗教和党派之争,忌谈篮球、棒球和美式橄

榄球运动。忌讳在公共场合窃窃私语,不喜欢他人过问自己私事。

(3) 数字忌。德国人对于"13""666"与"星期五"极度厌恶。他们对于4个人交叉握手,或在交际场合进行交叉谈话,也比较反感。这两种行为都是被他们看作是不礼貌的。

(4) 图案忌。德国人对纳粹党党徽的图案十分忌讳。在德国,与别人打招呼,切勿身体立正,右手向上方伸直,掌心向外,因为这是过去纳粹行礼的方式。

想想议议

用舌头舔光盘子

德国人生活朴素,视浪费为"罪恶",讨厌铺张浪费的人,所以一般人都没有奢侈的习惯。与德国人相处,务必遵守这个习惯,才能跟他们打成一片。如与他们共进餐馆,不能多要根本吃不了的东西,自己要的饭菜必须吃光,菜汁甚至用面包蘸着吃下去或喝光,用舌头舔光盘子的场面也司空见惯。

想一想:你从中明白了什么?

议一议:德国出现用舌头舔光盘子的场面,你能接受吗?

3. 美国

美国全称美利坚合众国(The United States of America)。美国是一个移民国家,素有"民族熔炉"之称。56%的居民信奉基督教新教,28%的居民信奉天主教。

美国首都是华盛顿。英语为国语。国花是玫瑰。国鸟是白头雕(海雕)。国树是山楂。国石是蓝宝石。

1) 礼俗

美国人随和友善、热情开朗、不拘礼节、幽默、自尊心强。

美国是个移民之国,它的祖先来自全球各地。因为杂,人们各自的差异十分突出;因为差异十分普遍,人们就不特别注重统一性。因此,美国人的宽容性较强,美国社会里可行的习俗要比世界上其他国家宽泛得多。在美国,每个人基本上可以任意选择不同的观念、信仰、生活方式和传统习惯。例如,犹太人可以庆祝他们的宗教节日,而基督教徒则能过他们的圣诞节和复活节,唐人街的美国华人生活和工作中用汉语交流。

美国人以不拘礼节著称于世。美国教授讲课讲到来劲之处,会一屁股往讲台上一坐,神采飞扬地滔滔不绝一番。美国父子之间、母女之间关系随和、轻松。无论是在电影里,还是在实际生活中,我们经常看见美国长辈与幼辈互拍肩膀、无拘无束的镜头。所有这一切都源于美国人不拘礼节的习性。美国人不拘礼节的习性与他们的民主平等观念相关。不拘礼节是为了使人们在交往中更轻松、自在一些,从而更快地缩短人们之间的距离。这也许是美国人性格开朗的一个原因。美国在男女平等问题上堪称是世界各国的表率,在很多商务场合基本没有性别差异。

(1) 见面礼仪。美国社会风俗跟别国社会风俗大不相同的一点,就是名字的称呼,大家都喜欢直呼其名。多数美国人不爱用先生、夫人、小姐、女士之类的称呼,认为太郑重其事。他们喜欢别人直接叫自己的名字,并视为这是亲切友好的表示。美国人很少用正式的头衔

第7章 涉外商务礼仪

来称呼别人。介绍的时候,往往是连名带姓。美国人与别人见面时,不管是下属见到上司,还是学生见到师长,常常笑一笑,说声"Hi"或者"Hello"即可,而不必加上各种头衔,也不一定握手。美国人相信自己即使直称一个人的名字,仍一样可以对他表示尊敬。在社交场合,与欧洲人一样,见面施鞠躬礼、握手礼、点头礼、举手注目礼或接吻礼。在分手时往往挥挥手,或者说声"明天见""再见"。

(2) 交往礼仪。美国人在待人接物方面,具有四个主要特点:一是随和友善,容易接近;二是热情开朗,不拘小节;三是城府不深,喜欢幽默;四是自尊心强,好胜心重。与美国人相处时,要保持50~100 cm的距离,谈话时距对方过近是失敬于人的。美国人在讲话中礼貌用语较多,如"对不起""请原谅""谢谢""请"等,显得很有教养。美国人性格奔放、随和、坦率,这在"侃大山"上表现得十分显著。美国人一旦与人拉开"话匣子",便会滔滔不绝地讲个不停。他们不喜欢"干"坐着不出声,若是发现"对话者"久不出声,他们会问某人是否身体不适;有时,他会问是否有什么心事;有时,他们干脆询问是否要求帮忙。沉默对他们来说,往往意味着"话不投机",或者"不敢恭维",或者"不想与你谈"。应邀去美国人家中做客或参加宴会,最好给主人带上一些小礼品,如化妆品、儿童玩具、本国特产或烟酒之类,白色百合花不可作为礼物送人。对家中的摆设,主人喜欢听赞赏的语言,而不愿听到询问价格的话。

(3) 服饰礼仪。美国人穿着打扮不太讲究,崇尚自然,穿衣以宽大舒适为原则。讲究着装体现个性,是美国人穿着打扮的基本特征。自己爱穿什么就穿什么,别人是不会议论或讥笑的。在写字楼里,人们常常发现"白领工人"不穿外套、不系领带地坐在自己的办公室里工作。在大学校园里,美国教授身穿牛仔裤、足蹬耐克鞋进教室上课的例子数不胜数。美国人注意服饰整洁,重视着装细节:拜访美国人时,进了门一定要脱下帽子和外套,美国人认为这是一种礼貌;穿睡衣、拖鞋会客,或是以这身打扮外出,都会被美国人视为失礼;出入公共场合时化艳妆,或是在大庭广众之下化妆补妆,不但会被人视为缺乏教养,而且还有可能令人感到"身份可疑";在室内依旧戴着墨镜不摘的人,往往会被视作"见不得阳光的人"。

(4) 饮食礼仪。美国人讲究质量,强调营养合理搭配。喜食"生""冷""淡"的食物。口味是咸中带甜,喜欢清淡。以食用肉类为主,爱吃牛肉、鸡肉、鱼肉,火鸡肉也受到欢迎。爱喝冰水、矿泉水、可乐和葡萄酒等,不太喜欢喝茶。发红的奶油或干酪,比普通的奶油和干酪受人欢迎。美国人用餐的戒条主要有以下六条:一是不允许进餐时发出声响;二是不允许替他人取菜;三是不允许吸烟;四是不允许向别人劝酒;五是不允许当众脱衣解带;六是不允许议论令人作呕之事。

(5) 商业偏好:美国人最关心的首先是商品的质量,其次是包装,最后才是价格。因此产品质量的优劣是进入美国市场的关键。在美国市场上,高、中、低档货物差价很大,如一件中高档的西服零售价在40~50美元左右,而低档的则不到5美元。商品质量稍有缺陷,就只能放在商店的角落,减价处理。美国人非常讲究包装,它和商品质量本身处于平等的地位。因此,出口商品的包装一定要新颖、雅致、美观、大方,能够产生一种舒服惬意的效果,这样才能吸引买家。

2) 主要禁忌

(1) 数字忌。美国人最讨厌的数字是"13"和"3",最不喜欢的日期是"星期五"。

(2) 动物忌。忌讳蝙蝠,认为它是凶神恶煞的象征;忌讳黑色的猫,认为黑色的猫会给人带来厄运,但偏爱猫头鹰跟白猫。美国人认为狗是人类最忠实的朋友,对于那些自称爱吃狗肉的人,美国人是非常厌恶的。

(3) 颜色忌。喜爱白色、蓝色和黄色。忌讳黑色,认为黑色是肃穆的象征,是丧葬用的色彩。

(4) 交往忌。十分重视隐私权,忌讳打听别人的私事;与美国黑人交谈时,既要少提"黑"这个词,又不能打听对方的祖居之地;忌讳政党之争、投票意向和计划生育等话题;美国人大都认为"胖人穷,瘦人富",所以他们听不得别人说自己长胖了。

4. 俄罗斯

俄罗斯亦称俄罗斯联邦(The Russian Federation),位于欧洲东部和亚洲北部,横跨欧亚大陆,面积1 707.54万平方千米,是世界上领土最大的国家。

俄罗斯主要宗教为东正教,其次为伊斯兰教。俄罗斯首都是莫斯科。俄语是官方语言。国花是向日葵。

1) 礼俗

俄罗斯是一个重礼好客的多民族国家,其礼俗兼有东西方礼仪的特点。俄罗斯人性格开朗豪放、勇敢耿直,有修养,组织纪律性强。

(1) 交往礼仪。俄罗斯人一般的见面礼是握手,但注意握手时要摘下手套。男女在隆重的场合相遇,常常是男子弯腰轻吻女子手背。熟人间还行拥抱礼和亲吻礼,长辈吻晚辈的面颊三次(先右、后左、再右),男子间只能拥抱,亲兄弟姐妹见面,可拥抱亲吻。前去拜访或应邀到俄罗斯人家做客,出于礼貌,进屋后应立即脱下外套、手套和帽子,应先向女主人问好,再向男主人和其他人问好。俄罗斯有用面包和盐迎接贵客的习惯。迎接尊贵的宾客时,盛装的俄罗斯姑娘款款走上前,她们亲切地行礼,然后递给客人一个圆面包,面包上放着一个小盐缸。客人需取下一小块面包,蘸盐品尝并表示感谢。会客时宾主座次也有讲究,最尊贵的座位是家里圣像的下面,主人坐在贵宾的右手边。告别时,如客人信奉东正教,客人要先向圣像祈祷,然后与主人行吻礼,视客人的尊贵程度,主人决定将客人送至房间门口或送至门外。俄罗斯人禁忌隔着门槛握手言别。应邀做客,鲜花是最佳的礼物,但花一定要是单数。烈性酒、艺术品或图书作为礼品也是受欢迎的,巧克力则是万能的礼物,价值不必太高,正所谓"礼轻情义重"。

俄罗斯人对妇女颇为尊敬,盛行女士优先,处处表现出尊重女性:女士上小汽车时,男士要为其开车门;乘坐公共交通工具时,要给妇女让座;进出门要为女士开门;在剧院看剧前后在衣帽间存取衣物时,要协助为女士脱、穿大衣,入场时为女士引路并找到座位。女士在两排过道之间通过时,已入座的男士应起立礼让;男女相遇,男士应先致意;女士不落座,男士不能坐;在街上行走时,男士要走在女士左侧;穿越马路时,男子必须护送。男士吸烟,要先征得女士们的同意。

(2) 交谈礼仪。俄罗斯人的姓名分为三个部分,其排列顺序为本人名、父称、姓。见面时,对晚辈可直呼其名,对成年人宜称其名和父称,也可称其职务或是对方引以为傲的头衔,只称其姓是失礼的。俄罗斯人他们在待客中,常以"您"字表示尊敬和客气;而对亲友则往往用"你"字相称,认为这样显得随便,同时还表示出对亲友的亲热和友好。如果在称呼上从"您"改成为"你",就说明相互关系获得了进展,达到了一定的深度。相反,如果两人之间的称呼从"你"改成了"您",就表明双方发生了分歧,友情破裂。上级与下级说话时使用"你",表示其对人平等、友好和信赖。通常情况下,俄罗斯人在寒暄、交谈时,对人的外表、装束、身段和风度都可以夸奖,而对人的身体状况不能恭维。因为在俄罗斯人的习惯中,这话是不准说的,人们觉得说了就会产生相反的效果。俄罗斯人非常喜欢听到"你非常年轻""你不显得老"这一类的赞美话。

(3) 仪表礼仪。俄罗斯人十分注重仪容仪表,外出时,总习惯衣冠楚楚。俄罗斯人爱好"包装"是世界有名的,在家休闲、在外旅游、上班会客等都有不同的打扮和"包装"。男子外出时,一定要将胡子刮净。

(4) 饮食礼仪。在饮食习惯上,俄罗斯人讲究量大实惠。他们饮食讲究油大味厚,喜欢酸、辣、咸味,偏爱炸、煎、烤、炒的食物,尤其爱吃冷菜,一般都不吃乌贼、海蜇、海参和木耳等食品。俄罗斯人以面包为主食,喜爱用黑麦烤制的黑面包,还喜欢鱼子酱、酸黄瓜、酸牛奶等。吃水果时,多不削皮。俄罗斯人喜欢饮酒,女士一般喜欢喝香槟酒和果酒,而伏特加则是男士的最爱,对中国的茅台酒、西凤酒等也有浓厚的兴趣。他们喜欢大杯大杯地豪饮,这是他们豪爽浪漫、不拘小节性格的反映。用餐时,多用刀叉。用餐期间,忌讳发出声响,并且不能用匙直接饮茶,或将茶匙放在杯中。通常,吃饭时只用盘子,不用碗。参加俄罗斯人的宴请时,宜对其菜肴加以称赞,并且尽量多吃一些。俄罗斯人将手放在喉部时表示已经吃饱。俄罗斯人认为镜子是神圣的物品,打碎镜子意味着灵魂的毁灭。但是,如果打碎杯、碟、盘则意味着富贵和幸福,因此在喜筵、寿筵和其他隆重的场合,还会特意打碎一些碟盘表示庆贺。

2) 主要禁忌

(1) 数字忌。俄罗斯人十分忌讳"13"和"星期五",认为是凶险和死亡的象征。视"7"为吉祥数字,认为"7"意味着幸福和成功。

(2) 颜色忌。俄罗斯人普遍喜欢红色,人们都把红色视为美丽和吉祥的象征。忌讳黑色,认为是不吉利的颜色。

(3) 动物忌。俄罗斯人非常崇拜马,认为马能驱邪,会给人带来好运气,尤其相信马掌是表示祥瑞的物体,认为马掌既代表威力,又具有降妖的魔力。十分厌恶黑猫,忌讳兔子,认为兔子胆小无能。忌食狗肉。

(4) 交谈忌。忌讳政治矛盾、宗教纷争、苏联解体、阿富汗战争以及大国地位等话题。不能说"你发福了"之类的话,朋友久别重逢、寒暄问候时,切不可论胖谈瘦。打招呼忌问:"你去哪儿?"对俄罗斯人来说,这不是客套的问候,而是在打听别人的隐私。

(5) 动作忌。忌用手指指点点,不论在任何场合都是如此,俄罗斯人认为这是对人的莫大污辱。交往中切忌用肩膀相互碰撞,这种行为一般只发生在挚交朋友之间;否则,身体碰撞是极为失礼的行为。

(6) 礼物忌。送礼不得送两样物品:刀和手绢。在俄罗斯,刀意味着交情断绝或彼此将发生打架、争执;手绢则象征着离别。

(7) 其他禁忌。不要在喝酒时劝酒或蓄意灌酒。俄罗斯人十分贪杯,酒鬼遭人蔑视,故意让别人喝醉,则令人憎恨、厌恶。不得在桥上或桥下告别,这样的告别意味着永远地离去。不能用脚踢狗或其他动物。俄罗斯人忌讳打翻了盐罐或是将盐撒在地上,认为是家庭不和的预兆,为了摆脱凶兆,他们总习惯将打翻在地的盐拾起来撒在自己的头上。

5. 加拿大

加拿大(Canada)位于北美洲北半部,面积998.467万平方千米,居世界第二位。加拿大为移民国家,英裔居民占42%,法裔居民占27%,还有其他欧洲国家后裔,土著居民为印第安人和因纽特人,华人约80万。加拿大是世界上人口密度较小的国家,信奉天主教的居民占47.3%,信奉基督教新教的占36%。

加拿大首都是渥太华。英语和法语同为官方语言。国花是枫叶,国树为枫树。

1) 礼俗

加拿大人待人友善,朴实随和,容易交往,讲究仪容仪表。

(1) 交往礼仪。加拿大人相见和分别时通常是施握手礼,熟人之间用拥抱礼节。在一般场合,加拿大人喜欢直呼其名,而略去姓;而在正式场合,则连姓带名加以称呼,且冠以先生、小姐、夫人之类的尊称。在公众场合,他们注重文明礼貌,观看表演时提前入座,中途不走动。在公共场所不大声喧哗、乱扔废弃物。加拿大人时间观念强,约会要事先约定,准时赴约。加拿大人常以家宴款待客人。上门做客不能提早到达,做客时应随手带一瓶酒、一盒糖、一束鲜花等礼物,或送给女主人和孩子一些小礼物。讲究礼品包装,一般用彩色礼品纸包裹,扎彩带,装饰彩花,礼品上附有签名贺卡。接受礼品者应当面打开并致谢。作为礼物的酒,要在宴请时即用。家宴一般是冷餐会,饮食放在桌上,各人自取,座位自选,或站着进餐,边吃边谈。第二天,客人应写信给女主人,表示感谢。

(2) 服饰礼仪。加拿大人着装以欧式为主,上班时间,一般要穿西服、套裙;参加社交活动时,往往穿礼服或时装;休闲场合,则讲究自由穿着。

(3) 饮食礼仪。加拿大人的饮食与英、美、法相似,喜欢清淡,口味偏重酸甜。以肉食为主,特别爱吃奶酪和黄油,还喜欢烤制食物,诸如烤牛排、烤鸡、烤土豆等。与欧洲人相比,加拿大人喝酒不多。

2) 主要禁忌

(1) 交谈忌。交谈时,忌插嘴,忌打断对方的话或是与对方强词夺理;喜欢谈加拿大经济文化发展、天气、体育、旅游、风俗等话题,忌议论性与宗教,忌评说英裔加拿大人与法裔加拿大人的矛盾,或是将加拿大与美国进行比较;不能询问年龄、收入、家庭状况、婚姻状况、女士体重等私人生活问题。

(2) 数字忌。"13"被视为厄运之数,"星期五"则是灾难的象征,加拿大人对"13"和"星期五"讳莫如深。

(3) 颜色忌。忌送白色的百合花,因为这种花只有在葬礼上才使用;忌铲雪,白雪被视为吉祥的象征和辟邪之物;不喜欢黑色,认为它象征着死亡。

知识拓展

欧洲名城特色文明标志

自由女神铜像

匈牙利首都布达佩斯与美国纽约的标志都是"自由女神像"。所不同的是:前者双手高举橄榄巨叶,昂首仰望长空,神态端庄安详,仿佛向苍天诉说人间最美好的心愿;后者用右手将火炬高举在头顶上,左手拿着刻着美国独立宣言的法典,象征民主和自由。美国自由女神像其全称为"自由女神铜像国际纪念碑",正式名称是"照耀世界的自由女神"。1984年作为文化遗产列入《世界遗产名录》。

小男孩撒尿铜像

比利时首都布鲁塞尔的标志是一座仅半米高的小男孩撒尿铜像。这个小男孩叫于连,只见他头发蓬松,鼻子微翘,赤身光腚,活泼顽皮,在大庭广众之下旁若无人地撒尿。他的"尿"像涓涓细流,日夜不停地喷洒着。传说在13世纪中叶的反侵略战争期间,一次暗藏的敌人企图炸毁市政厅及其周围的建筑,是小于连一泡尿浇灭了敌人点燃的导火线,拯救了整座城市。

美人鱼雕像

世界上有两尊美人鱼雕像:一座在丹麦首都哥本哈根市的街道上,它是哥本哈根的象征。雕像是根据安徒生的著名童话《海的女儿》中的人物塑造的。另一座系波兰首都华沙维斯瓦河畔拖着鱼尾的美人雕像,美人鱼右手持剑,左手执盾牌,表现出波兰人民英勇不屈的精神。

7.2.3 非洲一些国家的商务礼俗与禁忌

1. 埃及

埃及全称阿拉伯埃及共和国(The Arab Republic of Egypt),是世界四大文明古国之一。埃及地跨亚、非两洲,居民主要为阿拉伯人,还有科普特人。

伊斯兰教为国教,信徒占总人口的84%。科普特人信奉基督教。

埃及首都是开罗。官方语言为阿拉伯语,通用英语和法语。国花是莲花。

1) 礼俗

埃及人具有阿拉伯人典型的性格特征:正直、爽朗、勤劳、宽容、好客,对自己国家古老的文明引以为豪。埃及伊斯兰教徒有个绝不可少的习惯:一天之内祈祷数次。进伊斯兰教清真寺时,务必脱鞋。

(1) 见面礼仪。埃及人见面时,一般是握手,随后亲吻对方的脸。在上流社会,逢喜庆节日,人们相见时常以触鼻为礼。双方见面时要互赠名片,最好用英文或阿拉伯文名片。

(2) 称呼礼仪。与埃及人交往,除了可采用国际上通行的称呼之外,若能酌情使用一些阿拉伯语的尊称,诸如"赛义德"(意即先生)、"乌斯截祖"(意即教授)等,通常会令他们更加开心,更有利于交往。

(3) 拜访礼仪。埃及人好客,拒绝邀请是不礼貌。到埃及人家拜访,应带些鲜花、巧克力或具有本国特色的小礼品。送礼时必须用右手。就座时,切勿将足底朝外,更不可朝向主人。他们会在日落以后和家人一起共享晚餐,所以在这段时间内,有约会是失礼的。

(4) 饮食礼仪。埃及人爱吃羊肉、鸡、鸭以及豌豆、洋葱、茄子、西红柿、卷心菜、土豆等蔬菜,蚕豆是埃及人必备的食品。口味上一般要求清淡、甜、香,不油腻。串烤全羊、烤全羊是他们的佳肴。埃及人通常以"耶素"(就是不发酵的平圆形埃及面包)为主食,进餐时与"富尔"(煮豆)、"克布奈"(白乳酪)、"摩酪赫亚"(汤类)一并食用。埃及人酷爱酸奶、茶和咖啡。他们习惯用自制的甜点招待客人,客人如果谢绝不吃,会让主人失望,也失敬于人。埃及人在正式用餐时,忌讳交谈,否则会被认为是对神的亵渎行为。埃及人一般都遵守伊斯兰教教规,忌讳喝酒,喜欢喝红茶。他们有饭后洗手、饮茶聊天的习惯。

2) 主要禁忌

(1) 颜色忌。埃及人喜欢绿色、白色、红色、橙色,忌蓝色和黄色,认为蓝色是恶魔,黄色是不幸的象征,遇丧事都穿黄衣服。

(2) 交谈忌。忌男士主动与女士攀谈;忌夸女士身材苗条;忌谈宗教纠纷、中东政局及男女关系;忌谈论猪、狗之事等;不要称道埃及人家里的东西,否则会认为你在向他索要。

(3) 饮食忌。忌吃猪、狗肉;忌吃虾、蟹等海味;忌吃动物内脏(除肝外)以及鳝鱼、甲鱼等怪状的鱼类;忌饮酒;用餐时,忌用左手取食,忌和别人交谈。

(4) 图案忌。忌穿带有星星、猪、狗、熊猫(形体近似肥猪)图案的衣服,此类包装纸也无人问津。他们喜欢金字塔形莲花图案。

(5) 动物忌。忌猪、狗、猫、熊、熊猫。

(6) 数字忌。忌讳13,认为它是消极的。3、5、7、9是人们喜爱的数字。

(7) 其他禁忌。吃饭时要用右手抓食,不能用左手。不论送给别人礼物,或是接受别人礼物时,要用双手或者右手,千万别用左手。在埃及到了下午3点之后,人们大都忌讳针。商人决不卖针,人们也不买针,即使有人愿出10倍的价钱买针,店主也会婉言谢绝,绝不出售。

2. 南非

南非全称南非共和国(The Republic of South Africa),位于非洲大陆的最南端。

南非有黑人、白人、有色人和亚裔四大种族,其中黑人占79.4%。白人、大多数有色人和60%的黑人信奉基督教新教或天主教;亚裔人约60%信奉印度教、20%信奉伊斯兰教;部分黑人信奉原始宗教。

南非是世界上唯一拥有三个首都的国家:比勒陀利亚为行政首都;开普敦为立法首都;布隆方丹为司法首都。英语和阿非利亚语(南非荷兰语)为通用语言。官方语言有11种:英语、南非语、祖鲁语、班图语等。国花是大山龙眼。国鸟是蓝鹤。

1) 礼俗

南非的社交礼仪可以概括为"黑白分明""英式为主"。受种族、宗教、习俗的制约,南非的黑人和白人所遵从的社交礼仪不同,白人的社交礼仪特别是英国式社交礼仪广泛流行于南非社会。

(1) 见面礼仪。受西方礼仪的影响,南非人所采用的普遍见面礼节是握手礼。对交往对象称男性为"先生",称女性为"夫人、女士、小姐"。在黑人部族中,尤其是广大农村,南非黑人往往会表现出和社会主流不同的风格:见面时行拥抱礼、亲吻礼。在迎送客人时,习惯以鸵鸟毛或孔雀毛赠予贵宾,客人得体的做法就是把这些珍贵的羽毛插在自己的帽子上或头发上。

(2) 服饰礼仪。在城市里,南非人的穿着打扮基本西化。在日常生活中,大多爱穿休闲装。参加官方交往或商务谈判时,他们都讲究着装端庄、严谨,大多穿深色、传统样式的套装或裙装。南非黑人通常还有穿着本民族服装的习惯,不同部族的黑人在着装上往往会有自己不同的特色。

(3) 饮食礼仪。南非当地白人平时以吃西餐为主,经常吃牛肉、鸡肉、鸡蛋和面包,爱喝咖啡和红茶。而南非黑人喜欢吃牛肉、羊肉,主食是玉米、薯类、豆类。喜欢吃熟食,不喜欢吃生食。在南非黑人家做客,主人一般会送上刚挤出的牛奶或羊奶,有时是自制的啤酒,客人一定要多喝,最好一饮而尽。南非著名的饮料是如宝茶,它与钻石、黄金一道,被称为"南非三宝"。

2) 主要禁忌

(1) 交谈忌。南非黑人非常敬仰自己的祖先,特别忌讳外人对自己的祖先言行失敬。跟南非黑人交谈,有四个忌讳的话题:一是不要赞扬白人;二是不要非议黑人的古老习惯;三是不要为对方生了男孩表示祝贺;四是不要妄加评论不同黑人部族或派别之间的关系及矛盾。

(2) 数字忌。信仰基督教的南非人忌讳数字"13"和星期五。

(3) 动作忌。吃饭、打招呼、传递物品时忌用左手。因为左手在非洲人的眼里是不洁净的。如果用左手跟人打招呼会被认为是对对方的侮辱。与非洲人一起用餐时,如果用左手抓饭,轻者会使非洲人感到不快,重者则会使他们当场拂袖而去。

3. 尼日利亚

尼日利亚全称尼日利亚联邦共和国(The Federal Republic of Nigeria),位于西非东南部,是西非的"天府之国"。尼日利亚系非洲文明古国,是非洲第一人口大国,总人口约占非洲总人口的20%,同时也是非洲第一大经济体。尼日利亚是非洲能源资源大国,是非洲第一大石油生产和出口大国。尼日利亚首都是阿布贾。官方语言为英语,主要民族语言有豪萨语、约鲁巴语和伊博语。尼日利亚主要宗教是伊斯兰教、基督教,全国居民中约50%信奉伊斯兰教、40%信奉基督教、10%信仰其他宗教。尼日利亚以前是英国的殖民地,受英国文化的影响明显,尼日利亚商务活动采用的文书图表大多采用的是英国模式。

1) 礼俗

尼日利亚有许多部族,其习俗与文化传统有很大差别,所以他们的生活方式也截然不同。

(1) 交往礼仪。尼日利亚人在施礼前,总习惯先用大拇指轻轻地弹一下对方的手掌再行握手礼。尼日利亚豪萨人与亲密的好友相见,表示亲热的方式不是握手,也不是拥抱,而是彼此用自己的右手使劲拍打对方的右手。尼日利亚豪萨人晚辈见长辈要施礼问安。一般情况下,要双膝稍稍弯曲一下,向前躬一下身子。平民见酋长,必须先脱鞋走近酋长,然后跪下致礼问安,在酋长没下命令的情况下是不能随便站起来的。在尼日利亚拜访政府官员时宜穿西装正装,访问商界人士则不必穿西装,但是宜打领带。拜会政府机关最好先预订约会,而访问商界则并非必要。在尼日利亚,与政府、公营事业单位贸易时须找中介人,英文称之为 Promotor。在尼日利亚,不管职位高低,有要求给"红包"的习惯,对于这点要特别注意。

(2) 交谈礼仪。尼日利亚人和人交谈的时候,从不盯视对方,也忌讳对方盯视自己,认为这是不尊重人的举止。恰当的话题是有关尼日利亚的工业成就和发展前景。尼日利亚人还喜欢谈论非洲的政治活动,特别是他们对非洲统一组织、西非国家经济共同体以及其他非洲国家所做出的贡献。谈话中应回避的一个话题是宗教。他们不愿谈论政治,特别是有关非洲的政治问题。要避免谈有关南非的事,另外,所携的印刷品不要有涉及南非活动的画面。

(3) 饮食礼仪。他们用餐一般习惯以手抓饭,社交场合也使用刀叉。尼日利亚人最爱食用传统的"五色板",即用玉米面(黄色)、木薯面(浅黄色)、豆类面(咖啡色)、蔬菜(绿色)、西红柿(红色)混合在一起烧制而成的糕状或糊状食物。他们喜食粥汤,用肉末和香蕉煨制成的"阿卡拉汤",香而不腻、别具一格。他们对中国饮食怀有极大的兴趣,尼日利亚信奉伊斯兰教的人禁食猪肉和使用猪制品。

2) 主要禁忌

(1) 动作忌。尼日利亚人忌讳用左手传递东西或食物,认为左手下贱、肮脏,是不应该干干净的事情的,否则便是对人的挑衅和污辱。尼日利亚伊萨人认为食指是不祥之物,无论谁用右手的食指指向自己,都是一种挑衅的举动。如果有人伸出手并张开五指对向自己,更是粗暴地侮辱人的手势,相当于辱骂祖宗。

(2) 数字忌。忌讳"13",认为它是厄运和不吉祥的象征。

(3) 食物忌。已婚妇女最忌讳吃鸡蛋,她们认为妇女吃了鸡蛋就不会生育。尼日利亚信奉伊斯兰教的人禁食猪肉和使用猪制品。

 知识链接

非洲的风土人情

非洲一直都是一片神秘的土地,是世界古文明的发祥地之一。非洲国家和民族众多,文化丰富多彩。

1. 打招呼的方式

非洲通行的打招呼方式——举起右手,手掌向着对方。这种方式的目的是表示"我的手没有握石头"。表示"没有武器"这个习俗,自古在世界各地被普遍地采用,只不过样式稍微不同,但都象征友好。

2. 禁忌词 Negro 和 Black

强调肤色不同,在非洲是最大的禁忌。对于非洲黑人,千万不要称他们为"Negro"或"Black",这两个词的本义均为"黑色",原本不带有任何感情色彩,但后来美洲的奴隶主给这两个词人为地加上了歧视性的色彩,它们不再单纯地被理解为"黑皮肤的人",而是"黑鬼"。语意转至贬义后,引起了非洲人强烈的对抗心理。如今,非洲黑人仍然对这两个词怀有深刻的仇视与抗拒。

称非洲人为 African 也不妥。在非洲,所谓的 African 并非泛指所有非洲人,而是特指南非共和国荷裔白人。因此,非洲土著碰到别人称他们为 African,会露骨地表示厌恶。

3. 不要瞪眼看对方

古时候的埃塞俄比亚,侍者是背对主人(或客人)来服务的。埃塞俄比亚有个迷信,那就是:有人瞪你看时,被瞪看的人不是灾祸必至,就是死神降临。因此,跟当地人交谈或碰面的时候,不能目不转睛地瞪眼看对方。

4. 握手用力表善意

在非洲,握手时不够用力,被称为"礼貌不周"。握手有气无力,表示虚与委蛇,毫无诚心,对方会生气的。尤其在阿尔及利亚,握手时愈用力愈受尊敬。他们认为,用力的程度跟对方友好的程度是成正比的,最好握得他们手都感到麻木。

5. 拍照可能挨打

非洲人普遍认为相机对准某物拍下照片,某物的"精气"就被吸收殆尽。因此,人、房屋、家畜一律不准拍摄。观光友如想拍摄,之前最好向对方打个招呼,获得同意之后再行动,以免被投石或挨一顿揍。

6. 茶里的待客密码

北非的有些地区,人们在招待客人时,主人总是给客人煮三小碗茶,然后再煮自家人的。如果客人喝不完三碗茶,最好第一碗时就谢绝,否则只喝一碗是对主人的不敬。欢迎客人是三碗茶,如果一壶煮出四五碗,你最好知趣告辞。

 **知识拓展**

国际商务礼俗

A. 直截了当的美国人

同美国人进行商务活动,要深入了解和掌握美国有关贸易进出口的法律法规和常规做法,如对哪些范围限制与外国人合作,哪些范围的商品必须得到政府有关部门特别许可,哪些商品市场有可能触及反倾销税法,以及美国的反托拉斯、反行贿等法规,和商户谈判时要特别提及。此外,如商品的广告及代理,批发和零售商,价格和包装等常规做法和特别事项也要了解透一些;要进行市场调查,慎重选择合作对象和合作领域。考察时要重点突出,如纺织品的质地、花色图案、设计样式等,是否在市场受顾客欢迎,代理商的意向是否明显和迫切;要了解美国商户的特点,有针对性地进行洽谈。美国商人在商务活动中总有一种富国强国的自信和自豪,处处流露出优越感,谈吐较直率大方,显得轻松和好打交道。讲究高效,不愿拖泥带水,谈判时要直截了当,时间安排要紧凑。同美国人做生意请懂行的律师做顾问是不可缺少的。

B. 讲究礼仪的日本人

同日本人进行商务活动,要了解商务伙伴的背景、销售产品的能力经验及资信情况。日本的企业名录上登录的商务情况比较齐全,一般在国际互联网上也能查询到。如果都查不到,就要小心从事;要深入了解日本的管理法规和制度。日本的商品进出口管理法规十分繁杂,各种限制也很多很细,对产品的规格、包装要求也很严,所以要了解得特别详细,要讲究谈判技巧和礼仪。日本人讲究礼仪是世界闻名的,在同对方谈判或交往时,要注意自己的穿着打扮、举止行动和谈吐方式,不要大大咧咧,不拘小节。和日本人初次见面时,最好送一些包装精美的小礼品作为纪念。日本人对客户在日本访问时下榻宾馆和乘车的档次比较注意,往往以此衡量客人公司的水平和能力,所以在实访时要注意选择宾馆和乘车的档次高低。

C. 严肃认真的德国人

德国经济发达,商户的素质较高,所以同德国人进行商务活动时,首先应注意对产品的技术标准要求要高,出口商品一定要把好质量关;其次,德国的企业融资时,一般都要通过银行进行,在资金问题上,风险意识很强,所以在谈判时要有详细的准备,解除对方的风险疑虑。德国人工作严肃认真,信守合同,讲究信誉,所以在同德国人接触时要特别认真,不得马虎从事。德国人擅长谈判,善于讨价还价,所以要抓住对方心理进行商谈,待其有购买欲望或决定时,果敢出击。

D. 有所忌讳的英国人

同英国人进行商务活动时要了解英国人的传统习惯和生活特点。比如在正式洽谈时,以穿轻便衣服为好,而在其他正式场合则穿考究的服装,在休假(一般在七八月)和圣诞节、复活节等重大节日时间一般不进行商务活动。英国人爱好名酒和名贵鲜花,送礼一般喜欢在晚餐后进行;有关资料和样品,在谈判前要准备妥当,在介绍时要重点突出,不可占用太长时间。回答问题要有较强的针对性;进行商务活动时不要涉及其他政治问题,如北爱尔兰和香港回归等问题。

E. 注重细节的韩国人

韩国人并不十分重视时间概念,但作为客户应准时赴约。举办商务谈判时要尊重他们的生活方式,这将会得到他们的好感。韩国人用餐时不兴交谈,更不能发出"吧唧"的声音。如果你不遵守餐桌礼节,极可能引起反感,甚至关系到谈判的成败。与韩国商人相处时要避免谈论政治话题。进入他们的住宅或韩国饭店时,不要将室外穿的鞋穿到屋里去,要换备用的拖鞋。如应邀做客,要送一束鲜花或小礼品给主人,并以双手捧上。

F. 按部就班的丹麦人

丹麦人朴素不急躁,沉着而亲切。计划性强,凡事都按部就班,规规矩矩。比如进行商务谈判时,就必须从头到尾按顺序逐一说明。在丹麦,宜穿保守式西装。拜会得先预约。进出办公室时以握手为礼,销售产品时要态度温和。应约到对方家做客,一定要带花去,最好先遣人送去。务必准时赴约。丹麦人擅长于推销,在商业方面表现出色。在丹麦,禁止邮寄牛奶或奶粉及其混合食品、细烟丝、打火机、有关票证等。到丹麦从事商务活动,每年9月至次年5月最宜。应避免在圣诞节与复活节前后两周进行商务活动。7月15日至7月30日,大多数商人在度假。

G. 广泛社交的葡萄牙人

葡萄牙人擅长社交,初次见面就会表现出一股亲密感来。与他们相处应重视人际关系,商务活动应先预约,宜穿老式西装。见面或道别时以握手为礼。葡萄牙人家族意识强烈,凡事慢三拍,但乐于加班。商人多半会带你去一些古老、优雅的咖啡厅,招待殷勤,进餐时必须喝酒。要是不喝,他们就认为你瞧不起他,做生意或交朋友也许会成为泡影。其实,这酒比水还便宜,酒精含量很少,绝对不至于醉。葡萄牙人自有一套传统的饮酒方式。他们饭前要饮用开胃葡萄酒,饭后要喝助消化葡萄酒,吃肉时喝红葡萄酒,吃冷菜时则饮玫瑰香葡萄酒,这已经成为该国在商务宴请、社交场合和家庭宴会时的一种礼节习惯。

H. 性情活泼的墨西哥人

墨西哥人性情活泼,能歌善舞。视仙人掌为自己民族的象征,并奉为国花。主食是一种用玉米粉做成的小薄饼。以嗜酒闻名于世,宾客上门先以酒招待。墨西哥商人十分功利、现实,精打细算。虽然许多人会说英语,但他们都希望你说西班牙语。如果你接到对方用西班牙文字写的信,你不能以其他文字回信,否则被视为相当失礼。墨西哥人认为紫色为棺材色,不可使用,因而,不能送紫色类物品或以紫色包装的礼品。穿紫色衣服会客或招摇过市,亦不受欢迎。在墨西哥,黄色花表示死亡,红色花表示诅咒。墨西哥人在正式场合穿制服、打领带,着装整洁,谈吐庄重,彬彬有礼。问候方式是微笑和握手。男子绝对不能吻一位不熟悉女子的面颊和手。除7、8、12月不宜拜访外,其他时间均可。圣诞节及复活节前后两周最好不要去。交谈时应避开政治性和历史性话题,如果谈及天气、时间和旅游,主人将饶有兴趣地洗耳恭听。

I. 计划行事的荷兰人

同荷兰人进行商务活动时,应注意做好商务谈判前的充分准备。荷兰人擅长谈判,对产品质量要求较高。对产品的价格很重视,对有关资料和证明要求也较严格,所以在谈判前要准备妥当,不可马虎草率;严格按双方事先预定的计划办事,不能临时决定或事先未联系就登门拜访等——荷兰人以晚餐为正餐,所以邀请荷兰人以晚宴为好。

J. 不喜拖拉的瑞典人

瑞典人讲究新技术和高质量,所以和他们做生意时要特别强调两点:签订合同前要经过律师的审核和同意,没有律师的点头,一般是不可能签约的;瑞典人讲究工作效率和信誉,谈判时抓紧时间很重要,不能拖拉。

K. 喜欢喝名酒的法国人

同法国人进行商务活动时应注意严格按事先预定的时间地点和交谈内容进行,不要迟到,穿着要讲究;提供给对方的材料和相关的实物样品要翔实、完备和讲究质量,合同条款要细致周到,一旦签订合同,要严格按照双方预定的条款执行;法国人喜欢在晚餐时约会,用餐时间长,喜欢喝名酒。

L. 极富自尊的拉丁美洲人

同拉丁美洲人进行商务活动时应注意了解拉丁美洲市场需求和关税条例。拉美的国际自由贸易区是同外国联系活动的市场之一,信息较灵通,是寻找贸易合作伙伴的理想场所,是了解拉美市场的重要窗口之一。到拉美进行商贸活动,一般都要通过这里进入市场;拉美商人自尊心强烈,喜欢朋友式地相互交流洽谈,厌恶盛气凌人的作风;发展代理网络,建立代理机构和代理人,也是同拉美人进行商贸活动不可缺少的。

M. 喜欢代理的阿拉伯人

阿拉伯地区石油工业发达,但建筑行业等较逊色,劳动力也较紧张。在这一地区进行商贸活动要注意尊重民族习惯和风俗,讲究礼仪礼貌。阿拉伯人对产品的质量要求高,只要质量信得过,对价格一般都能接受。通过代理商(中间商),是同阿拉伯人进行商贸活动成功率较高的办法之一,一般情况下,没有代理商(中间商)的介入,生意进展不会顺利。阿拉伯人认为一见面就谈生意是极不好的习惯,应先招待客人以示礼貌。拜访是做生意的一个方法,通行于阿拉伯国家。谈生意时如果有陌生人闯进来,使你们的会谈因而中断的话,不要惊讶,也不要流露出不高兴的表情。迅速做出决定不是阿拉伯人的习惯,耐心十分重要,要见政府官员可能要等上三五天。良好的个人关系是在阿拉伯国家做成生意的关键。要避免在伊斯兰教斋月拜访伊斯兰教教徒,阿拉伯人不食猪肉。当阿拉伯人说"是"时,其意思可能是"也许"。说"也许"时,其意思可能是"不"。阿拉伯人认为对客人说"不同意"是不礼貌的。

(资料来源:http://www.china927.com/c2006/amenity/2005-12/26/1205491.html)

7.3 宗教礼仪

宗教是一种社会意识形态,是支配人们日常生活的外部力量在人们头脑中的一种反映。作为一种世界性的文化现象和社会现象,宗教的影响极为广泛和深刻。宗教信仰者众多,约占世界总人口的2/3。宗教已渗透到世界各国的政治、经济、文化和风俗习惯等各个方面,对人们的思想观念和社会行为产生巨大影响,甚至直接作用到整个社会生活。

宗教礼仪,是指宗教信仰者为对其崇拜对象表示崇拜与恭敬所举行的各种例行的仪式、活动,以及与宗教密切相关的禁忌与讲究。世界上存在着多种宗教,各种宗教有不同的教义、教规,自然也就有着多种宗教礼仪。在社会生活里,宗教礼仪不仅是各种宗教之间相互区别的显著标志,而且也是各种宗教用以扩大宗教组织、培养宗教信仰的重要的常规性手段。

目前,世界上信徒最多、分布最广、影响最大的三大宗教是佛教、基督教和伊斯兰教。

7.3.1 佛教

1. 佛教简介

佛教是世界上最古老的宗教之一,起源于公元前6~公元前5世纪的古印度,创始人是释迦牟尼。目前主要流行于东亚、南亚、东南亚一带。

佛教认为,人生的本质就是"苦",世间一切皆是苦,即所谓的"苦海无边",主张"因果报应""生死轮回"。

佛教的经典是《大藏经》。

2. 佛教礼仪

1) 称谓

佛门弟子及其居所的具体称呼有别。凡出家者,男称为"比丘",简称"僧",俗称"和尚";女称为"比丘尼",简称"尼",俗称"尼姑"。凡不出家者,则一律称为"居士"。僧之居所称为"寺",尼之居所称为"庵",有时统称二者为寺庙。对所有出家者,一律禁止称呼其原有的姓名。故民间有"僧不言名,道不言寿"之说。

在我国,寺院的主要负责人称为"住持"或"方丈",负责处理寺院内部事务的称"监院";负责对外联系的称"知客"。他们都可被尊称为"高僧""长老""大师""法师"等。

2) 仪式

(1) 合十,或称合掌,是指教徒之间或与他人见面时行的一种礼。行礼时,双手手心相对并拢,手指朝上,置于胸前,上身微曲,口中念道"阿弥陀佛"。

(2) 绕佛,围绕佛而右转,即顺时针方向行走,一圈、三圈或百圈、千圈,表示对佛的尊重。

(3) 五体投地,也称五轮投地。佛教信徒拜佛时,讲究行顶礼,即所谓"五体投地"。五体是指人的两肘、两膝和头。五体投地为佛教最高礼节。行此礼,先立正合掌,然后右手撩衣,接着膝着地,两肘着地,然后头着地,最后两手掌翻上承尊者之足。恭敬之至,五体投地。

普通的佛教信徒为了"广种福田",通常应向寺庙、僧尼或别人主动赠送财物,此举叫作"布施"。

3) 禁忌

佛教基本的戒律是"五戒"。五戒就是杀生戒、偷盗戒、邪淫戒、妄语戒、饮酒戒。因此,与出家人共处时,不宜向僧人敬烟、敬酒,或劝吃肉。

对于佛祖、佛像、寺庙以及僧尼,佛教均要求其信徒毕恭毕敬,非信徒对其不得非议。不准攀登、侮辱佛像。不准触摸、辱骂僧尼,不得与僧尼"平起平坐"。进入寺庙时,宜慢步轻声,不乱动,不乱讲,不乱跑,不拍照。

3. 佛教的节日

(1) 佛诞节,纪念释迦牟尼诞生的节日。佛诞节日期各地区不同,汉族为农历四月初八,藏族为农历四月初八至十五日,傣族为清明节后十日。

(2) 成道节,纪念释迦牟尼成道的节日,时间为农历十二月初八。

(3) 涅槃节,纪念释迦牟尼逝世的日子。各国涅槃节的时间也不相同,中国、朝鲜、日本一般定于农历二月十五日。

7.3.2 基督教

1. 基督教简介

基督教是目前全世界信仰人数最多的一种宗教,主要分布在欧洲、美洲和大洋洲。基督教起源于公元1世纪中叶的巴勒斯坦、小亚细亚一带,相传为犹太的拿撒勒人基督耶稣所创立。基督教主要分为三大派系:天主教(亦称罗马公教)、东正教(亦称正教)、新教(我国一般称基督教或耶稣教),在具体教义、信条以及分布区域上,三者之间存在一定的区别。

基督教以上帝为崇拜对象,认为世界上一切事物都是由上帝创造的。耶稣是上帝的儿子、救世主。

基督教的经典是《圣经》。十字架是基督教的标志。

2. 基督教礼仪

1) 称谓

基督教的称谓有牧师、神甫、主教、大主教、枢机大主教、教皇、修士、修女等。

(1) 牧师,原义牧羊人,是新教大多数教派对主持仪式、负责一个教堂教务的职业宗教人员的称呼。

(2) 神甫,也称神父,是天主教和东正教对主持一个教堂教务的职业宗教人员的尊称,正式职务是"司铎"。

(3) 主教是管理一个教区的负责人。

(4) 大主教是管理一个教省的负责人。

(5) 枢机大主教,中国人也称"红衣大主教",是天主教中最高首领,由教皇亲自任命。

（6）修士、修女是离家进修会的男女教徒，是终身为教会服务的传教人员。

2) 仪式

（1）洗礼是基督教的入教仪式。通过洗礼，意味着教徒的所有罪获得了赦免。

（2）礼拜是基督教的主要宗教活动。每周一次，在教堂举行，包括唱诗、读经、祈祷、听讲道和祝福等内容，由牧师主礼。

（3）祈祷，也称祷告，是基督教徒向上帝和耶稣表示祈求、赞美、感谢和认罪的仪式。祈祷时，信徒双手交叉合拢并置于胸前，闭上双目，排除杂念，祷告完毕应口呼"阿门"。基督徒用餐时，餐前往往要祈祷。

（4）告解，就是忏悔，这是信徒单独向神父或主教表白自己的过错或罪恶，并有意悔改的宗教仪式。神父或主教对教徒所告诸罪应指定补赎方法，并为其保密。

（5）婚配是指神职人员在教堂内为男女教徒主持婚礼的仪式。

（6）终傅是指神职人员向临终的教徒敷擦圣油并念诵经文的仪式，以此使受敷者减轻痛苦，并被赦免在世间的罪过，安心去见上帝。

3) 禁忌

（1）交往禁忌。忌拜别的神、偶像，不可拿上帝、圣母、基督耶稣开玩笑，不宜任意使用圣像与其宗教标志。耶稣受难节那一周，不要请基督徒参加私人喜庆活动。

（2）行为禁忌。非基督教徒进教堂后要脱帽，不得妨碍对方宗教活动，教徒唱诗或祈祷时不可出声，全体起立时应跟随起立。

（3）饮食禁忌。基督教一般规定周五和圣诞节前夕只食素菜和鱼菜，不食其他肉类；有些教派的基督徒有守斋之习。守斋时，他们绝对不食肉，不饮酒。在一般情况下，基督徒不食用蛇、鳝、鳅、鲶等无鳞无鳍的水生动物。

（4）馈赠禁忌。避免礼品上面有其他宗教和神像或其他民族所崇拜的图腾。

（5）数字禁忌。忌星期五、13，"666"在基督徒眼里代表魔鬼撒旦，也为不祥的数目。

（6）教堂为基督教的圣殿。它允许非基督徒进入参观，但禁止在其中打闹、喧哗，或者举止有碍其宗教活动。在基督教的专项仪式上，讲究着装典雅，神态庄严，举止检点。服装"前卫"，神态失敬，举止随便者，均不受欢迎。就餐之前，基督徒多进行祈祷。非基督徒虽然不必照此办理，但也不宜在其前面抢先而食。

3. 基督教的节日

基督教的主要节日有圣诞节、复活节。

圣诞节是纪念耶稣诞生的节日。由于历法不同，大多数定在每年12月25日为圣诞节。这一天是西方人家庭团聚的节日，人们互赠礼物，举行欢宴，并以圣诞老人、圣诞树来增添节日的喜庆。

复活节是纪念耶稣"复活"的节日，规定在每年春分圆月后的第一个星期（3月21日—4月25日之间）。象征生命的蛋和兔是复活节的吉祥物，节日里人们会自制或购买彩蛋和巧克力制作的兔子，以此作为节日礼物赠送给亲人朋友。

 **相关链接**

西方人为什么忌讳"13"？

西方人为什么忌讳"13"？传说很多，其中有两种说法最为普遍：

其一，最初源于北欧神话。在天国举行的宴会上出席了12位天神，席间突然闯进来一位不速之客——凶神罗基，这第十三位来客的闯入使天神宠爱的柏尔特罹难。

其二，传说于耶稣的被害。耶稣受害前与弟子们共进晚餐，其中第13个人是犹大，他为了30块银元把耶稣出卖给犹太教当局，晚餐的日期也恰好是13日，"13"给耶稣带来了苦难和不幸。从此，"13"被认为是不幸的象征，是背叛和出卖的同义词。达·芬奇的名画《最后的晚餐》使此传说流传更广。因此"13"成了西方世界最忌讳的数字。

7.3.3 伊斯兰教

1. 伊斯兰教简介

伊斯兰教，旧称回教，它也是世界上最重要的宗教之一。主要分布于西亚、北非、中亚、南亚和东南亚等地区。在不少国家，伊斯兰教被定为国教。

伊斯兰教创建于公元7世纪初的阿拉伯半岛，创始人为麦加人穆罕默德。

伊斯兰教以安拉为真主，认为世上的一切事物都是由真主安拉决定的。穆罕默德是真主安拉派下来的使者，教徒必须绝对顺从安拉和他的使者穆罕默德，教徒之间一般互称"兄弟"。

《古兰经》是伊斯兰教的神圣经典。伊斯兰教的标记为新月，圣城为麦加。

伊斯兰教的基本教义是："万物非主，唯有真主。穆罕默德，真主使者。"——此语亦称为"清真言"，通常要求穆斯林经常吟诵。

2. 伊斯兰教礼仪

1) 称谓

（1）伊玛姆，即教长。逊尼派穆斯林的领袖为伊玛姆，什叶派政教领袖为伊玛姆。一般常称清真寺的教长为伊玛姆。

（2）阿訇，通常是指伊斯兰教学者、经师。一般主持清真寺教务，而其中担任教坊的最高宗教首领和"经文大学"教师的阿訇，称作"教长阿訇""开学阿訇"。

（3）毛拉，是对伊斯兰教学者的尊称。我国新疆地区有些穆斯林对阿訇也称毛拉。

2) 仪式

（1）念功。为了表明对安拉的虔诚，穆斯林要经常念"除安拉外别无神灵。穆罕默德是安拉的使者"。

（2）拜功。为了颂扬真主和求得真主的恩赐，穆斯林要每日朝麦加克尔白的方向做五次礼拜。礼拜一般由伊玛姆率领集体举行，也可单独举行。

（3）斋功。伊斯兰教认为其教历9月是最吉祥、最高贵的月份，为了向安拉忏悔和赎罪,教徒要在这个月内封斋。斋月期间,从每日破晓直至日落,除病人、旅客、孕妇、哺乳者外,教徒要禁止一切饮食和房事。在斋月期间,外人不宜打扰教徒。

(4) 课功。即施舍。这是伊斯兰教的宗教课税,有初期的施舍发展而来。

(5) 朝功。即朝觐。每个教徒不分男女,凡身体健康者,均应自筹路费,一生中至少一次参加集体朝觐麦加的活动。

3) 禁忌

(1) 信仰禁忌。根据"认知独一"的信条,伊斯兰教徒忌任何偶像崇拜,只信安拉。在教徒面前,绝对不允许对安拉、穆罕默德信口评论,不允许非议伊斯兰教及其教义,不允许对阿訇无礼。

(2) 饮食禁忌。不食不洁之物,包括猪肉、驴肉、马肉、兔肉、无鳞鱼等,牛、羊等必须按清真规定的程序给予宰杀和烹制;《古兰经》规定教徒不能饮酒;忌食动物血液;忌食自死之物;忌食一切未按教规宰杀之物。非清真的一切厨具、餐具、茶具,均不得盛放招待教徒的食物或饮料。

(3) 服饰禁忌。妇女在陌生人面前要戴面纱,不戴面纱的妇女忌进清真寺。

(4) 交往禁忌。教徒对个人卫生极其讲究,许多地方的教徒认为人的左手不洁,所以禁止以左手与人接触,敬茶、端饭、握手必须用右手。

(5) 动物禁忌。忌用猪的形象作为装饰图案。

伊斯兰教禁止偶像崇拜,故此不应将雕塑、画像、照片以及玩具娃娃赠给教徒,并不宜邀请其观看电影、电视、录像、VCD,也不得邀对方参加拍摄。

伊斯兰教禁止妇女外出参加社交活动。在外人面前,不允许妇女的着装暴露躯体,不允许男女共处。与教徒打交道时,一般不宜问候女主人,不宜向其赠送礼物。女性前往伊斯兰教国家时,衣着一定要入乡随俗,禁止袒胸、露臂、光腿、赤足。

一名虔诚的教徒一般每天要做五次礼拜。在此期间,切勿干扰。清真寺为伊斯兰教的圣殿。进入清真寺后,衣着不宜暴露,不宜追逐、嬉戏或大喊大叫。

3. 伊斯兰教的节日

(1) 开斋节,在我国新疆又称肉孜节。伊斯兰教把每年9月作为斋月,10月1号开斋,称为开斋节,持续3~4天。

(2) 宰牲节,亦称古尔邦节,是世界伊斯兰教最重大的节日。它在教历12月10日。教徒每逢此日举行会议,互相拜会,并宰杀牛、羊、骆驼,互相馈赠,以示纪念。

(3) 圣纪节,亦称圣忌日,是纪念穆罕默德诞辰的节日,时间在教历3月12日。

 想想议议

午餐风波

一对阿拉伯夫妇乘火车旅游。午餐时,列车员笑容可掬地给他们送来了午餐。列车员右手托盘,左手将餐具、午餐一一礼貌地摆放在他们面前。只见,这对夫妇脸色大变。先生猛地站起来,掀起桌布,将食物摔倒在地上,并用阿拉伯语大声地说着什么,表情极为愤怒,夫

人则掩面哭起来。而列车员则一脸茫然,不知所措地呆站着。后来,列车长平息了这场风波。

想一想:这是怎么回事呢?

议一议:原来都是左手惹的祸。因为,在阿拉伯人来看,左手是不洁之手,忌用左手递物或接货,否则,对别人是莫大的侮辱。

7.3.4 道教

1. 道教简介

道教是中国土生土长的传统宗教,以"道"作为其最高信仰。道教奉老子为教祖,尊为太上老君。"三清"即玉清元始天尊、上清灵宝天尊、太清道德天尊三位为道教最高尊神。

神仙是道教信奉的另一类神灵。神仙主要指经过修炼而得道的神人、真人。他们居住在天宫琼楼、仙山洞府或海岛神洲,有各种神奇本领,能隐身遁形,造物变化,来去自由。道教供奉一些民间崇拜的俗神,如门神、灶神、财神、三官、土地、城隍、妈祖、东岳大帝,等等。神仙和俗神崇拜使道教对下层民众更有吸引力,成为他们日常生产娱乐活动和生活风俗的有机组成部分。

老子所著《道德经》是其主要经典。《道德经》中所提出的"道"与"德"是道教最根本的信仰。

八卦太极图是道教的标记。

2. 道教礼仪

1) 称谓

(1) 道士,指奉守道教戒规、熟悉各种斋醮祭祷仪式的道教宗教职业者,也称黄冠、羽人、羽士等。出家的道士,一般应尊称为"道长"。

(2) 道姑,即女道士,也称女冠。

(3) 方丈,即道观首领,可以是本观的,也可以是外请的德高望重者。道教方丈实际上是荣誉职务。

(4) 住持,即道观中地位仅次于方丈者,负责道观全部事务,也称监院,俗称当家的。

2) 仪式

道教日常宗教活动有诵经礼忏功课、节日的祭神祝祷,以及为信徒做道场祈福消灾、超度亡灵,等等。道教内部拜师、授经、传度法箓、日常生活起居、出外云游、修炼打坐,等等,皆有复杂的科仪戒律。

(1) 斋醮,是道教中较为常见的祭祷仪式,意思是供斋醮神,祈告神灵消灾赐福。斋醮仪式由道士进行,其内容有设坛、摆供、焚香、化符、念咒、诵经、赞颂,并配有烛灯、音乐吹奏程式。

(2) 建醮,即做道场。它是道教宫观内举行的最重要的宗教活动,是道教采取的一种为生者祈福消灾,为死者追荐超度亡魂,或者超度已亡(道教称羽化)道士的仪式,也是道众集中的修炼形式。

宫观以外的信徒可以出资聘请道士或道众(人数不限)到家中给祖宗或长辈超度亡魂启

动,或送灵人葬诵经做道场,以祈福消灾,或谢罪,或求寿、求平安等。

3) 禁忌

(1) 服饰禁忌。忌秽亵法服,忌法服不洁、形仪慢黩,忌衣服杂色,忌衣饰华美、与俗无别,忌法服借人等。

(2) 饮食禁忌。道教特别强调对于酒、肉及五辛之菜等的禁绝。

(3) 行为禁忌。道教对常人行拱手礼或行作揖礼,而对神、仙和真人则行叩拜礼。不应与俗人同浴,入浴室不得与别人共语。

(4) 交往禁忌。不得无故进入其他宫观及僧院,也不得无故去俗人家;有事去俗人家,办完事即返回,不得久留。

(5) 言语礼仪。进入法堂以及上宴席,不应高声言语,也不能大声咳嗽;不得多言,不得与师辈争话;不言人过失;不说俗人家务;不言为媒保事;不与妇人低声密语等。

(6) 特殊禁忌。漱吐水当慢慢引下,不应高声呕吐唾涕;不应把脏水泼溅到别人衣服上;不得在法堂中神像前剔齿唾涕。

3. 道教的节日

道教以神、仙之诞辰为节日,届时要举行隆重的斋醮。道教各宗派除敬本派祖师外,对共同尊崇之神的诞生日,也都举行隆重的纪念活动。道教崇奉的神和仙数量极多,加上各派祖师,因此节日也多不胜数,如三清节(冬至日元始天尊圣诞;夏至日灵宝天尊圣诞;二月十五日道德天尊圣诞,也称老君圣诞)、三元节(正月十五上元天官节,七月十五中元天官节,十月十五下元天官节)、王腊节、王母娘娘圣诞、东华帝君圣诞、张天师圣诞、关圣帝君圣诞、财神圣诞等。

同向思政

国家宗教政策知多少

我国是一个有多种宗教的国家,宗教在我国有悠久的历史,有相当多的群众信仰,在漫长的历史发展当中,中国的宗教徒都保持了爱国爱教的传统,各宗教地位平等,和谐相处,彼此尊重。

《中华人民共和国宪法》第36条规定:中华人民共和国公民有宗教信仰自由。任何国家机关、社会团体和个人不得强制公民信仰宗教或者不信仰宗教,不得歧视信仰宗教的公民和不信仰宗教的公民。国家保护正常的宗教活动。任何人不得利用宗教进行破坏社会秩序、损害公民身体健康、妨碍国家教育制度的活动。宗教团体和宗教事务不受外国势力的支配。

中国正在建设中国特色社会主义现代化国家,中国倡导宗教要与之相适应,这种适应不是要求公民放弃宗教信仰,而是要求宗教在法律的范围内活动,与社会的发展与文明的进步相适应,维护国家统一、民族团结和社会稳定。

共产党员不得信仰宗教,不得参加宗教活动。大学生中的共产党员和共青团员应该树立辩证唯物主义和历史唯物主义世界观,不信教、不传教。

第 7 章 涉外商务礼仪

本章小结

涉外商务礼仪是指在对外商务活动中，用于维护自身和本国形象，对外宾表示尊重、友好的各种礼节规范，是约定俗成的习惯做法。涉外商务礼仪具有规范性、对象性、严肃性、限定性、效益性等特征。

涉外商务礼仪遵循涉外礼仪通则。所谓涉外礼仪通则，是指中国人在接触外国人时，应当遵守并应用的有关国际交往惯例的基本原则。它是对国际交往惯例的高度概括，对于参与涉外交际的人员具有普遍的指导意义。涉外礼仪通则有维护形象原则、不卑不亢原则、求同存异原则、入乡随俗原则、信守约定原则、热情适度原则、谦虚适当原则、尊重隐私原则、不宜先为原则、女士优先原则、爱护环境原则和以右为尊原则。

礼俗即礼仪和习俗，是一个国家或地区、民族长期形成的，具有相对稳定性的礼节、人情、风尚、行为习惯、心理倾向等的总和。商务礼俗是不同国家或地区在商务交往中所独有的礼仪和习俗。了解世界上一些主要国家的商务礼俗与禁忌，在涉外商务活动中做到入乡随俗，有利于商务合作的顺利开展。

宗教礼仪是指宗教信仰者为对其崇拜对象表示崇拜与恭敬所举行的各种例行的仪式、活动，以及与宗教密切相关的禁忌与讲究。目前，世界上信徒最多、分布最广、影响最大的三大宗教是佛教、基督教和伊斯兰教。

案例分析

案例一：

我国某省代表团出国访问，拜访了旅居该国的某华裔科学家。期间，某成员随口问老科学家："您爱人身体还好吧？"老科学家一听，脸色大变，怒形于色。原来，现在中国人习惯用爱人代称配偶。而在国外，爱人一词常用来指称情夫或情妇。

虽然，经过好一番解释，老科学家知道了是一场误会。但是，尴尬是可想而知的。

分析： 不同的国家、民族，由于其宗教信仰、风俗习惯、文化背景等的不同，往往有不同的习俗。在交往中，熟悉并灵活运用习俗礼仪，不仅是对交往对象的理解和尊重，更能给对方良好的印象，往往可以起到事半功倍的作用。

案例二：

三名消费者到某涉外酒店用完餐，准备离开酒店时，突然发现该酒店门前三根旗杆上悬挂的中国国旗、香港特别行政区旗和该酒店的店旗处在同一水平线上。之后，他们发现另外两家涉外酒店也存在这样的问题。三名消费者认定这三家涉外星级酒店的做法严重违反了《国旗法》，是一种侵权行为。于是他们根据《国旗法》和《消费者权益保护法》的有关条文，一纸诉状将这三家涉外酒店告上法庭。

原告认为，国旗作为中华人民共和国的象征理应受到尊重。被告的行为，对原告构成侮辱，使原告的感情受到莫大的伤害，损害了消费者的合法权益，被告应根据《消费者权益保护法》之规定"消费者在购买、使用商品和接受服务时，享有其人格尊严、民族习惯得到尊重的权力"而自觉维护消费者的利益。他们请求：① 判令被告向三名原告及全体市民公开道歉，纠正其违法行为。② 赔偿三名原告精神损失费。③ 承担本案诉讼费用。法院已经立案受理。三个被告酒店的总经理在得知此事后,均表示将积极配合,做好整改工作。

分析: 中华人民共和国《国旗法》规定:升挂国旗应当将国旗置于显著的位置,国旗与其他旗帜同时升挂时,应当将国旗置于中心、较高或者突出的位置。在外事活动中同时升挂两个以上的国家的旗帜时,应当按照外交部的规定或者国际惯例升挂。三家酒店的做法显然是违反了《国旗法》的规定,理应整改。

案例三:

顾小姐待人热情,工作出色,因而颇受重用。一次,公司派她和几名同事一道前往东南亚某国洽谈业务。可处事稳重、举止大方的顾小姐,竟由于行为不慎,招惹了一场不大不小的麻烦。

她和同事一抵达目的地,就受到东道主的热烈欢迎。在为他们特意举行的欢迎宴会上,主人亲自为这些来自中国的嘉宾每人都准备了一份礼物,以示敬意。轮到主人向顾小姐递送礼物之时,一直是"左撇子"的顾小姐不假思索,自然而然地抬起自己的左手去接。见此情景,主人神色骤变,非常不高兴地将它重重放在桌子上,随即理都不理顾小姐,扬长而去。

分析: 跨国交往应该了解各国的礼仪禁忌,顾小姐就是因为不了解东南亚某国的礼仪禁忌而造成了宴会上的不快。在东南亚某些国家,是很忌讳用左手递东西和握手的。这个案例启示我们,在国际商务洽谈和境外旅游业务中需要了解世界各国各民族的基本情况、饮食起居、风俗习惯、礼貌礼节和禁忌等,以便在工作中尊重各民族的信仰、习俗和各种禁忌,这样才能融洽与业务伙伴的关系,树立我国良好的国际形象。

案例四:

英国一访华观光旅游团下榻北京国际会议中心大厦。一天,翻译小姐陪同客人外出参观,在上电梯的时候,一位英国客人请这位翻译小姐先上,可是这位小姐谦让了半天,执意要让客人先行。事后这些客人抱怨说他们在中国显示不出绅士风度来,原因是接待他们的女士们都坚持不让他们显示。比如,上下汽车或进餐厅时,接待他们的女士们坚持让他们先走,弄得他们很不习惯,甚至觉得受了委屈。虽然我方人员解释,中国是"礼仪之邦",遵循"客人第一"的原则,对此解释他们也表示赞赏,但对自己不能显示绅士风度仍表示遗憾。

分析: 说到英国,首先会想到的是他们的绅士风度。绅士风度的最大特征就是:保守、礼貌以及尊重女士,女士优先是行事的最高准则。下汽车时为女士打开车门,扶其下车;乘电梯时女士先行;就座时替女士拉出椅子;等等。而在"礼仪之邦"的中国,把客人放在第一位是中华民族交往礼仪的优良传统。在本案例中,双方都遵循了自己的礼仪规范,造成客人遗憾的原因是中西文化冲突,实际交往中这种情况可以依当时情景适当调整,以双方都感到适宜为好。

案例五:

国内某家专门接待外国游客的旅行社,有一次准备在接待来华的意大利游客时送每人一件小礼品。于是,该旅行社订购了一批纯丝手帕,是杭州制作的,还是名厂名产,每个手帕上绣着花草图案,十分美观大方。手帕装在特制的纸盒内,盒上又有旅行社社徽,显得是很像样的小礼品。中国丝织品闻名于世,料想会受到客人的喜欢。旅游接待人员带着盒装的

第7章 涉外商务礼仪

纯丝手帕,到机场迎接来自意大利的游客。欢迎词致得热情、得体。在车上他代表旅行社赠送给每位游客两盒包装甚好的手帕,作为礼品。

没想到车上一片哗然,议论纷纷,游客显出很不高兴的样子。特别是一位夫人,大声叫喊,显得极为气愤,还有些伤感。旅游接待人员心慌了,好心好意送人家礼物,不但得不到感谢,还出现这般景象。中国人总以为送礼人不怪,这些外国人为什么怪起来了?

分析: 在意大利和西方一些国家有这样的习俗:亲朋好友相聚一段时间告别时才送手帕,取意为"擦掉惜别的眼泪"。在本案例中,意大利游客兴冲冲地刚刚踏上盼望已久的中国大地,准备开始愉快的旅行,你就让人家"擦掉离别的眼泪",人家当然不高兴,就要议论纷纷。那位大声叫喊而又气愤的夫人,是因为她所得到的手帕上面还绣着菊花图案。菊花在中国是高雅的花卉,但在意大利则是祭奠亡灵的。人家怎不愤怒呢?本案例告诉我们:旅游接待与交际场合,要了解并尊重外国人的风俗习惯,这样做既是对他们表示尊重,也不失礼节。

案例六:

刘翔是一家大型国有企业的总经理。有一次,他获悉有一家著名的德国企业的董事长正在本市访问,并有意寻求合作伙伴。他于是想方设法请有关部门为双方牵线搭桥。让刘总经理欣喜的是,对方也有兴趣同他的企业进行合作,而且希望尽快与他见面。到了双方会面的那一天,刘总对自己的形象刻意地进行一番修饰,他根据自己对时尚的理解,上穿夹克衫,下着牛仔裤,头戴棒球帽,足蹬旅游鞋。无疑,他希望自己能给对方留下精明强干、时尚新潮的印象。然而事与愿违,刘总自我感觉良好的这一身时髦的装扮,却偏偏坏了他的大事。

分析: 根据惯例,在涉外交往中,每个人都必须时刻注意维护自己的形象,特别是要注意自己在正式场合留给初次见面的外国友人的第一印象。刘总经理与德方同行的第一次见面属国际交往中的正式场合,应穿西装或传统中山服,以示对德方的尊敬。但他没有这样做,正如他的德方同行所认为的,此人着装随意,个人形象不合常规,给人的感觉是过于前卫,尚欠沉稳,与之合作之事当再作他议。

角色扮演

1. 你正在日本进行商务访问,某日本友人热情邀请你去他家做客。请找几个同学扮演主方和客方人员,表演拜访做客场景。

2. 公司派你去机场接一位德国客人,请模拟整个接待过程。

参 考 文 献

[1] 刘凤云,黄绮冰.现代社交礼仪[M].南京:南京大学出版社,2012.
[2] 周朝霞.商务礼仪[M].北京:中国人民大学出版社,2019.
[3] 史锋.商务礼仪[M].北京:高等教育出版社,2008.
[4] 柳建营,赵国山.商务礼仪[M].北京:中国传媒大学出版社,2016.
[5] 李世化.商务宴请行为规范[M].北京:企业管理出版社,2015.
[6] 罗树宁.商务礼仪与实训[M].第三版.北京:化学工业出版社,2018.
[7] 杜明汉.商务礼仪[M].北京:高等教育出版社,2010.
[8] 沙风,顾坤华.大学生社交礼仪[M].北京:中国人民大学出版社,2011.
[9] 余永跃.公共关系学通识教程[M].武汉:武汉大学出版社,2007.
[10] 格里·麦卡斯克.公关败局[M].上海:远东出版社,2007.
[11] 林友华.公关与礼仪[M].北京:高等教育出版社,2021.
[12] 何伟祥.公关礼仪[M].大连:东北财经大学出版社,2005.
[13] 金正昆.社交金说[M].西安:陕西师范大学出版社,2011.
[14] 韦克俭,宋涛.商务公关与礼仪实用教程[M].北京:北京大学出版社,2006.
[15] 杨雅蓉.高端商务礼仪与沟通[M].北京:化学工业出版社,2019.
[16] 吕艳芝,徐克茹.商务礼仪标准培训[M].北京:中国纺织出版社,2019.
[17] 杨加陆.公共关系学教程[M].上海:复旦大学出版社,2005.
[18] 朱权.公共关系基础与实务[M].北京:机械工业出版社,2008.
[19] 贾云.现代公关礼仪[M].成都:电子科技大学出版社,2007.
[20] 黄玉萍,王丽娟.现代礼仪实务教程[M].北京:北京交通大学出版社,2008.
[21] 佚名.现代服务礼仪案例分析[DB/OL].2010-12-27[2012-08-02].http://blog.sina.com.cn/s/blog_71d16d1c0100nf0o.html.
[22] 韦宏.公关·礼仪·谈判[M].北京:北京大学出版社,2011.
[23] 王颖,王慧.商务礼仪[M].大连:大连理工大学出版社,2007.
[24] 许爱玉.现代商务礼仪[M].杭州:浙江大学出版社,2006.
[25] 甄珍,张昳.公共关系实务[M].北京:北京大学出版社,2006.
[26] 郭荣贵.接待的艺术[M].北京:海峡文艺出版社,2018.

内容简介

本书基于现代社会人们工作和生活的现实需要,尤其是商务人员从事商务活动的职业需求而编著。全书共有 7 章,从礼仪与商务礼仪、商务人员形象礼仪、商务人员语言礼仪、商务交往礼仪、商务宴请礼仪、商务活动礼仪和涉外商务礼仪等方面,全面系统地介绍了现代商务礼仪的规范和技巧,具有新颖性、系统性和实用性的特点。

本书集理论性和实践性于一体,是一本实用性很强的现代社交礼仪和商务礼仪指南。可作为公共基础课程教材或公众兴趣读物,提升学生(读者)的礼仪修养、情商和综合素质。也可作为市场营销、工商管理、国际贸易等相关专业基础课教材,满足其专业教学和专业实践的需要。还可作为商务从业人员的培训或业务参考用书。

图书在版编目(CIP)数据

现代商务礼仪 / 刘凤云,秦蔚蔚编著. —南京:
南京大学出版社,2022.6(2023.7 重印)
ISBN 978-7-305-25776-6

Ⅰ.①现… Ⅱ.①刘… ②秦… Ⅲ.①商务—礼仪—高等职业教育—教材 Ⅳ.①F718

中国版本图书馆 CIP 数据核字(2022)第 086930 号

出版发行	南京大学出版社
社　　址	南京市汉口路 22 号　　邮　编　210093
出 版 人	金鑫荣

书　　名　现代商务礼仪

编　著	刘凤云　秦蔚蔚
责任编辑	武　坦　　　　编辑热线　025-83592315
照　排	南京开卷文化传媒有限公司
印　刷	南京京新印刷有限公司
开　本	787×1092　1/16　印张 13.75　字数 352 千
版　次	2022 年 6 月第 1 版　2023 年 7 月第 2 次印刷

ISBN 978-7-305-25776-6

定　价　39.80 元

网　　址:http://www.njupco.com
官方微博:http://weibo.com/njupco
微信服务号:njuyuexue
销售咨询热线:(025)83594756

* 版权所有,侵权必究
* 凡购买南大版图书,如有印装质量问题,请与所购
　图书销售部门联系调换